DAS GEHEIME LEBEN
DER VÖGEL

David Attenborough

DAS GEHEIME LEBEN
DER VÖGEL

Aus dem Englischen
von Hans Link

Scherz

Die Originalausgabe wurde von Domino Books Ltd., Jersey, produziert und unter dem Titel
«The Life of Birds» von BBC Books, London, publiziert.
Die Originalrechte liegen bei Domino Book Ltd., St Helier, Jersey.

Abbildung S. 2: Schmutzgeier im Segelflug, Oman

Erste Auflage 1999
Copyright © David Attenborough Productions Ltd., 1998
Alle deutschsprachigen Rechte beim Scherz Verlag, Bern, München, Wien.
Alle Rechte der Verbreitung, auch durch Funk, Fernsehen,
fotomechanische Wiedergabe, Tonträger jeder Art und
auszugsweisen Nachdruck, sind vorbehalten.
Printed in Great Britain by Butler and Tanner Ltd., Frome

Inhalt

	Vorwort	7
1	Fliegen oder nicht fliegen	11
2	Luftakrobaten	39
3	Der unersättliche Appetit	71
4	Die Fleischfresser	98
5	Die Fischliebhaber	118
6	Signale und Gesänge	154
7	Partnervermittlung	182
8	Das anspruchsvolle Ei	218
9	Elternsorgen	251
10	Grenzgänger	277
	Dank	312
	Fotonachweis	314
	Register der Vogelnamen	316

Vorwort

Es ist nicht schwer zu verstehen, warum so viele Menschen die Vögel ins Herz geschlossen haben: Sie sind lebendig, liebenswert und allgegenwärtig. Ihre Eigenschaften sind unsere – sie sind frech und scheu, zart und wild, treu und treulos. Das Drama ihres Lebens führen sie vielfach direkt vor unseren Augen auf. So sind sie Teil unserer Welt, und doch genügt ein Händeklatschen, und sie erheben sich mit einer Leichtigkeit, die wir ihnen nur neiden können, in die Lüfte und verschwinden in ihre eigene Welt. Sie sind unsere Nabelschnur zum Reich der Natur direkt vor unserer Haustür. Und so überrascht es nicht, daß die Erforschung der Vögel mit mehr Hingabe betrieben wurde als die aller anderen Tierarten.

Am Anfang der Vogelkunde stand die Benennung der Vögel. Natürlich prägte jede Sprachgemeinschaft ihre eigenen Vogelnamen. Im 18. Jahrhundert schlug dann der schwedische Naturforscher Carl von Linné eine einheitliche Methode zur Klassifizierung aller lebenden Wesen vor, die auf den von den griechischen und römischen Naturkundlern benutzten Namen beruhen sollte. Dieses System wird – nach genau festgelegten Regeln – bis heute von den Wissenschaftlern aller Länder befolgt, und bisher sind an die 10 000 Vogelarten auf diese Weise benannt worden. In Museen und anderen wissenschaftlichen Einrichtungen wurden kabinettweise Vogelbälge gesammelt, Dutzende, manchmal Hunderte von Exemplaren der einzelnen Arten, sorgfältig präpariert und vermessen, mit genauen Angaben jeder winzigen Abweichung in Form und Farbe. Die gleiche wissenschaftliche Genauigkeit hielt auch in der Feldarbeit Einzug, als erstmals tragbare Ferngläser und später Fotoapparate zur Verfügung standen. Endlich war es nicht mehr notwendig, einen Vogel zu erlegen, um ihn zu bestimmen. Heute können geübte Feldbeobachter einen Vogel allein anhand eines Gesangsfetzens oder eines flüchtigen Blickes auf Gefieder oder Silhouette einwandfrei identifizieren – eine Fähigkeit, die ich bewundere, aber leider nicht besitze.

Aber das soll auch nicht Thema dieses Buches sein. Meine Begeisterung für die Vögel entstammt der Beobachtung ihres Verhaltens. Die Vogelkundler gehörten zu den ersten Zoologen, die sich der Verhaltensforschung zuwandten. Während sich etwa Großwildjäger noch Aufschlüsse von Maximalmaßen der Hörner einer Art versprachen und in diesem Sinne fleißig Antilopen schossen, während andere aus der Musterung der Felle zu erschließen suchten, wie viele Giraffenarten es gab, beschäftigten sich die Ornithologen bereits mit dem Phänomen des Vogelzugs. Dessen Erforschung setzte allerdings voraus, daß man einzelne Individuen wiedererkennen konnte. Dazu benutzte man kleine Etiketten oder Bänder. Schon in den zwanziger Jahren des neunzehnten Jahrhunderts markierte Jean-Jacques Audubon an der

VORWORT

Mühle seiner Eltern in Pennsylvania brütende Tyrannen mit farbigen Fäden. So fand er heraus, daß dieselben Vögel nach ihrer Wanderung gen Süden im nächsten Frühjahr zurückkehrten und genau an der gleichen Stelle wieder brüteten. Eine erstaunliche Entdeckung – und doch nur ein blasser Schatten dessen, was man seither noch alles über die Fähigkeiten der Vögel herausgefunden hat.

Bis dahin sollte aber noch viel Zeit vergehen. Einzelne Vögel gleicher Art und gleichen Geschlechts ähneln einander viel stärker als andere, größere Tiere. Der Elefantenforscher wird seine Forschungsobjekte bald an ihren unregelmäßig geformten, großen Ohren individuell unterscheiden können. Schimpansengesichter sind so verschieden wie menschliche Gesichter. Buckelwale haben von Tier zu Tier unterschiedliche weiße Abzeichen auf ihren schwarzen Schwanzfluken. Und die Löwen lassen sich – dank ihrer Streitsucht – an den jeweils charakteristischen Narben auf der Schnauze erkennen und sogar an Menge und Verteilung ihrer Schnurrhaare. Aber ein durchschnittliches Männchen der Heckenbraunelle vom anderen zu unterscheiden ist praktisch unmöglich.

Daher neigen wir dazu, vieles unbesehen als gegeben vorauszusetzen, wenn wir den kleinen Vogel in unserem Garten beobachten. Wir gehen ohne weiteres davon aus, daß es immer dasselbe Individuum ist, das auf dem Rasen Würmer sucht. Und daß auch der Vogel, der die Jungen im Nest so hingebungsvoll füttert, immer derselbe ist. Die Idee, auch diese Annahmen durch Beringung der Tiere zu überprüfen, ist noch relativ jung. Als ein Ornithologe sie in die Tat umsetzte, fand er heraus, daß die ehelichen Verhältnisse der Heckenbraunellen von einer Mannigfaltigkeit waren, die bei Menschen für Schlagzeilen gesorgt hätte.

Es wurde aber nicht nur der Anwendungsbereich der Beringung über die Vogelzugforschung hinaus ausgedehnt, sondern man erprobte auch neue Untersuchungstechniken. Großen Vögeln befestigte man kleine Sender auf dem Rücken, die ihre Signale via Satellit zu terrestrischen Empfangsstationen übertrugen. So entdeckte man, daß der Wanderalbatros bei einem Futterflug 1500 Kilometer zurücklegen kann, bis er – den Kropf mit Futter gefüllt – zu seinem Jungen zurückkehrt, das inzwischen auf sich gestellt auf einer einsamen antarktischen Insel ausgeharrt hat. Pinguine ließ man winzige Geräte zur Messung des Wasserdrucks schlucken. Damit tauchten Königspinguine auf ihren Fischzügen regelmäßig bis in über dreihundert Meter Tiefe hinab. Mittels «genetischer Fingerabdrücke» läßt sich die Abstammung von Jungvögeln exakt bestimmen; der australische Prachtstaffelschwanz lebt, wie sich zeigte, in derart verwickelten Verhältnissen, daß ein Männchen vielleicht nicht einmal leiblicher Vater auch nur eines einzigen der Jungen ist, die er in seinem Nest so getreulich füttert. So hat sich die Vogelkunde mit der Verhaltensforschung ein reichhaltiges und faszinierendes Arbeitsgebiet erschlossen.

Und damit wären wir beim Thema unseres Buches angelangt. Zwar sind viele der Forschungstechniken so ausgefeilt, daß sie nur Berufswissenschaftlern zur Verfügung stehen, aber ein großer Teil der ornithologischen Feldarbeit ruht nach wie vor auf den Schultern begeisterter Amateure. Weltweit ist ein ganzes Heer von Liebhabern bereit, seine Freizeit zu opfern und allerlei Unbequemlichkeiten in Kauf zu nehmen, um sich der Vogelbeobachtung zu widmen und unsere Kenntnisse der Vogelwelt zu vermehren. Die Fülle der wissenschaftlichen Literatur, in der die Arbeitsergebnisse sowohl der Berufs- als auch der Amateurornithologen veröffentlicht, diskutiert, zusammengefaßt und ausgewertet werden, ist kaum noch überschaubar. Ohne diesen gewaltigen Fundus an Wissen hätte kaum eine der folgenden Seiten geschrieben werden können. Trotzdem habe ich auf einzelne Quellenangaben verzichtet, um die Lesbarkeit des Textes nicht zu beeinträchtigen. Aus dem gleichen Grund benutze ich im Text auch keine wissenschaftlichen Namen für die jeweils erwähnten Vogelarten. Diese finden sich aber neben den von mir benutzten gängigen (und in der vorliegenden Übersetzung deutschen) Vogelnamen im Register.

Ich hoffe, daß die folgenden Kapitel etwas von der Faszination vermitteln, die von den Vögeln ausgeht – wenn wir ihr Verhalten beobachten, wenn wir uns fragen, was sie tun und warum sie es tun.

I

FLIEGEN ODER NICHT FLIEGEN

Über einem Kalksteinkliff, das sich glatt und weiß über den grünen Dschungel Borneos erhebt, kreist hoch am Himmel ein Raubvogel. Die früheren Tagesstunden hat er auf dem Ast eines Baumes zugebracht – so reglos, daß kaum ein anderes Tier von ihm Notiz genommen haben dürfte. Als die Abendsonne sich dem Horizont näherte, schwang sich der Vogel träge zu seinem Rundflug auf. Jetzt blickt sein scharfes Auge auf die schwarze Öffnung einer Höhle im Kalkfelsen hinab. Tief in ihrem Inneren hängen eine Million Fledermäuse von der Decke herab, so dicht beieinander, daß sie den Stein über sich verdecken. Anders als der Greif am Himmel sehen sie die untergehende Sonne nicht; auch ein Absinken der Temperatur in der Höhle ist nicht feststellbar. Und doch wissen die Fledermäuse, daß sich draußen der Tag seinem Ende zuneigt, daß sie bald in das Halbdunkel des Urwaldes hinausfliegen können, um ihre nächtliche Ernte von Insekten einzuholen. Einige flattern schon unsicher in der Luft hin und her, orientieren sich in der Dunkelheit mit Hilfe der Echos ihrer Ultraschallrufe. Dann bilden die Tiere plötzlich, innerhalb einer Minute vielleicht, eine gereihte Flugformation. Wie ein wehendes schwarzes Band schlängelt sich diese nur Zentimeter unter der Felsdecke entlang. Sie windet sich um Hindernisse herum, von einem Hof der Höhle in den nächsten, bis sie schließlich den großen Saal, den Eingang der Höhle, erreicht. Die Sonne ist inzwischen untergegangen, aber im Höhleneingang hat man immer noch genügend Licht, um das schwarze Band sich quer unter dem Gewölbe herziehen zu sehen, bis es am anderen Ende dessen höchsten Punkt erreicht. Dort löst sich die Ordnung auf, und die Fledermäuse schwärmen in alle Richtungen über die dunkle Decke des Waldes aus.

Der Greifvogel beobachtet. Er scheint keinerlei Eile zu haben. Die Fledermäuse in der Höhle sind so zahlreich, daß ihr Exodus viele Minuten dauern wird. Aber plötzlich läßt er sich vornüber abkippen, beschleunigt mit schnellen Flügelschlägen und taucht mitten in die Wolke von Fledermäusen ein. Seine Fänge stoßen vor, seine Klauen bohren sich in eine Fledermaus. Manchmal reißt er seine Beute noch im Flug mit dem Schnabel auf, oder er kröpft sie an seinem Schlaf- und Freßplatz.

Links: Helmkasuar, Neuguinea

Bevor es ganz dunkel wird und die letzte Fledermaus die Höhle verlassen hat, fallen ihm vielleicht zwei bis drei Tiere zum Opfer. Trotz seiner besonders großen Augen kann der Greif nach etwa einer halben Stunde für seinen rasanten Jagdflug nicht mehr genug sehen. Aber bis dahin hat er auch, was er braucht. Die Fledermäuse sind sicherlich die geschicktesten und gewandtesten Flieger unter den Säugetieren, aber dem Fledermausaar haben sie nichts entgegenzusetzen. Solange es hell genug ist, gehört der Himmel den Vögeln und nicht den Säugern.

Aber ist das wirklich überraschend? Vögel fliegen seit viel längerer Zeit als Fledermäuse. Die ältesten fossilen Fledermäuse sind etwa 50 Millionen Jahre alt; die Vögel waren schon mindestens 100 Millionen Jahre früher in der Luft, im Zeitalter der Dinosaurier. Sie waren jedoch nicht die ersten Tiere, die den Luftraum eroberten. Darin waren ihnen die Insekten etwa 200 Millionen Jahre voraus, anfangs zum Teil mit wahren Riesen, die es auf Flügelspannweiten von über 30 Zentimetern brachten. Die Abkömmlinge dieser ersten Flugpioniere entwickelten in Jahrmillionen viele unterschiedliche Flugtechniken. Manche hatten zwei Paar, manche nur ein Paar Flügel, einige verfügten über eine gyroskopartige Stabilisierung, und wieder andere schlugen schneller mit den Flügeln, als ihre Muskeln kontrahieren konnten – weil die Flügel an die schwingende Schale ihres Brustpanzers gekoppelt waren. Aber sie wurden nicht wirklich groß. Das Konstruktionsprinzip des Insektenkörpers erlaubt nur eine gewisse Größe. Und mit dem Aufkommen der Vögel wurden die Insekten im wahrsten Sinne des Wortes überflügelt.

So ist es bis heute geblieben. Man braucht nur einmal einen Grauschnäpper zu beobachten, einen verbreiteten Sommervogel in den Gärten ganz Europas. Er sitzt gewöhnlich sehr aufrecht auf einem kahlen Zweig und unternimmt alle paar Sekunden einen kleinen Jagdflug mit allerlei Drehungen und Wendungen. Wenn man ihm dabei nahe genug ist, hört man vielleicht während seines Ausflugs ein feines «Klick». Dann hat sich sein Schnabel um ein Insekt geschlossen. Eine Libelle mag noch so zackige Ausweichmanöver vollführen – sie entkommt nur mit viel Glück, wenn ein Grauschnäpper in der Nähe ist. Fliegen und Schlupfwespen werden ohne weiteres aus der Luft gefangen; manchmal kehrt der Schnäpper sogar mit mehreren kleinen Insekten im Schnabel auf seine Warte zurück. Jede Beute erfährt die ihr angemessene Behandlung. Bei Schmetterlingen werden die Flügel entfernt; Lausfliegen werden verzehrt, wie sie sind; Bienen und Wespen werden unfehlbar als solche erkannt und durch heftiges Scheuern auf dem Ansitz unschädlich gemacht. In der Luft haben die Insekten also schon vor langer Zeit ihren Meister gefunden.

Wann aber haben die Vögel diese Lufthoheit gewonnen? Die Antwort auf diese Frage wurde im letzten Jahrhundert in Bayern gefunden, nicht weit von München. Dort wird in zahlreichen Steinbrüchen ein schöner, cremefarbener Kalkstein abgebaut, der seit den Zeiten der Römer als Baustoff Verwendung findet. Er ist so glatt, gleichmäßig und feinkörnig, daß er im neunzehnten Jahrhundert auch für Steindrucke benutzt wurde. An manchen Stellen läßt er sich in dünne Platten spalten. Nimmt man von einem Block solche Platten ab, so öffnet sich gewissermaßen ein

Buch. Die meisten Seiten darin sind leer, aber ab und zu enthält eine den vollkommenen Abdruck eines Tieres – einer Garnele mit langen Tastfäden, eines Fisches mit seinen Flossen und Gräten in allen Einzelheiten, eines Pfeilschwanzkrebses am Ende einer Spur, die er selbst hinterlassen hat. Manchmal zeigt eine blaßbraune Verfärbung im Umkreis der Versteinerung an, wo die Weichteile des Tieres bald nach dessen Tod verfault sind. Selbst so vergängliche Geschöpfe wie Quallen sind mit feinsten Linien im Kalk gezeichnet.

Es ist nicht schwer, von diesen Versteinerungen auf die Bedingungen zu schließen, unter denen der Kalkstein abgelagert wurde. Schauplatz war der Boden einer tropischen Lagune ein paar Kilometer vor der Küste, nach Süden hin durch ein Korallenriff von der hohen See abgeschirmt, mit zu salzhaltigem Wasser, als daß ein Tier dort hätte leben können. Aber regelmäßig schwemmte eine außergewöhnlich hohe Flut Meereslebewesen über das Riff, und gelegentlich stürzte irgendein fliegender Bewohner des Festlandes in das lauwarme, salzige Wasser. Deshalb finden wir dort Fossilien von Insekten – Eintagsfliegen, Libellen, Käfern, Wespen –, die uns anschaulich zeigen, wie weit entwickelt und dem Luftleben angepaßt viele davon be-

Oben: Grauschnäpper beim Fang eines Falters, Europa

reits zu dieser frühen Zeit waren. Es haben sich aber auch Skelettabdrücke kleiner, fliegender Reptilien erhalten, der Pterosaurier, auf denen die zarten Umrisse der häutigen Flügel zwischen den langen, strohhalmdünnen Fingerknochen deutlich erkennbar sind.

Solche Versteinerungen hatte man schon seit Jahrhunderten gesammelt. Aber 1860 machte ein Steinbrucharbeiter in der Nähe des Dörfchens Solnhofen, als er einen Block spaltete, eine beispiellose Entdeckung – eine versteinerte Feder. Sie ist ziemlich klein, nur fünfzehn Zentimeter lang und kaum halb so breit, aber in allen Feinheiten erhalten. An einigen Stellen liegen die Federäste der Fahnen nicht aneinander an, so daß schmale Lücken entstehen, und an der Basis des Federschaftes steht ein kleines Büschel isolierter Federäste. Eine der Fahnen beidseits des Schaftes ist doppelt so breit wie die andere. Diese Asymmetrie ist von besonderer Aussagekraft; sie findet sich auch bei den Federn der rezenten, das heißt heute lebenden Vögel. Bei diesen bilden die schmalen, steiferen Außenfahnen unter anderem die stark beanspruchte Flügelvorderkante. Es muß also auch schon die 150 Millionen Jahre alte Solnhofener Feder, die sich kaum von einer Feder unterscheidet, wie wir sie alle Tage draußen finden können, eine aerodynamische Funktion gehabt haben.

Welchem Geschöpf hat diese Feder gehört? Von allen lebenden Wesen besitzen allein die Vögel Federn. Die Federn sind ein exklusives, abgrenzendes Merkmal der Vögel. Nach dieser Definition müßte die Solnhofener Feder von einem Vogel stammen. Aber von welchem? Die Wissenschaft brauchte auf die Antwort nicht lange zu warten. Schon im nächsten Jahr (1861) wurde in einem anderen Steinbruch nur wenige Kilometer vom Fundort der Feder entfernt ein fast vollständiges Skelett gefunden. Es war etwa hühnergroß und umgeben von dem genauen Abdruck eines Gefieders.

Freilich handelte es sich um einen seltsamen Vogel: Er besaß einen langen, knöchernen Schwanz, an jeder Vorderextremität drei Finger mit je einer gekrümmten Kralle an der Spitze und, wie spätere Funde zeigten, keinen Schnabel, sondern knöcherne, mit Zähnen besetzte Kiefer. Er wies also Merkmale sowohl der Vögel als auch der Reptilien auf. Der Wissenschaftler, der ihn zuerst beschrieb, nannte ihn Archaeopteryx (deutsch: «Urflügler»). Seither sind sieben weitere Exemplare gefunden worden, so daß wir die Anatomie dieses Tieres recht gut kennen. Seine Lebensweise bleibt aber weiter umstritten.

Die bekrallten Finger am Bug seiner Flügel sind ein Ansatzpunkt zur Lösung dieser Frage. Solche Krallenfinger kommen auch bei einigen rezenten Vögeln vor – versteckt unter dem Gefieder bei manchen Schwänen, Enten und Blatthühnchen und deutlich sichtbar bei den in Südamerika beheimateten, gänseähnlichen Wehrvögeln. Diese imponieren mit ihren je zwei Flügelspornen bei territorialen Streitigkeiten und setzen sie bei Kämpfen unter Männchen sogar als Waffe ein.

Einen noch wichtigeren Hinweis liefert uns aber ein merkwürdiger Vogel aus dem Norden Südamerikas, der Hoatzin. Er ist ein Bewohner sumpfiger Wälder, der sich von Blättern ernährt und plump und schwerfällig fliegt. Auf einem unordentlichen

15 *Archaeopteryx aus Solnhofen, Deutschland*

Fliegen oder nicht fliegen

Bau aus Zweigen über dem Wasser brütet er zwei bis drei Eier aus. Die Jungen schlüpfen mit zwei bereits wohlausgebildeten Krallen an jedem Flügel. Wenn die Nestlinge heranwachsen, werden sie abenteuerlustig; sie klettern mit Hilfe ihrer Flügelkrallen in den Bäumen der Mangrove umher und gelangen auf diese Weise auch wieder in ihr Nest zurück, wenn sie sich angesichts einer drohenden Gefahr ins Wasser haben fallen lassen und untergetaucht sind. Wenn die Jungen erwachsen werden, verlieren sie ihre Krallen. Vielleicht hat der Urvogel, der seine Krallen auch als ausgewachsenes Tier behielt, diese ähnlich benutzt wie die Jungvögel des Hoatzins. Zwar finden sich in den Solnhofener Plattenkalken weder fossile Baumstämme noch größere Zweige, aber doch gelegentlich Blätter von Koniferen, Palmfarnen und Ginkgos. Es hat also in der Nähe Wald gegeben. Die Seltenheit der Urvogelfunde legt nahe, daß diese Tiere nicht oft über der Lagune erschienen. Ihr eigentlicher Lebensraum muß das Festland mit seinen Wäldern gewesen sein.

Es gibt weitere Hinweise darauf, daß Archaeopteryx auf Bäumen lebte. Seine erste Zehe ist – wie bei den meisten rezenten Vögeln – nach hinten gerichtet, so daß er einen Ast oder Zweig umgreifen konnte. Auch der lange Schwanz scheint auf einen Baumbewohner hinzudeuten. Der Schwanz eines Laufvogels sollte Spuren von Abnutzung zeigen – was bei den gefundenen Exemplaren nicht der Fall ist –, der eines Wasservogels erheblich kürzer sein.

Hat Archaeopteryx seine Flügel nur benutzt, um sich von Ast zu Ast gleiten zu lassen, oder war er auch zu kraftvollem Flug fähig? Im letzten Fall müssen gut ausgebildete Muskeln die Flügel mit den Brustknochen verbunden haben. Bei den ersten Exemplaren fand sich kein Hinweis auf einen Knochen, der als Ansatzpunkt für die Flugmuskulatur hätte dienen können, aber das heißt nicht, daß es keine Flugmuskeln gab. Sie können auch an Knorpel angesetzt haben, der nach dem Tod des Vogels verfault wäre und keine Spur in der Versteinerung hinterlassen hätte. 1992 wurde nur wenige Kilometer vom Fundort des ersten entfernt das siebte Exemplar gefunden; es ist kleiner als das erste und unterscheidet sich von diesem auch in anderer Hinsicht genügend, um als eigene Art angesehen zu werden, die den Namen Archaeopteryx bavarica erhielt. Dieser Fund wies ein großes, knöchernes Brustbein auf, einen mehr als ausreichenden Ansatzpunkt für Flugmuskeln. Demnach konnten diese Pioniere der Luftfahrt nicht nur gleiten, sondern flatterten aus eigener Kraft im Wald umher – und gelegentlich auch hinaus über die Lagune, in der einige von ihnen verendeten.

Archaeopteryx kann aber nicht das erste Wirbeltier gewesen sein, das sich in die Lüfte aufschwang. Der Bau seiner Federn ist so komplex, daß er das Produkt einer Evolution über viele tausend Generationen hinweg gewesen sein muß. Doch wodurch ist diese Entwicklung ausgelöst worden? Welche Vorteile hatten Federn selbst der einfachsten Art für die Vorfahren von Archaeopteryx? Die Antwort darauf hängt davon ab, wer diese Vorfahren waren.

Möglicherweise waren es Dinosaurier. Tatsächlich ähnelt Archaeopteryx so sehr einem kleinen Dinosaurier, daß ein Exemplar jahrzehntelang als Dinosaurier in

Rechts: Nestling des Hoatzins, Venezuela

einem Museum lag, bis bei einer sorgfältigeren Untersuchung die zarten Federabdrücke rund um die vorderen Gliedmaßen entdeckt wurden. Ein möglicher Dinosauriervorfahr der Urvögel war wahrscheinlich ein aktiver Beutejäger. Als solcher muß er seinen Körper soweit erwärmt haben können, daß seine Körperchemie auf hohen Touren lief, um die notwendige Energie zu produzieren. Bewegungsschnelle rezente Reptilien wie etwa Eidechsen und Schlangen erreichen das, indem sie sich in der Sonne aufwärmen. Es wird aber auch die Meinung vertreten, kleine Dinosaurier, beispielsweise Velociraptor, seien in der Lage gewesen, wie die Säugetiere ihre Körperwärme durch Stoffwechsel selbst zu erzeugen. Das erfordert zwar viel Energie und verbraucht einen beträchtlichen Teil der mit der Nahrung zugeführten Kalorien, bringt aber auch erhebliche Vorteile mit sich. Es ermöglicht einem Tier etwa, schon frühmorgens aktiv zu sein und Futter zu suchen, während seine Wettbewerber noch kalt und starr sind. Eine gut isolierende Körperbedeckung wäre in einem solchen Fall ein unschätzbarer Vorteil. Die damaligen Reptilien waren mit Schuppen bedeckt. Wenn solche Schuppen sich zu längeren, faserigen Gebilden entwickelten, konnten sie vielleicht die vorteilhafte Wärmeisolation bewirken.

Bei der Verfolgung seiner Beute mag sich ein so reichlich mit Energie versorgtes Tier auf den Hinterbeinen aufgerichtet haben, wie es auch rezente Eidechsen noch tun, wenn sie schnell laufen wollen. Dadurch wären die Vorderbeine freigestellt worden. Wenn diese mit langen, faserigen Schuppen – den Protofedern – bedeckt waren, hat sich das Tier vielleicht durch Ausstrecken der Vorderbeine zum Angriff auf seine Beute in die Luft erheben können. Wenn es selbst auf der Flucht vor einem Freßfeind war, hätte es sich mit dem gleichen Manöver aus dessen Reichweite und in Sicherheit gebracht. Damit hätte dieses warmblütige Reptil den ersten Schritt zum Fliegen vollzogen. Gegen diese Theorie wird allerdings eingewandt, daß ein auf hohe Laufgeschwindigkeit bedachtes Tier wohl kaum seine Vorderbeine in die Luft ausstrecken und damit abrupt seinen Luftwiderstand beträchtlich erhöhen, sich also selbst bremsen würde.

Auch ist ungewiß, ob die Urvogelvorfahren wirklich Warmblüter waren. Für diese These sprechen verschiedene Gründe: das Zahlenverhältnis zwischen ihrem Bestand und dem ihrer Beute – pflanzenfressender Reptilien –, der Feinbau ihrer Knochen und die Größe ihres Gehirns. Aber keiner dieser Gründe wird uneingeschränkt als völlig überzeugend anerkannt. Inzwischen legen andere Forschungsergebnisse nahe, daß sie *nicht* in der Lage waren, ihre Körpertemperatur konstant zu halten. Wechselwarme Tiere wachsen abhängig von der Jahreszeit unterschiedlich schnell. Infolgedessen entwickeln ihre Knochen (ähnlich wie die Bäume) Jahresringe. Die fossilen Knochen der Vögel, die Archaeopteryx am Himmel des Erdmittelalters ablösten, wiesen solche Ringe auf. Das deutet darauf hin, daß auch Archaeopteryx seine Körperwärme nicht selbst erzeugte. Die Archaeopteryxfunde selbst sind so selten und kostbar, daß noch niemand einen Langknochen davon für die Bestätigung dieser These geopfert hat. Wenn sie wirklich zutrifft, bedeutet das auch eine deutliche Schwächung der Vermutung, daß der befiederte Flug mit Tieren seinen Anfang genommen habe, die sich schnell am Boden bewegten. Denn ein wechselwarmes Tier würde kaum eine Körperbedeckung aus faserigen Schuppen entwickelt haben, die das notwendige Aufwärmen in der Sonne erschwert oder verhindert hätte.

Es gibt jedoch eine alternative Hypothese. Vielleicht fingen die Reptilienvorfahren der Urvögel irgendwann an, auf allen vieren auf Bäume zu klettern. Das könnten sie aus verschiedenen Gründen getan haben: um sich vor größeren, erdgebundenen Freßfeinden in Sicherheit zu bringen, um einen sicheren Platz für ihre Eier zu finden, um den auf den Bäumen lebenden Insekten nachzustellen. Der nächste Schritt war, sich auf den Bäumen möglichst effizient zu bewegen. Nun geht es schneller und kostet weniger Energie, von einem Baum auf einen niedrigen Ast eines anderen zu springen, als erst einen Baum hinabzuklettern, am Boden zu dem anderen Baum zu laufen und dort wieder hinaufzuklettern.

Rezente Tiere, die sich auf Bäumen springend fortbewegen, haben unterschiedliche Strukturen entwickelt, um ihre Sprünge deutlich zu verlängern. Allein in den Urwäldern Borneos sind vier verschiedene Techniken entstanden. Das Riesenflughörnchen hat an beiden Flanken eine Hautfalte, die es nach dem Absprung aufspannt, indem es alle viere von sich streckt. Aus seinem Pelz wird dann ein viereckiger Fallschirm, der bis zu den Füßen reicht. Damit kann es 100 Meter weit gleiten; gesteuert wird mit Hilfe des langen, buschig behaarten Schwanzes und Positionsveränderungen der Beine, um die Spannung des «Fallschirms» zu verlagern. So sind genaue Punktlandungen, beispielsweise vor dem Eingang seiner Nisthöhle, möglich.

Eine kleine, baumbewohnende Eidechse, ein Vertreter der Flugdrachen, gleitet auf andere Weise. Ihre Rippen sind stark verlängert. In Ruhe liegen sie zusammengefaltet am Körper. Zum Gleitflug werden sie durch Muskeln aufgespannt und mit ihnen die großen, prächtig gefärbten Hautsäume an den Flanken. Die Gleitfähigkeit der Flugdrachen ist so hoch entwickelt, daß sie ständig von Ast zu Ast flitzen, um sich ein Insekt zu schnappen, das sich unvorsichtigerweise in ihre beträchtliche Reichweite gewagt hat, oder um einen Rivalen zu vertreiben, der ihr Territorium für sich beansprucht.

Die ebenfalls baumbewohnenden Ruderfrösche Südostasiens haben längere Zehen als die meisten ihrer Artgenossen, und teilweise sind diese Zehen vollständig durch Spannhäute verbunden. Wenn ein solcher Frosch von seinem Sitzplatz abspringt, wirkt jeder Fuß wie ein kleiner Fallschirm. Und es gibt sogar eine fliegende Schlange. Wenn sie zum Gleitflug ansetzt, zieht sie den Bauch zum Rückgrat hoch, so daß ihre Unterseite hohl wird, und knickt ihren Körper dergestalt ab, daß er ein Quadrat bildet, welches erstaunlich wirksam den Luftwiderstand erhöht.

Die Beispiele machen eins ganz deutlich: Das Gleiten ist für baumbewohnende Tiere eine wertvolle Fähigkeit, und die Evolution verhilft ihnen bereitwillig zu körperlichen Anpassungen, die ihnen diese Fähigkeit erschließen. Was wäre daher naheliegender, als daß auch die Vorfahren von Archaeopteryx diese Fähigkeit erwarben,

und zwar, indem sich im Laufe der Entwicklung ihre Schuppen in Federn umbildeten?

Sowohl Schuppen als auch Federn bilden sich aus winzigen Ausstülpungen der Haut. Beide sind aus ähnlichem, hornigem Material aufgebaut. Selbst die winzigste Verlängerung federiger Schuppen bringt schon aerodynamischen Gewinn; es ist daher nicht schwer vorstellbar, daß die Schuppen auf Vorderbeinen und Schwanz altertümlicher Reptilien immer länger wurden, um die Sprungweite des Tieres zu steigern. Nach und nach wurden diese Gebilde verbessert. Ein stützender, zentraler Kiel bildete sich heraus. Die davon zu beiden Seiten abgehenden Ästchen, die sogenannten Federäste, entwickelten ihrerseits feine Nebenästchen, die teilweise mit Häkchen versehen Strahlen. Die Häkchen verbinden die Strahlen benachbarter Federäste und damit die ganze Fahne zu einer einzigen, aerodynamisch wirksamen Fläche. Wird die Fläche irgendwo gespalten, läßt sie sich durch Glattstreichen mit dem Schnabel ohne weiteres wieder schließen.

Über ein Jahrhundert lang blieben die Solnhofener Plattenkalke die einzige Quelle für die Frühgeschichte der Vögel. Dann wurden 1995 außergewöhnliche Funde aus der nordostchinesischen Provinz Liaoning bekannt, aus Tonstein, der sich vor 120 Millionen Jahren am Boden eines großen Sees gebildet hatte. Es waren darunter zahlreiche Fische, Frösche, Krokodile und kleine, primitive Säugetiere – und ein kleiner Saurier namens Sinosauropteryx oder «Chinadrachenflügler», der anscheinend eine Reihe flaumiger Fäden auf Kopf und Nacken und entlang des Rückgrats trug. Sie wurden als primitive Federn gedeutet, obwohl diese Auffassung nicht überall anerkannt wird. Ihnen fehlt allerdings die Asymmetrie und die flächige Struktur, die sie erst aerodynamisch wirksam machen würden. Ob sie dick und zahlreich genug waren, um einem Warmblüter als Wärmeisolierung zu dienen, oder ob ihr Besitzer sie vielleicht zum Imponieren gebrauchte, ist noch unklar. Es mag sich bei dem Tier um den direkten Abkömmling eines der Reptilien gehandelt haben, die möglicherweise lange vor Archaeopteryx erstmals federartige Schuppen bildeten und unseren Urvogel aus irgendeinem Grund überlebt haben.

Eine andere in diesen Ablagerungen gefundene Art dagegen kam einem echten Vogel sicherlich noch näher als Archaeopteryx. Sie war ungefähr elstergroß und am ganzen Körper mit Federn bedeckt; die vorderen Gliedmaßen trugen je drei krallenbewehrte Finger. Das Knochengerüst des Schwanzes war viel kürzer als bei Archaeopteryx, und vor allem besaß das Tier keine mit Zähnen besetzte Kiefer, sondern einen hornigen Schnabel. Das muß für die Flugfähigkeit ein großer Fortschritt gewesen sein – nicht nur der damit einhergehenden Gewichtsverringerung, sondern auch der Verlagerung des Schwerpunktes Richtung Körpermitte wegen. Die Spezies wurde dem großen chinesischen Weisen zu Ehren Confuciusornis genannt. Inzwischen sind Hunderte von Exemplaren gefunden worden, einige davon so bemerkenswert gut erhalten, daß ein schwärzlicher Schleier um die Knochen sogar die Umrisse des federtragenden Fleisches verrät. Bei anderen ragt ein Paar extrem langer Kiele aus dem Schwanz hervor, ein Hinweis, daß es sich um ein Männchen

Links: Flugfähige Eidechse der Gattung Flugdrachen, Borneo

handelt und sich inzwischen größere Unterschiede zwischen den Geschlechtern herausgebildet hatten. Die hohe Zahl der Funde legt die Möglichkeit nahe, die Vögel hätten in dichten Kolonien gebrütet.

Noch jüngeren Gesteinsschichten in Australien, Spanien, Argentinien und Nordamerika verdanken wir Vogelfunde höher entwickelter Arten. Sie verfügen über alle für die rezenten Vögel charakteristischen Anpassungen zur Gewichtsreduktion. Der lange, knöcherne Schwanz ist zu einem kleinen Dreieck verwachsener Knochen an der Rückseite des Beckens zurückgebildet. Die langen Flügel- und Beinknochen sind hohl und werden innen durch kreuz und quer verlaufende Streben versteift. Bei vielen dieser Arten trägt das Brustbein einen Kiel, an dem große Flugmuskeln ansetzen. Alles in allem war, als diese Arten lebten, der große Stamm der Vögel bereits gut entwickelt.

Dann aber, vor 65 Millionen Jahren, erschütterte eine immer noch geheimnisvolle Katastrophe alles Leben auf der Erde. Sie scheint von irgendeinem Himmelskörper verursacht worden zu sein, einem Asteroiden oder Kometen, der mit der Erde zusammenstieß und eine gewaltige Explosion hervorrief, so daß die Trümmer das Sonnenlicht abblockten und die Erde vielleicht für Monate in Dunkelheit hüllten. Was auch immer die Ursache gewesen sein mag, jedenfalls verschwanden die letzten Saurier, deren Zahl sich ohnehin seit einiger Zeit vermindert hatte. Auch andere große Reptilien starben aus. Mosasaurier und Plesiosaurier verschwanden aus dem Meer, die Pterosaurier vom Himmel. Das gleiche Schicksal ereilte einen großen Teil der Vögel. Einige Gruppen jedoch überlebten, so die Vorfahren der Enten und Gänse, der Seetaucher, der Möwen und der Watvögel wie beispielsweise Schnepfen und Regenpfeifer. Ihnen boten sich nun großartige Möglichkeiten. Riesige Gebiete, noch vor kurzem reich und mannigfaltig von Tieren besiedelt, standen fast leer und harrten der Inbesitznahme. Der Himmel wurde nicht länger von fliegenden Reptilien beherrscht. Mit erstaunlichem Tempo entfalteten sich die Vorfahren der modernen Vögel und breiteten sich aus. Nach zehn Millionen Jahren waren alle heute formenreichen Ordnungen (bis auf die kleinen Sperlingvögel) vertreten.

Viele Fundorte auf der ganzen Welt legen Zeugnis von dieser schnellen, fruchtbaren Entwicklung ab. In den etwa 50 Millionen Jahre alten Tonschichten bei Walton on the Naze nahe London fanden sich über 600 Vögel inzwischen ausgestorbener Arten, die mit den rezenten Kuckucken, Papageien, Eulen, Seglern, Greifen, Möwen, Eisvögeln und anderen mehr verwandt waren. In Nordamerika brüteten am Ufer eines Sees, der einen großen Teil des heutigen Bundesstaats Wyoming bedeckte, die Vorfahren der Enten und Gänse. Ihre Knochen und Reste von Eiern ragen zu Tausenden aus den damaligen Sandablagerungen hervor, die sich inzwischen zu Sandstein verfestigt haben.

Nicht weit davon entfernt, in Schichten, die sich auf Grassteppe abgelagert haben, sind die Reste von Vögeln erhalten, die von ihren neuen Möglichkeiten auf völlig andere Weise Gebrauch machten. Da die Dinosaurier, die den Boden zu einem so gefährlichen Platz für die Vogelahnen gemacht hatten, nun verschwunden

Links: Fossile Confuciusornis (ein Exemplar mit langen Schwanzfedern) aus der Provinz Liaoning, China

waren, konnten die Vögel wieder terrestrisch werden – und sie taten es. Diatryma maß aufrecht beinahe zwei Meter – mit einer Kopflänge von bis zu einem halben Meter und einem schweren Schnabel. Die Flugmuskeln waren so winzig, daß der Riese gewiß nicht mehr fliegen konnte. Seit seiner Entdeckung vor über einem Jahrhundert hatte man Diatryma für einen furchtbaren Räuber gehalten, der sich von kleinen Reptilien und anderen kleineren Lebewesen ernährte. Jüngst haben einige Wissenschaftler aber – im Hinblick auf das Fehlen eines Hakens an der Schnabelspitze – vermutet, Diatryma sei vielleicht kein aktiver Jäger gewesen, sondern habe sich von Aas oder sogar von Blättern ernährt. Trotzdem hat es den Typus des großen, flugunfähigen, die Steppe durchstreifenden Jägers bestimmt gegeben, in Südamerika beispielsweise den über zwei Meter großen Schreckensvogel mit einem Kopf so groß wie der eines Pferdes und einem gewaltigen Hakenschnabel.

Aber die Herrschaft über das Land wurde den Vögeln bald wieder streitig gemacht. Schon seit den Zeiten von Archaeopteryx huschten kleine, spitzmausähnliche Tiere auf der Suche nach Insekten auf dem Waldboden umher. Als frühe, mit einem Haarkleid isolierte Warmblüter überstanden sie auf bescheidene Weise das Zeitalter der Dinosaurier. Wie die Vögel überlebten sie das große Artensterben und bekamen danach ihre Chance. Sie wurden größer. Einige entwickelten sich, nach ihren Zähnen zu urteilen, zu furchterregenden Geschöpfen ähnlich den heutigen Hyänen. Mit solchen Tieren konkurrierten die flugunfähigen, landlebenden Vögel. Die Säugetiere entwickelten sich rasch zu größeren und mannigfaltigeren Formen und trugen letzten Endes den Sieg davon. Vor 25 Millionen Jahren waren Diatryma und Schreckensvögel gleichermaßen untergegangen.

Allerdings streifen auch heute noch riesige, flugunfähige Vögel über Land – der Strauß in Afrika, die Nandus in Südamerika sowie der Emu und die Kasuare in Australien und Neuguinea. Könnten sie sich nicht auch schon bald nach der großen Katastrophe entwickelt haben? Damals waren die Kontinente anders verteilt als heute und drifteten – nach dem Auseinanderbrechen des großen Superkontinents, wie er vor 150 Millionen Jahren existierte – langsam auseinander. Vielleicht reisten die Vorfahren der rezenten flugunfähigen Laufvögel mit ihnen um die Welt und entwickelten sich in den seither verflossenen Jahrmillionen zu den verschiedenen Arten auf den einzelnen Kontinenten, die wir heute kennen.

Dem steht die Möglichkeit gegenüber, Strauß, Nandus, Emu und Kasuare könnten sich unabhängig voneinander aus fliegenden Vorfahren entwickelt haben und die Ähnlichkeiten zwischen ihnen auf gleichartige Anpassung an ähnliche Lebensbedingungen zurückgehen. Daß keiner dieser Vögel direkt von den Reptilien abstammt, steht allerdings außer Frage. Sie befinden sich ja nicht, wie es dann der Fall sein müßte, auf halbem Wege zur Flugfähigkeit. Vielmehr beweisen viele charakteristische Körpermerkmale, daß sie von fliegenden Vorfahren abstammen: Die Knochen ihrer rückgebildeten Flügel sind ebenso miteinander verwachsen wie die flugfähiger Vögel. Die Flügelfedern sind genauso angeordnet wie die Federn funktionsfähiger Flügel – was völlig unverständlich wäre, wenn sie primär der Wärme-

Rechts: Helmkasuar mit Gelege, Nordaustralien

isolation dienten. Sie besitzen den gewichtsreduzierenden Schnabel, und der frühere Schwanz der Reptilien ist wie bei allen anderen Vögeln zu einem kleinen Knochendreieck, dem Schwanzstiel, zurückgebildet.

Die Federn selbst sind allerdings degeneriert. Die Haken an den Strahlen der Federästchen, die erst für aerodynamisch belastbare Federflächen sorgen, sind verschwunden. Die Straußenfedern sind weich und flaumig, die der Nandus ihrem kälteren Lebensraum entsprechend lang und zottig. Diese modernen flugunfähigen Vögel haben in Konkurrenz zu den Säugern überlebt, weil sie mit ihren langen Beinen sehr schnell laufen und so jedem Säugetier, das sie verfolgt, meist entkommen können. Strauß, Nandus und Emu leben in offenen Grassteppen oder Halbwüsten, in denen hohe Geschwindigkeit eine wirksame Verteidigungsstrategie ist. Die Kasuare sind sehr viel stämmigere Waldbewohner; sie brauchen auch keine langen Beine, denn in den tropischen Wäldern Nordaustraliens und Neuguineas, in denen sie leben, hat es nie größere, räuberische Säugetiere gegeben.

Die Vögel haben in mehreren Entwicklungslinien die Flugfähigkeit verloren. Das Fliegen kostet sehr viel Energie, und die Vögel geben es auf, wenn andere Fortbewegungsweisen – meist zu Lande – sicher genug sind. Der Wandel kann sich sehr rasch vollziehen. Die 1000 Kilometer vor der Westküste Ecuadors im Pazifik gelegenen Galapagosinseln sind vor nicht mehr als fünf Millionen Jahren von unterseeischen Vulkanen aufgeworfen worden. Seither ist es Vögeln vom Festland verschiedentlich

Oben: Strauß, Kenia *Rechts oben: Emu, Australien*
Rechts unten: Nandu, Argentinien

gelungen, die Inseln zu erreichen, unter anderem einer Art der Kormorane. Nachdem sie die Inseln erreicht hatten, bestand für die Kormorane kaum noch die Notwendigkeit zu fliegen. Ihre Nahrung erwerben sie tauchend – wobei nicht die Flügel, sondern die Füße für Antrieb sorgen –, und geeignete Fischgründe bot das Meer. Säugetiere, die ihnen lästig werden konnten, gab es auf den Inseln nicht. Und während Generation auf Generation folgte, ohne daß die Tiere jemals flogen, schwanden ihre Flügel dahin. Heute strecken sie nach dem Fischen mit zerfetzten Federn besetzte, nicht mehr flugtaugliche Stummelflügel zum Trocknen aus.

Auf der westpazifischen Insel Neukaledonien ist ein weiterer flugunfähiger Vogel, der Kagu, zu Hause. Er ist ungefähr haushuhngroß und von der Statur eines kompakten Reihers. Sein Gefieder ist blaß taubengrau – merkwürdigerweise, denn es handelt sich um einen Waldbewohner, der den Boden nach Insekten und anderen kleinen Beutetieren absucht. Gewöhnlich sollte ein Vogel bei dieser Lebensweise farblich an seine Umwelt angepaßt sein. Der bleiche Kagu fällt sofort auf – eine leichte Beute für bodenbewohnende Jäger. Aber die gibt es in seinem Lebensraum nicht. Die Flügel des Kagu sind noch voll befiedert und scheinen auf den ersten Blick geeignet, ihn in die Lüfte zu tragen. Aber die Flugmuskeln sind nicht mehr stark genug, die Flügel zu schlagen. Er nutzt sie aerodynamisch hauptsächlich zur besseren Bewahrung seines Gleichgewichts bei der Fortbewegung am Boden. Wenn er einen Hang hinabläuft, breitet er sie vielleicht sogar aus und gleitet ein paar

Oben: Flugunfähiger Stummelkormoran beim Trocknen seiner Flügel, Galapagosinseln

Rechts: Kagu mit zur Balz gespreizten Flügeln, Neukaledonien

Meter. Auch bei der Balz spielen die Flügel noch eine Rolle, sowohl um Rivalen zu verjagen, als auch um den Partner zu beeindrucken. Wenn er die Flügel entfaltet, zeigt der Kagu, daß er doch kein einfarbig blasser Vogel ist. Seine Handschwingen sind auffällig grau gebändert. Wie lange es her ist, daß er diese Tarnzeichnung zum Schutz vor Räubern zum letzten Mal benutzte und das Fliegen aufgab, wissen wir nicht. Die ältesten Spuren des Kagu, die bisher auf der Insel gefunden wurden, sind nur etwa 2000 Jahre alt. Vielleicht sind seine Flügel noch nicht so weit zurückgebildet wie die des Stummelkormorans der Galapagosinseln, weil seine Isolation auf Neukaledonien noch nicht so lange währt.

In der Familie der Rallen scheint man das Fliegen besonders leicht aufzugeben. Es handelt sich um Verwandte des Teichhuhns, das weltweit verbreitet in dichter Vegetation an Teichen und Sümpfen lebt. Die Vorfahren dieser Vögel müssen in der Lage gewesen sein, weit übers Meer zu fliegen, denn sie kommen auch auf vielen kleinen Inseln vor und haben dort als kleine, isolierte Bestände eigene Merkmale entwickelt – gerade genug, um sie von ihren Geschwisterarten abzugrenzen. Und mehr als ein Viertel dieser nahe verwandten Arten hat die Flugfähigkeit eingebüßt. Sowohl die Gough-Insel und das benachbarte Tristan da Cunha im Südatlantik als auch die Pazifikinsel Laysan haben beziehungsweise hatten ihre eigene flugunfähige Ralle. Diese Inseln sind auf gleiche Weise gebildet worden wie die Galapagosinseln. Eine andere Ralle erreichte Neuseeland und verlor dort ihre Flugfähigkeit; sie scheint, obwohl Säugetiere inzwischen in ihrem Lebensraum Fuß gefaßt haben,

kaum Scheu vor anderen Bodenbewohnern zu zeigen. Die Neuseeländer nennen sie Weka (deutsch: Wekaralle); sobald man mit dem Boot auf einer der vielen kleinen Inseln vor der neuseeländischen Küste landet, taucht unweigerlich eine dieser Rallen auf – in der eindeutigen Erwartung, daß der Ankömmling sich auf die eine oder andere Weise als Futterquelle erweisen wird.

Neuseeland ist jedoch kein jüngst entstandenes, sondern altes Land. Es stellt ein Teilstück des ehemaligen Superkontinents dar, abgetrennt von Australien und Antarktika während der kritischen Zeit, als die Dinosaurier untergingen, die Säugetiere aber noch nicht beherrschend geworden waren. Dort lebten wahrscheinlich die Pioniere der Flugunfähigkeit unter den modernen Vögeln.

Zu ihnen zählten die Moas, Angehörige einer inzwischen ausgestorbenen Ordnung, die den größten jemals lebenden Vogel hervorbrachte. Sie hatten eine gewisse Ähnlichkeit mit dem Strauß, und der Gedanke, sie seien mit ihm verwandt gewesen, scheint verlockend. In diesem Falle müssen die Moas schon vor der Abtrennung Neuseelands vom Superkontinent dort gelebt haben. Anderenfalls müssen die Moa-Vorfahren funktionsfähige Flügel gehabt, die Insel bald nach ihrer Abtrennung besiedelt und dort angesichts des Fehlens jeglicher Konkurrenz von seiten der Säugetiere und Reptilien ihre Flugfähigkeit verloren haben. Die Ähnlichkeit mit den Straußen wäre dann auf analoge Anpassungen an eine weitgehend gleichartige Lebensweise zurückzuführen. Bisher sind noch keine fossilen Beweise für die eine oder andere Möglichkeit gefunden worden.

Oben: Wekarallen, Neuseeland

Wir wissen allerdings, daß es noch vor etwa 1000 Jahren elf verschiedene Moa-Arten gegeben hat. In gewisser Weise waren sie die absolut fluguntauglichsten aller Vögel, denn anders als zum Beispiel Strauß und Emu besaßen sie auch keine verkümmerten Flügel mehr. Nicht einmal mehr Reste des fürs Fliegen umgebildeten Armskeletts waren noch vorhanden. Der größte Moa, der ein Gewicht von über 250 Kilogramm erreichte, wurde früher auch als höchstgewachsener jemals lebender Vogel gefeiert. Ob ihm dieses Prädikat allerdings wirklich zukommt, ist nicht so sicher. Früher von Museen und Sammlern zusammengefügte Skelette enthalten nicht selten Wirbel, die von verschiedenen Individuen stammen – der Wunsch nach gewinnträchtigen Rekordausmaßen mag dabei eine Rolle gespielt haben –, und sind möglicherweise größer, als es je ein lebender Moa war. Außerdem ist zu bedenken, daß die riesenhaften Moas wie die rezenten Kasuare der tropischen Regenwälder Australiens und Neuguineas Waldbewohner waren. Ihren Hals tragen sie meist mehr oder weniger waagerecht ausgestreckt, nicht hoch aufgerichtet. Die seitlichen Gelenkflächen auf den Wirbeln der Moas beweisen, daß dies auch deren übliche Körperhaltung war. Die Öffnung an ihrer Schädelrückseite, durch die das Rückenmark sich zum Gehirn hin fortsetzt, deutet ebenfalls darauf hin. Bei Vögeln mit aufrechter Haltung des Halses wie beispielsweise den Straußen liegt diese Öffnung an der Unterseite des Schädels. Aber auch wenn der Riesenmoa nur der höchstaufragende aller Vögel gewesen wäre, wenn er sich denn hätte aufrichten wollen, blieb er zweifelsfrei eine gewaltige und beeindruckende Kreatur.

Warum aber wuchs dieser Moa im Laufe seiner Entwicklung zu so extremer Größe heran? Der Grund dafür ist vermutlich die Art seiner Nahrung. Alle Moas waren Vegetarier. Der Buschmoa ernährte sich, wie wir aus dem Inhalt erhaltener Mägen wissen, sehr faserreich von den Zweigen und groben Blättern der Waldbäume seines Lebensraumes. Diese Art der Nahrung wird erst durch langwierige Verdauung erschlossen; dementsprechend muß sie lange in den Verdauungsorganen verbleiben. Das wiederum setzt einen Magen von besonderem Fassungsvermögen voraus – und je größer der Magen, um so größer muß auch der Körper sein, der ihn enthält.

Der kleinste aller Moas lebte in hochgelegenen Moorgebieten und war kaum größer als ein stattlicher Truthahn. Wahrscheinlich mußte er in den Bergen recht niedrige Temperaturen ertragen, denn seine struppigen, haarartigen Federn reichten ihm bis auf die Füße hinab. Dazwischen gab es auch mittlere Größen von etwa 1,20 bis 1,50 Meter Körperlänge, etwa die Größe rezenter Kasuare. Das vermittelt uns eine Vorstellung davon, wie furchterregend die Moas gewirkt haben mögen. Während der Brutzeit pflegen Kasuare durch Zischen und Knurren zu drohen, und wenn rivalisierende Männchen kämpfen, stoßen sie ein bemerkenswertes Gebrüll aus. Beunruhigt man ein solches Tier – und das kann einem passieren, bevor man es noch zu Gesicht bekommen hat –, dann bahnt es sich mit solcher Kraft seinen Fluchtweg durch den Wald, daß seine Fußtritte wie Trommelschläge dröhnen. Führt es aber gerade Junge, dann tritt es möglicherweise nicht den Rückzug an, und es ist für den Störenfried höchste Zeit, seinerseits an Flucht zu denken: Ein aggressiver Kasuar tritt – mit Füßen, die stark genug sind, einem Menschen den Bauch aufzuschlitzen.

Da es in Neuseeland keine Löwen, Tiger, Bären oder anderen Raubsäuger gab, könnte man annehmen, daß den Moas kein anderes Tier gefährlich werden konnte. Aber unter den Vögeln selbst gibt es Jäger, und der größte Adler, den die Welt je gesehen hat, Harpagornis, entstammt ebenfalls der Heimat der Moas. Seine Flügelspannweite betrug 2,70 Meter, sein Gewicht etwa 15 Kilogramm, und seine Krallen waren so groß wie die eines Tigers. Er könnte in der Lage gewesen sein, auch die größten Moas zu überwältigen. Jedenfalls gibt es Beckenknochen mittelgroßer Moas mit Löchern, die nach ihrer Größe und Position von seinen Krallen stammen könnten. Um diese Verletzungen hervorzurufen, müssen die Krallen zuvor 5 Zentimeter Fleisch durchbohrt haben. Man kann sich den großen Adler vorstellen, wie er sich auf dem Rücken eines von Todesangst befallenen Moas festkrallt, der durch den Dschungel bricht und seinen Angreifer abzuschütteln sucht.

Die schlimmsten Feinde der Moas aber, von denen sie binnen weniger Jahrhunderte ausgerottet wurden, waren die ihnen völlig unbekannten Säugetiere. Die ersten, die die Inseln Neuseelands erreichten – von den Fledermäusen einmal abgesehen, die ja dorthin fliegen konnten –, waren Menschen, Polynesier aus dem nördlichen, tropischen Bereich des Pazifiks. Für sie waren die Moas eine Fleischquelle von einmaligem Reichtum, und sie jagten sie mit Hingabe. Später kam noch der Rückgang der Wälder infolge menschlicher Besiedlung hinzu. Dreihundert Jahre nach Ankunft der Polynesier waren die Moas praktisch ausgerottet.

Eine Familie ihnen ähnlicher, aber viel kleinerer Vögel dagegen überlebte – die Kiwis. Man hielt sie früher für kleine Ausgaben der Moas, nimmt inzwischen aber an, daß sie enger mit den australischen Emus verwandt sind. So wie man die Moas als die der Vogelwelt zugehörigen Äquivalente der Hirsche im säugerfreien Neuseeland ansehen kann, füllen die Kiwis dort die ökologische Nische der Dachse aus. Sie bewohnen Baue, leben fast ausschließlich nachtaktiv und ernähren sich sehr vielseitig, sowohl pflanzlich als auch tierisch, zeigen aber eine besondere Vorliebe für Regenwürmer und andere kleine, im Boden lebende Tiere. Und sie markieren ihr Revier mit übel stinkenden Duftmarken. All das gilt auch für die Dachse. Selbst das Federkleid der Kiwis ist eine Art grober Pelz. Die Strahlen haben keine Haken mehr, und die am Ansatz noch flauschigen Federn werden zur Spitze hin immer härter, haarartiger und wasserfester. Einige der Federn am Schnabelansatz sind borstig und setzen das Tier in die Lage, seinen Weg in der Dunkelheit zu ertasten. Sie entsprechen in ihrer Funktion den Schnurrhaaren der Dachse.

Kiwis sind freilebend nicht leicht zu beobachten. Sie werden immer seltener, und dank ihres scharfen Gehörs können sie sich in das Waldesdunkel zurückziehen, bevor man ihnen nahe genug ist, um sie richtig sehen zu können. Aber auf der Stewartinsel, der südlichsten Insel Neuseelands, stehen die Chancen, sie zu beobachten, besser, da sie sich dort zur Nahrungssuche aus dem Wald an die Meeresküste vorwagen.

Rechts: Ein Streifenkiwi verläßt seinen Bau, Neuseeland

Man muß schon Position bezogen haben, bevor sie kommen. In der Dämmerung hört man dann vielleicht ein geisterhaftes Kreischen, etwa ein dutzendmal wiederholt, von den Bäumen her, die direkt landeinwärts des Sandstrandes wachsen. Ein Kiwimännchen zeigt so den Besitz seines Reviers an. Eine Weile später ist im Dunkel am Waldrand vielleicht seine geduckte Gestalt auszumachen. Sie bewegt sich langsam und lautlos über den Strand. Als Vogel ist das Wesen kaum zu erkennen: Fast kugelförmig, ohne Flügel oder Schwanz, so wie man sich einen Kobold vorstellt. Es schreitet vorsichtig bis zu dem Saum von Tang, den die Flut zurückgelassen hat. Dort beginnt es seine Suche nach Strandflöhen und anderen Kleintieren, versenkt seinen langen Schnabel ganz im Sand. Jetzt kann man vorsichtig näher kriechen, zum Tang, auf dem man 20 bis 30 Meter vor dem Kiwi verharrt. Er kommt immer näher, bis man ganz deutlich ein regelmäßiges, kurzes Schnauben hört. Die Kiwis verfügen über einen exzellenten Geruchssinn und können noch etwa drei Zentimeter tief im Sand eingegrabene Krustentiere erschnüffeln. Ihre Nasenlöcher befinden sich – bei den Vögeln einzigartig – an der Spitze ihres Schnabels. Wenn der Vogel den Schnabel in den Sand schiebt, verstopfen die Nasenlöcher, aber dank einer Klappe im Schnabel kann er sie wieder freiblasen. Er kommt näher und näher, bis er – wenn man Glück hat – nur noch einen halben Meter entfernt ist. Aus der Nähe sieht man seine winzigen Knopfaugen, wenn er dann stutzt und den Beobachter anstarrt. Aber es scheinen die unzulänglichsten Augen der ganzen Vogelwelt zu sein, und in dem schwachen Licht verhelfen sie ihrem Besitzer zu keinem brauchbaren Abbild von irgend etwas, das mehr als vielleicht zehn Zentimeter entfernt ist. Endlich begreift der Kiwi dann vielleicht, daß ihm da kein Stein, sondern etwas völlig Unbekanntes im Weg liegt, und mit langen Schritten rennt er in den Wald zurück.

Vögel sind von anderen Kontinenten nach Neuseeland gelangt, seit es sich von den übrigen Landmassen getrennt hat. Noch heute gibt es Neuankömmlinge auf dem Archipel. Der Spornkiebitz beispielsweise ist erst in jüngster Zeit von Australien herübergekommen und hat sich seither etabliert. Je länger die Tiere schon in Neuseeland ansässig sind, um so größer werden die Unterschiede zu ihren koloniegründenden Vorfahren. Mehrere Arten haben angesichts des Fehlens von Säugetieren die Flugfähigkeit aufgegeben. Überall sonst auf der Welt sind es die Eichhörnchen und ihre Verwandten, die auf Zweigen und Ästen entlanglaufen und Knospen sowie Nüsse sammeln. In Neuseeland gab es jedoch keine Eichhörnchen. Dort hat der Graulappenvogel, einer der altehrwürdigsten Inselbewohner, diese Rolle übernommen. Er ist etwa taubengroß und hat an der Schnabelwurzel ein Paar Hautlappen, die bei der Rasse der Nordinsel ganz blau, bei der Südinselrasse blau mit orangegelber Spitze sind. Der in Neuseeland Kokako genannte Vogel fliegt zwar noch, bewegt sich aber auf der Suche nach Früchten und Insekten vom Waldboden bis in die Baumwipfel hinein meist mit erstaunlich weiten Sprüngen. Erst vom Wipfel eines Baumes aus fliegt er vielleicht – indem er einfach die Flügel ausbreitet und sich hinabgleiten läßt, genau wie es in anderen Wäldern der Erde die Flughörnchen tun.

Die Wekaralle ist nicht das einzige Mitglied der Familie der Rallen, das nach Neu-

seeland kam und dort seine Flugfähigkeit einbüßte. Einer Art der Purpurhühner, bläßhuhnähnlicher Wasservögel, erging es ebenso. Außerdem entwickelte sie sich in ihrer neuen Heimat, in den Moorgebieten hochgelegener Gebirgstäler, zum Riesen. Bis auf die Größe ähnelte sie ihrem südeuropäischen Verwandten, dem Purpurhuhn, nur ist die Oberseite grün statt purpurblau. Der schwere, fleischige Vogel wurde bei den Maoris sehr geschätzt, die ihn Takahe nannten. Als die Europäer nach Neuseeland kamen, war er schon selten geworden, und ab der Mitte des neunzehnten Jahrhunderts galt er als ausgestorben.

Dann wurde 1948 sensationellerweise in einem der entlegensten Gebirgstäler im Südwesten der Südinsel, in einer unberührten Landschaft namens Fiordland, ein kleiner Bestand entdeckt. Man erkennt die Anwesenheit der Takahes an an der Wurzel abgebissenen und abgenagten Halmen des Schneegrases. In diesem Teil der Graspflanze sind Zucker und Minerale angereichert. Dennoch handelt es sich um

*Oben: Graulappenvogel,
Nordinsel von Neuseeland*

sehr karge Kost, und der Takahe muß praktisch den ganzen Tag über ununterbrochen fressen, um seinen Nahrungsbedarf zu decken. Daher hinterläßt er eine fast durchgehende Spur von Grashalmen, der man – mit sehr viel Glück – zu dem Vogel selbst folgen kann. Falls er gerade brütet, wird er besonders schwer zu finden sein, weil er sein Nest unter den überhängenden Bülten des Schneegrases baut, wo seine blaue und grüne Färbung ihn fast unsichtbar macht. Den verräterisch purpurroten Schnabel sieht man höchstens kurz aufblitzen, denn er wird sofort im Gefieder verborgen, wenn ein potentieller Feind sich zeigt. Diese Abwehrstrategie wurde ursprünglich sicherlich nicht gegen den Menschen, diesen Spätankömmling auf Neuseeland, sondern gegen räuberische Vögel entwickelt, die es auf Eier oder Junge des Takahes abgesehen hatten. Heute stellt der von den Europäern eingeführte Rothirsch die größte Gefahr für das Überleben der Art dar. Der Hirsch weiß das Schneegras ebenfalls zu schätzen, aber statt nur einzelne Halme auszureißen, weidet er es büschelweise ab. Dadurch werden die Pflanzen oft genug gänzlich vernichtet; aber auch im besten Fall, wenn die Pflanze zumindest überlebt, bleibt für den Takahe nicht mehr viel übrig. Ob das Schneegras schon immer die Hauptnahrungsquelle der Takahes war, ist indes fraglich. Möglicherweise sind sie auch erst auf diese Kost angewiesen, seit die Jagd durch den Menschen sie aus den tiefer gelegenen, fruchtbareren Gebieten zum Rückzug in die unwirtlichen Hochtäler der Gebirge zwang.

Auch der außergewöhnlichste der flugunfähigen Vögel Neuseelands hat in den

Oben: Takahe, Südinsel von Neuseeland

Rechts: Kakapo, Neuseeland

Hochlagen der Berge seine Zuflucht gefunden. Es ist der Kakapo, ein Papagei. Wie der Takahe und die Moas ernährt er sich von Blättern, und genau wie sie ist er ein Riese unter seinesgleichen geworden, entsprechend dem umfangreichen Verdauungsapparat, der für diese Kost notwendig ist. Er ist der größte aller Papageien. Um Greifvögeln wie den Adlern und Weihen zu entgehen, hat er seine Aktivität auf die Nachtzeit verlegt und verbirgt sich tagsüber in Erdhöhlen. Des Nachts patrouilliert er durch sein Territorium, knabbert unterwegs ständig frische Triebe ab und schafft sich so gut kenntliche Wege durch den Bewuchs. Er ist das neuseeländische Gegenstück zu unseren Kaninchen.

In Neuseeland finden sich überzeugende Beispiele dafür, daß die Vögel auf den Boden zurückkehren, dort ihre Nahrung suchen und wieder zu permanenten Bodenbewohnern werden, wann immer und wo immer sie dort sicher genug sind. Letzten Endes jedoch hat sich die Aufgabe des Flugvermögens, das in so vielen Jahrmillionen erworben wurde, als nicht erfolgreich erwiesen. Die Vögel, die dies vor 70 Millionen Jahren erprobten wie Diatryma und die Schreckensvögel, mußten schließlich der Vorherrschaft der Säugetiere weichen, und als erst einmal räuberische Säuger wie Katzen, Ratten oder Wiesel nach Neuseeland kamen, hatten die flugunfähigen Vögel ihnen wenig entgegenzusetzen. Inzwischen sind elf Arten davon ausgestorben und alle übrigen auf so geringe Bestände reduziert, daß ihnen das gleiche Schicksal droht. Die Zukunft der gefiederten Reptilien, die sich vor 150 Millionen Jahren entwickelten, lag am Himmel. Dort wurden sie zu den unumschränkten Herrschern, die sie noch heute sind.

2

LUFTAKROBATEN

Auf einer kleinen japanischen Insel stehen Vögel des Nachts Schlange, um auf einen Baumstamm zu klettern. Es sind Weißgesicht-Sturmtaucher, etwa taubengroße Meeresvögel, die in Löchern im weichen Boden brüten. Wenn man auf dem Weg durch den steil abfallenden Wald nicht aufpaßt wie ein Luchs, tritt man entweder in eines ihrer Löcher oder stolpert über einen Vogel, der dann verängstigt durch die Dunkelheit davontaumelt und sich ins Gestrüpp stürzt. Die Beine und Füße aller Sturmtaucher sind weit besser zum Schwimmen und Tauchen geeignet als zur Fortbewegung auf festem Land, und so watscheln die Brutvögel der japanischen Insel mehr schlecht als recht den Hang hinab zu einer Kastanie, die für ihre Zwecke bestens geeignet ist. Dort warten sie, bis sie an die Reihe kommen, den schrägen, etwa telegraphenmaststarken Stamm hinaufzuklettern. Schnabel an Schwanz in dichter Folge schieben sie sich hinauf – mit Hilfe ihrer Füße und der «Ellbogen» ihrer ausgebreiteten Flügel. Der Baum muß schon sehr lange auf diese Weise benutzt werden, denn seine Borke ist bis auf den roten Bast zerkratzt.

Der Stamm ist hohl. Zum Unglück der Sturmtaucher befindet sich in gut drei Meter Höhe auf der Oberseite des Stammes ein Loch. Gelegentlich fällt einer aus der Marschkolonne in dieses Loch hinein und verschwindet im Stammesinneren. Unbeeindruckt von seinem Mißgeschick, taucht er am Fuß des Baumstamms wieder auf und drängt sich aufs neue in die Warteschlange. Aber die meisten können diesen Rückschlag vermeiden und schieben sich immer weiter den Baum hinauf, bis der Stamm sich schließlich, etwa sieben Meter über der Erde, in die Horizontale neigt. Wenn die Vögel diesen Punkt erreicht haben, verharren sie und halten Ausschau. Über die geschlossene Baumdecke hinweg sehen sie durch eine Lücke in den Zweigen die mondbeschienene See. Einer nach dem anderen breiten sie ihre langen, schmalen Flügel aus, beugen sich vornüber und überlassen sich der Luft. Augenblicklich verwandeln sie sich von schwerfälligen Kletterern in unglaublich gewandte Flieger und segeln in die schwarze Nacht davon, aufs Meer hinaus, um zu fischen.

Sie lassen sich vom Wind tragen, was ihnen die Form ihrer Flügel ermöglicht. Die Flügel sind im Profil an der Vorderkante dick und gerundet, wölben sich leicht nach oben und fallen dann in einem glatten Bogen nach hinten hin ab, wo sie nicht mehr als federdick sind. Dieses einem auf der Seite liegenden Komma nicht unähnliche Tragflächenprofil ist das Zaubermittel, das einen Vogel in der Luft hält. Während er vorwärts gleitet, wird die Luft, die über die Oberseite des Flügels streicht, nach oben abgelenkt und führt zu einem Unterdruck unmittelbar über der Flügeloberseite. Die Luft, die unter dem Flügel durchströmt, wird durch die konkave Flügelunterseite abgebremst, so daß dort der Luftdruck erhöht wird. Der Unterdruck über und der Überdruck unter dem Flügel ergeben zusammen eine auf den Flügel wirkende aufwärts gerichtete Kraft. Wenn ein Sturmtaucher sich von seinem Startplatz fallen läßt, zieht ihn die Schwerkraft hinab. Aber die Abwärtsbewegung wird durch die ausgebreiteten Schwingen sehr effektiv in Vortrieb umgesetzt, so daß der Vogel eine lange Strecke in der Luft bleibt – lange genug bis zum nächsten Aufwind, der ihn wieder an Höhe gewinnen läßt. Der mühsame Aufstieg auf die Kastanie hat sich also gelohnt.

Die meisten Sturmtaucher brüten auf Küstenfelsen und haben dort zum Abflug geeignete Stellen in bequemer Reichweite. Gewöhnlich unterstützt ein auflandiger Wind ihren Start. Die erwähnte japanische Art hat sich die Fähigkeit angeeignet, auf Bäume zu steigen; deswegen kann sie ihre Brutplätze weiter landeinwärts wählen als die anderen Arten. Der Wanderalbatros, der größte aller Meeresvögel,

Links: Weißgesicht-Sturmtaucher klettern auf ihren Abflugbaum, Japan

Oben: Galapagosalbatros beim Startanlauf, Galapagosinseln

brütet auf ozeanischen Inseln, auf denen es gewöhnlich weder Felsen noch Bäume gibt, so daß er die Anströmung seiner Schwingen auf andere Weise erreichen muß. Er verfährt nach dem gleichen Prinzip wie ein startendes Flugzeug. Mitten durch seine Brutkolonien verlaufen in Richtung der vorherrschenden Winde lange, breite Startbahnen. Um abzuheben, rennt der Albatros diese freie Bahn entlang – gegen den Wind. Dabei schlägt er mit den Flügeln. Jeder Abschlag bringt zusätzlichen Vor- und Auftrieb, bis der Vogel schließlich abhebt. Das schafft er aber nur bei Gegenwind. Herrscht – wie es nur selten einmal vorkommt – Windstille auf seiner Insel, sitzt der Albatros dort fest.

Die schwersten flugfähigen Vögel sind die Schwäne. Ein ausgewachsenes Tier kann es auf mehr als siebzehn Kilogramm bringen. Ein Schwan braucht eine möglichst flache und glatte Oberfläche für seinen Start – den ruhigen Spiegel eines Sees. Trotzdem verlangt sein Abflug noch eine wahre Explosion von Kraft. Gleich dem Albatros läuft der Schwan so schnell an, wie er es mit seinen kurzen Beinen eben kann, und schlägt dabei gleichzeitig heftig mit den Flügeln. Das Wasser spritzt auf. Sobald die Flügel etwas Auftrieb erzeugen, hebt er sich etwas aus dem Wasser heraus. Seine Füße hinterlassen jetzt gut erkennbar einzelne Platscher auf dem Wasser, bis sie es schließlich nicht mehr berühren. Der Vogel ist in der Luft, zieht die Beine ein und legt sie unter dem Schwanz zusammen – wie ein Flugzeug, das sein Fahrwerk einzieht.

Oben: Ein Höckerschwan nimmt zum Abflug Tempo auf, Europa

Rechts: Abhebende Brautente, Nordamerika

LUFTAKROBATEN

Der von der Luftströmung am Flügelprofil erzeugte Auftrieb ist direkt proportional zur Geschwindigkeit des Luftstroms. Wenn ein Schwan bei Windstille starten will, muß er mit etwa vierzehn Meter pro Sekunde über das Wasser sprinten, um sein Gewicht in die Höhe zu bringen. Und was die Flächenbelastung der Flügel betrifft, scheint in der Gewichtsklasse der Schwäne etwa die Grenze der Flugfähigkeit erreicht zu sein.

Nun mag ein Schwan zwar recht schwer sein, aber verglichen mit einem gleich großen Säugetier ist er doch erstaunlich leicht und bringt es nur auf vielleicht ein Viertel dessen Gewichtes. Ihr geringes spezifisches Gewicht verdanken die Vögel verschiedenen, im Lauf ihrer langen Entwicklungsgeschichte erworbenen Anpassungen an das Fliegen: hohlen, durch innere Querverstrebungen versteiften Knochen; einem Fächer von Federn mit starkem Kiel statt eines knöchernen Schwanzes; einem Schnabel aus Horn statt mit Zähnen versehenen Kiefern; und schließlich der Tatsache, daß ein wesentlicher Teil ihres Körpers mit Luft gefüllt ist. Diese Luft befindet sich in Säcken, von denen die meisten Vögel neun besitzen. Die Luftsäcke liegen in Hals, Brust und Bauch und erstrecken sich sogar bis in die Arm- und Beinknochen hinein. Sie dienen allerdings nicht nur der Verminderung des spezifischen Gewichtes. Das Fliegen verlangt so viel Energie, daß ein Vogel einen sehr großen Sauerstoffbedarf hat; die Luftsäcke sind ein Teil des Atemsystems und erlauben es den Vögeln, viel mehr Sauerstoff aus der Atemluft zu gewinnen, als es den Säugetieren möglich ist.

Die Lungen der Säugetiere sind Säcke; die Luft gelangt durch die Luftröhre sowohl hinein als auch hinaus, und die Lunge wird beim Ausatmen nie vollends geleert. Daher werden nur etwa zwanzig Prozent des Sauerstoffs der Atemluft von den Säugetierlungen wirklich aufgenommen. Die Atmung der Vögel ist wesentlich effizienter. Beim Einatmen gelangt die Luft zunächst in die relativ kleine Vogellunge. Von dort strömt sie durch einige kleine Röhren weiter in die hinteren Luftsäcke. Wenn der Vogel ausatmet, fließt die Luft aus diesen Säcken durch weitere Röhren zurück in einen anderen Teil der Lunge. Mit dem nächsten Atemzug wird die gleiche Luft aus diesem Teil der Lunge heraus- und in die vorderen Luftsäcke hineingepumpt. Das darauf folgende Ausatmen befördert sie dann durch die Nasenlöcher wieder in die Atmosphäre. Der Luftstrom verläuft also durch alle Teile des Atmungsapparates eines Vogels immer in einer Richtung, und der in der Luft eines Atemzuges enthaltene Sauerstoff wird fast vollständig aufgenommen.

Alle flugfähigen Vögel zeichnen sich durch die aufgeführten gewichtsreduzierenden Merkmale aus. Diejenigen unter ihnen, die deutlich kleiner als die Schwäne sind und stärkere Beine haben als die Sturmtaucher, sollten eigentlich aus dem Stand auffliegen können. Eine Taube geht dazu in die Hocke, breitet gleichzeitig die Flügel aus und hält sie aufrecht über dem Rücken. Während sie die Beine zum Sprung streckt, schlägt sie die Flügel gegen den Widerstand der Luft mit aller Kraft nach unten, so daß der Rumpf so weit vom Boden abhebt, daß die Flügelspitzen diesen nicht mehr berühren. Wenn sie die Flügel nun zum nächsten Schlag hebt, knickt sie sie am Handgelenk ein (sie faltet die Flügel ein Stück zusammen), so daß sich der Luftwiderstand vermindert, und spreizt die Handschwingen auseinander, damit die Luft zwischen ihnen durchströmen kann. Dann schlägt sie die wieder ausgestreckten Flügel über dem Rücken zusammen, und wenn dann der nächste Abschlag erfolgt, erhält die Taube zusätzlichen Auftrieb durch den Unterdruck über ihrem Rumpf, den die zusammengeklatschten Flügel hinterlassen haben. Nach zwei, drei Flügelschlägen hat die Taube schon deutlich an Höhe gewonnen.

Die Vielseitigkeit der Vogelschwinge ist erstaunlich. Da sich die Federn gleitend übereinanderschieben, bleibt die Flügeloberfläche immer vollkommen glatt, ganz gleich, ob der Flügel zusammengelegt oder ausgebreitet ist oder sich in einer Position dazwischen befindet. Die Taube stemmt sich mit ihrem Abschlag nicht nur – der abwärts gerichteten Schwerkraft entgegen – durch die Luft aufwärts, sondern auch vorwärts, so daß sie gleichzeitig ihre Höhe hält und vorankommt. In keiner Phase dieses Bewegungsablaufs reißt der Luftstrom über dem Flügelprofil ab, wodurch es zu Turbulenzen käme. Träte dieser Fall ein, ginge der durch die Anströmung des Flügels erzeugte Auftrieb teilweise oder ganz verloren.

Die Federn, die den Vögeln als Körperbedeckung dienen, spielen ebenfalls eine wichtige Rolle bei der Vermeidung solcher Turbulenzen. Sie folgen den Konturen vom Kopf über Hals und Schultern bis zum Schwanz hin, so daß die Luft sie ungestört umströmen kann. Wie wichtig diese Stromlinienform ist, wird klar, wenn wir einem Fischadler bei der Jagd zusehen. Über dem See ist er mit seinen fast geruh-

Rechts: Taube mit gespreiztem Schwanz im forcierten Steigflug

samen Flügelschlägen ein Muster an Eleganz und aerodynamischer Effizienz. Dann erspäht er einen Fisch und taucht nach kurzem Anflug mit den Fängen voran ins Wasser, um ihn zu ergreifen. Wenn er mit der Beute in den Klauen wieder aufsteigt, muß er seine Schlagfrequenz stark erhöhen. Dazu zwingt ihn nicht nur das zusätzliche Gewicht des Fisches, sondern auch der Luftwiderstand, den der Fisch verursacht. Um letzteren auf ein Minimum zu beschränken, greift der Fischadler meist um, so daß der Kopf des Fisches nach vorn weist und die Stromlinienform des Fischkörpers auch in der Luft zur Geltung kommt. Aber selbst dann bleibt der Luftwiderstand viel größer als beim Flug mit eingezogenen und im Gefieder versteckten Füßen. Der Fischadler muß seine Flügelschlagfrequenz entsprechend erhöhen, um in der Luft zu bleiben.

Die Tölpel, die ebenfalls Fischfang betreiben, haben dieses Problem vermieden. Sie verstauen ihren Fang in einem Kropf, einer Tasche, die innen von ihrem Rachen abzweigt. Auf diese Weise verursacht auch ein guter Fang nicht mehr als eine sanfte Schwellung des Leibes, die – was den Luftwiderstand angeht – getrost vernachlässigt werden kann.

Das Flügelschlagen verbraucht so viel Energie, daß es sich lohnt, dabei so ökonomisch wie möglich zu verfahren. Zu diesem Zwecke legt der Vogel ab und zu eine Pause ein – eine einfache Methode. Ein fliegender Specht etwa unterbricht seinen schnellen Flügelschlag regelmäßig für einige Augenblicke und hält währenddessen die Flügel geschlossen eng an den Körper gepreßt. Die bis dahin erreichte Flugge-

Oben: Ein Fischadler transportiert seinen Fang mit geringstmöglichem Luftwiderstand, Europa

Rechts: Rosapelikane im Formationsflug, Nordamerika

LUFTAKROBATEN

schwindigkeit läßt ihn – ohne den Luftwiderstand der ausgebreiteten Flügel – noch ein Stück weit vorwärts oder besser im flachen Bogen vor- und abwärts schießen. Bevor er allzutief sinkt, werden seine Flügel mit raschen Schlägen wieder aktiv. Dadurch ergibt sich eine charakteristisch wellenförmige Flugbahn.

Nur relativ kleine Vögel können auf diese Weise Energie einsparen. Würde ein größerer, schwererer Vogel dasselbe versuchen, fiele er wie ein Stein vom Himmel. Aber auch er kann vielleicht Flügelschläge einsparen, darf dabei aber die Flügel nicht anlegen, sondern muß sie waagerecht ausgestreckt halten, damit er gleitet. Das tun beispielsweise die Pelikane. Die Länge der Gleitstrecke hängt davon ab, wieviel Höhe der Vogel zuvor gewonnen hat und wie gut er je nach seinem Gewicht, seiner Flügelgröße und -form diese Höhe ausnutzen kann.

Die Rosapelikane verfügen zusätzlich noch über eine besondere Möglichkeit der Energieeinsparung. Sie machen sich die von ihren Artgenossen verursachten Luftverwirbelungen zunutze. Die Luft höheren Drucks unter den Flügeln verwirbelt an den Flügelspitzen mit der Luft niedrigeren Drucks über den Flügeln. Der daraus

LUFTAKROBATEN

resultierende leichte, aufwärts gerichtete Luftstrom bleibt gerade lange genug bestehen, um einem dicht hinterherfliegenden Vogel noch zugute zu kommen. Wenn die Pelikane in Gruppen fliegen, reihen sie sich also seitlich versetzt unmittelbar hinter der Schwingenspitze des jeweils voranfliegenden Vogels ein, statt direkt hinter ihm zu fliegen. Diese Position verschafft ihnen zudem eine bessere Sicht nach vorn. Es ergibt sich also das Flugbild einer V-Formation oder einer schrägen Reihe, von der alle Vögel bis auf den Anführer der Staffel profitieren. Wenn dieser seine Pflicht getan hat, läßt er sich zurückfallen und macht einem anderen Platz. Aus den gleichen Gründen bilden die Wildgänse ihre unvergeßlichen Ketten schräg über den Himmel.

Alle Vögel müssen irgendwann einmal wieder auf festen Boden zurückkehren, und sei es nur, um ihre Eier zu legen und die Jungen großzuziehen. Dazu müssen sie zunächst einmal ihre Geschwindigkeit reduzieren. Am einfachsten geschieht das durch Absenken des Schwanzes und der hinteren Flügelkante. Wasservögel strecken als zusätzliche Bremsen ihre Schwimmfüße aus. Der massige Schwan kann nicht langsam fliegen, ohne unkontrolliert abzutrudeln. Deshalb versucht er erst gar keine Landung auf dem Trockenen, sondern geht auf einer freien Wasserfläche nieder. Wenn seine vorgestreckten Schwimmfüße aufs Wasser treffen, ist er immer noch so schnell, daß er in einer Wolke von Gischt zu verschwinden scheint. Wenn

sich die Wellen gelegt haben, faltet der Schwan seine Flügel zusammen, schüttelt sie ein wenig, bis sie richtig liegen, und schwimmt dann mit angemessen schwanenhafter Würde davon.

Die Albatrosse dagegen landen in ihren großen Inselkolonien auf den gleichen Bahnen, die sie auch zum Start benutzen. Kurz vor der Landung fahren sie ihre Füße als Luftbremsen aus und fangen vorsorglich schon einmal an zu strampeln. Aber oft ist ihre Fluggeschwindigkeit höher als ihr maximales Lauftempo. Die unausweichliche Folge ist eine kleine Bruchlandung; der Vogel kippt vornüber auf die Brust und rutscht die Landebahn entlang. Aber er erholt sich schnell und taumelt danach unversehrt zu seinem Nest.

Enten und Gänse haben eine andere Technik. Sie lassen sich steil absinken und können so auch auf sehr kleinen Tümpeln wassern. Mit weit auseinandergespreizten Handschwingen, zwischen denen die Luft hindurchpfeifen kann, werfen sie sich von einer Seite auf die andere oder sogar auf den Rücken, und erst ein paar Meter über ihrem erwählten Ziel bringen sie die Handschwingen am ausgestreckten Flügel wieder zusammen, damit die jetzt wieder geschlossene Flügelfläche als Luftbremse wirken kann und ihre Geschwindigkeit auf ein erträgliches Maß reduziert.

Die Baumbewohner unter den Vögeln müssen sehr viel zielgenauer anfliegen als ihre wassernden oder auf flachem Land niedergehenden Verwandten, was großen Vögeln möglicherweise schwerer fällt als kleinen. Genau in dem Augenblick, in dem sie ihren Sitzplatz erreichen, müssen sie ihre Geschwindigkeit auf Null gedros-

Links: Ein Höckerschwan geht auf dem Wasser nieder, England

Oben: Ein Mollymauk gleitet zur Landung heran, Falklandinseln

selt haben. So fächert beispielsweise die Harpyie des tropischen Amerika, einer unserer größten Adler, ihren Schwanz auf und drückt ihn nach unten, so daß er gleichzeitig als Bremse und als Ruder dient; sie stellt die Flügel steiler an und senkt deren Hinterkante, um zusätzliche Bremswirkung zu erzielen. Wenn sie langsamer wird, besteht die Gefahr eines Strömungsabrisses auf der Flügeloberseite mit obligatorischem Absturz. Dem beugt sie durch Anheben der Daumenfittiche vor, der drei, vier kleinen Federn, die viele Vögel am Flügelbug auf den Resten des zurückgebildeten Daumens tragen. Bei kritischem Anstellwinkel der Flügel sorgen die Daumenfittiche für eine bessere Anströmung der Flügeloberseite. Der Adler hat seine Fluggeschwindigkeit jetzt fast auf Null reduziert. Er umgreift mit seinen gewaltigen Fängen den Ast vor sich und fängt damit schließlich die restliche Flugbewegung ab.

Von der Funktionsfähigkeit der Federn kann das Leben eines Vogels abhängen, und entsprechend aufmerksam wird das Gefieder gepflegt. Fast alle Vögel nehmen täglich – sofern sie Gelegenheit dazu haben – ein Bad, um ihr Gefieder von allem Schmutz zu befreien, sträuben ihre Federn, tauchen den Kopf unter und spritzen sich durch schnelles Kopfschütteln das Wasser auf die Federn. Wenn sie richtig naß sind, kämmen sie sich gründlich. Den für den Flug wichtigen Handschwingen widmen sie sich mit besonderer Sorgfalt. Nach Möglichkeit wird jede davon gewissenhaft durch den Schnabel gezogen, so daß aller Schmutz entfernt und jeder Ast und jeder Strahl wieder an seinen Platz gerückt wird. Den Schwertschnabel, einen Kolibri, stellt diese Aufgabe vor ein einzigartiges Problem. Er ist der einzige Vogel, des-

Links: Ein Sperber bei der Vollbremsung kurz vor der Landung, Europa

Oben: Kanadareiher beim Bad, Florida

sen Schnabel länger ist als sein Körper. Infolgedessen kann er den Schnabel nicht als Kamm benutzen, und ihm bleibt nichts anderes übrig, als auf einem Fuß zu balancieren, während er sich mit dem anderen putzt. Glücklicherweise hat ihm der gleiche Evolutionsprozeß, dem er den außergewöhnlichen, selbst in die tiefste Trompetenblüte reichenden Schnabel verdankt, auch zu überlangen Beinen verholfen, mit denen er die Federn auf dem Kopf erreichen kann.

Falls kein Wasser in Reichweite ist, baden einige Vögel, wie etwa die Guans, die Lerchen, die Zaunkönige und die Sperlinge, in Staub. Das hilft ihnen – wenn sie sich zum Abschluß kräftig schütteln –, einen Teil der Parasiten loszuwerden, von denen sie mehr als genug haben: Federlinge, die sich von der Hornsubstanz der Federn ernähren, sowie Lausfliegen, Wanzen, Milben, Flöhe und Zecken, die Blut zu saugen versuchen.

Die Federn vieler Vögel sondern ständig feinsten Puderstaub für ihre Toilette ab. Oft sind dafür spezielle Federn vorhanden, die Puderdaunen, die sich an ihren ausgefransten Spitzen in Puder auflösen. Bei den Tauben und Papageien finden sich diese Federn über das ganze Gefieder verstreut; bei anderen, vor allem bei den Reihern, stehen sie engräumig in besonderen Puderflecken zusammen. Die Funktion dieses Puders ist noch nicht genau bekannt; möglicherweise schützt er die Federn

Links oben: Ein badender Kolibri mit violetten Ohrdecken
Links unten: Fasan beim Staubbad

Oben: Ein Rosapelikan entnimmt seiner Bürzeldrüse Öl, Kenia

vor Benetzung. Eine andere Substanz, die das Gefieder wasserfest und geschmeidig macht, ist das ölige Sekret der Bürzeldrüse, die viele Vögel unmittelbar vor der Schwanzwurzel auf dem Rücken haben. Es wird meist mit dem Schnabel verteilt; vor allem Wasservögel machen davon lebhaft Gebrauch.

Aber selbst bei bester Pflege nutzen sich die Federn ab und müssen irgendwann ersetzt werden: Der Vogel kommt in die Mauser. Dieser Vorgang zieht sich bei den meisten Vögeln über einen längeren Zeitraum hin. Beim Buchfinken dauert die Mauser zehn bis elf Wochen. Es werden immer nur einige Schwingen zugleich abgeworfen und ersetzt, so daß der Vogel während der Mauser nie ganz flugunfähig ist. Eine Minderheit dagegen sucht sich einen sicheren Platz, wie ihn die Enten oder die Meeresvögel etwa auf dem Wasser finden, und mausern ihr gesamtes Großgefieder in drei bis vier Wochen. Während dieser Zeit sind sie flugunfähig.

Unterschiedliche Lebensräume und verschiedene Arten des Nahrungserwerbs verlangen jeweils andere Flugkünste und spezialisierte Flugapparate. So verbringt der Wanderalbatros den größten Teil seines Lebens über der offenen See, wo fast ständig ein kräftiger Wind weht. Mit seinen besonders langen Flügeln kann er diesen Wind gut ausnutzen; wegen der hohen Windgeschwindigkeit und des Fehlens von nutzbaren Aufwinden müssen die Flügel außerdem schmal sein. Bis zu dreieinhalb Meter beträgt seine Spannweite – die größte aller Vögel. Mit weitausgebreiteten Schwingen segelt er stundenlang ohne einen einzigen Flügelschlag dahin. Die Energie dafür liefert ihm der unablässig blasende, starke Wind über dem Meer, den er aufgrund der unterschiedlichen Windgeschwindigkeiten in den verschiedenen

Links: Schmuckreiher beim Putzen, Florida

Oben: Wanderalbatros im Gleitflug, Indischer Ozean

LUFTAKROBATEN

Höhenschichten auszunutzen vermag. Dabei braucht er noch nicht einmal Muskelenergie aufzuwenden, um die Flügel aufgespannt zu halten: Das besorgt eine Art Verschlußmechanismus des Flügelskeletts. So kann der Albatros tage-, wochen-, ja sogar monatelang bei geringstem Energieaufwand über See dauerfliegen. Er braucht nicht einmal zu trinken, weil sein Wasserbedarf bereits durch die toten Fische und Tintenfische gedeckt wird, die er als Treibgut auf der Meeresoberfläche findet.

An Land wird das Aas von anderen außergewöhnlich vollendeten Flugkünstlern aufgespürt, den Geiern. Ihnen kommen keine ständig wehenden Winde oder Stürme zugute, dafür aber die Aufwinde, die sich durch die Erwärmung und das Aufsteigen erwärmter Luft bilden. Solche Strömungen, die man als Thermik bezeichnet, entstehen durch die unterschiedliche Wirkung der Sonneneinstrahlung auf verschiedene Oberflächen. Eine dicht mit Gras bestandene Fläche beispielsweise absorbiert einen großen Teil der eingestrahlten Wärme, während nackter Fels diese in viel höherem Maße an die umgebende Luft abgibt. Dementsprechend steigt über einer Felsfläche eine Säule warmer Luft bis hoch in den Himmel hinauf. Wenn ein Geier eine solche Thermik erreicht, kreist er darin und läßt sich emportragen, bis der Warmluftschlauch sich nach vielleicht 300 Höhenmetern durch ständige Wärmeabgabe an die Umgebung erschöpft hat.

Hat der Geier erst einmal genügend Höhe gewonnen, kreist er stundenlang und sucht die Landschaft unter sich nach Aas ab. Seine Flügel sind nicht schmal wie die

eines Starkwind-Hochgeschwindigkeitsgleiters vom Schlage des Albatros, sondern breit, damit die große Flügelfläche eine optimale Ausnutzung der Thermik bei den vorherrschend mäßigen Windstärken gestattet.

Für das reine Hochgeschwindigkeitsfliegen ist wiederum eine andere Flügelform am besten geeignet. Der schnellste aller Vögel – überhaupt das schnellste Lebewesen in der Luft, wenn man vom Menschen in seinen Maschinen absieht – ist der Wanderfalke. Wenn er auf eine Beute stößt, bei der es sich fast immer um einen anderen Vogel handelt, beschleunigt er zuerst durch Flügelschläge und legt dann in der letzten Phase seines Sturzfluges die Flügel halb an, so daß er die Silhouette eines Überschalljägers annimmt und Geschwindigkeiten von über 300 Stundenkilometer erreicht.

Einer ganz anderen Jagdweise bedient sich der Turmfalke. Er hängt augenscheinlich stationär in der Luft und sucht von dort aus den Boden unter sich nach Beute ab. In bezug auf die umgebende Luft ist der Vogel natürlich nicht stationär. Er stellt sich gegen den Wind, so daß er genügend Auftrieb erhält, um in der Luft zu bleiben. Der breite Schwanz wird gespreizt, um zusätzlich zu den ausgebreiteten Schwingen einen möglichst großen Luftwiderstand zu erzeugen. Die Daumenfittiche sind angehoben, um der Gefahr eines Strömungsabrisses am Flügelprofil zu begegnen, und die Handschwingen weit auseinandergespreizt, damit die daran entlang aufwärts strömende Luft jede sich auf der Flügeloberseite bildende Turbulenz sofort auflöst. Während der Falke all dies mit fein bemessenen Ausgleichsbewegungen kontrol-

Links: Rabengeier kreisen in einer Thermik, Trinidad

Oben: Rüttelnder Turmfalke, Niederlande

liert, schafft er es, gleichzeitig seine Fluggeschwindigkeit genau der Windgeschwindigkeit anzugleichen, so daß er sich tatsächlich über Grund nicht bewegt und in Ruhe nach seiner nächsten Mahlzeit Ausschau halten kann.

Die einzigen Vögel, die ohne jede Unterstützung durch Wind längere Zeit auf der Stelle zu fliegen vermögen, sind die Kolibris. Sie müssen diese Kunst beherrschen, um im Schwirrflug vor einer Blüte stehend tief aus deren Inneren mit ihrem schlanken, scharfen Schnabel Nektar zu schlürfen. Die Flugtechnik der Kolibris unterscheidet sich dabei von der anderer Vögel so grundlegend wie die eines Hubschraubers von der eines Flugzeugs.

Die dünnen Kolibriflügel sind nicht tragflächenförmig ausgebildet; die langen Armknochen sind reduziert, Ellbogen und Handgelenk versteift. Die paddelförmigen Flügel sind gewissermaßen Hände direkt am Schultergelenk. Sie werden so geschlagen, daß die Spitzen jeweils die Figur einer liegenden «8» beschreiben. Die Flügel folgen dabei ihrer Vorderkante wie eine Fahne, die geschwenkt wird, und wölben sich in der Bewegung jeweils etwas nach oben hin auf. Beim Schlag nach vorn liegt die Flügeloberseite oben, beim Schlag nach hinten liegt sie unten. Der Auftrieb entsteht durch die Anströmung der Flügelvorderkante auf dem Weg nach vorn oder hinten; der Kolibri wird wie ein Hubschrauber nach oben gezogen. Schon mit kleinsten Flügelverstellungen kommen Richtungs- und Bewegungsänderungen zustande, und der Vogel kann sogar ohne weiteres rückwärts fliegen.

Diese Flugtechnik kostet sehr viel Energie. Zwar ist der Nektar, die Speise der Kolibris, das biologische Äquivalent hochwertigen Flugbenzins, aber trotzdem müssen die kleinen Vögel bis zu zweitausendmal am Tag auftanken. Selbst in Ruhe benötigt ihr Körper relativ viel Brennstoff – und sei es nur, um die Muskulatur auf Betriebswärme zu halten. Nachts allerdings, wenn keine Flugbereitschaft mehr erforderlich ist, lassen die Kolibris ihre Körpertemperatur absinken. Tagsüber schlägt ihr Herz zwischen fünfhundert- und zwölfhundertmal pro Minute; in den Nachtstunden ist der Herzschlag so verlangsamt, daß er fast nicht mehr auszumachen ist. Auch zu atmen scheint der Vogel dann nicht mehr. Er tut dasselbe wie der Igel, wenn der Winter kommt: Er hält Winterschlaf. Nur daß der Kolibri dreihundertfünfundsechzigmal pro Jahr in diesen Zustand verfällt.

Die Flugtechnik der Kolibris ist aber einer ernsten Beschränkung unterworfen. Je kleiner ein Flügel ist, um so schneller muß er geschlagen werden, um genügend Auftrieb zu erzeugen. Ein durchschnittlich großer Kolibri schlägt die Flügel fünfundzwanzigmal in der Sekunde – die nur etwa fünf Zentimeter lange kubanische Bienenelfe sogar zweihundertmal. Aber die Geschwindigkeit, mit der ein Signal über eine Nervenbahn geleitet werden kann, um einen Muskel zu einer Bewegung zu veranlassen, ist begrenzt. Die Schlagfrequenz der Bienenelfe reizt dieses Limit weitgehend aus. Deshalb kann es keinen noch kleineren flugfähigen Vogel geben.

Bei den Insekten gibt es dagegen durchaus kleinere, noch flugfähige Formen. Sie verfügen über eine grundsätzlich andere Mechanik zur Flügelbewegung. Ihre Flügel sind fest mit dem chitingehärteten Panzer verbunden, der ihren Leib umgibt. Den

Links oben: Breitschnabelkolibri unmittelbar vor der Nahrungsaufnahme aus Blüten, Arizona

Links unten: Bronzekopfamazilie in nächtlicher Kältestarre, Belize

Panzer können sie durch eine recht simple Muskelkontraktion in Schwingungen versetzen – etwa so, wie ein kräftiger Schlag eine Stimmgabel zum Schwingen bringt. Die Flügel schwingen mit; so entfällt die Notwendigkeit, für jeden Flügelschlag einen separaten Nervenimpuls zu übertragen.

Ihre Flugfähigkeit hat die Vögel zu den schnellsten Lebewesen auf Erden gemacht. Das schnellste erdgebundene Lebewesen ist der Gepard, der nach neuesten Erkenntnissen auch in kurzen Sprints wohl keine 80 Stundenkilometer überschreitet. Der schnellste Fisch, der Atlant aus der Familie der Fächer- oder Seglerfische, erreicht ausnahmsweise und über kurze Distanz 100 Stundenkilometer. Der Dornensegler dagegen, ein Verwandter des Mauerseglers, soll im Horizontalflug 160 Stundenkilometer schnell sein. All die Hindernisse, die den landlebenden Tieren zu schaffen machen, können die Vögel leicht überwinden. Sie können sich jederzeit dorthin begeben, wo es ihnen am besten zusagt, können schlechtem Wetter ausweichen und auch solche Nahrungsquellen ausschöpfen, die zwar reichlich, aber jeweils nur für kurze Zeit verfügbar sind.

Letzteres ist beispielsweise in den hohen Breiten der Arktis der Fall. Dort herrschen mindestens sechs Monate im Jahr außerordentlich lebensfeindliche Bedingungen – die Sonne versinkt für Monate unter dem Horizont, und wenn sie wieder aufgeht, spenden ihre schwachen, schräg einfallenden Strahlen dem schneebedeckten Boden zunächst kaum Wärme. Ohne Licht wachsen keine Pflanzen, ohne Pflanzen können sich keine pflanzenfressenden Tiere halten, und so finden auch die Fleischfresser keine Beute. Trotzdem gelingt es einigen Tieren und Pflanzen, dauerhaft in diesem Klima zu leben – indem sie ihre Aktivitäten ganz auf den kurzen Sommer konzentrieren und in den dunklen Wintermonaten auf das äußerste Minimum beschränken.

Wenn die Sonne im Frühling immer weiter über den Horizont aufsteigt, wird es langsam wärmer. Der Schnee schmilzt; darunter kommen zwergwüchsige Heidekräuter, Weiden, Steinbrechgewächse und Mohnblumen zum Vorschein. Das Eis auf den Moorweihern schmilzt, und bald steht das Wollgras in Blüte. In ihren Bauten tief unter dem Schnee erwachen die Lemminge aus dem Winterschlaf, wagen sich hervor und fallen sofort heißhungrig über alles Grüne her, um die verbrauchten Körperreserven wieder aufzufüllen. Aus Millionen kleiner und großer Tümpel, wo sie als Puppen überwintert haben, schwärmen unzählige Insekten aus. Im Sommer sind die Tiere der Arktis länger aktiv als ihre Verwandten in südlicheren Breiten, denn nun haben sie vierundzwanzig Stunden am Tag Sonnenlicht.

Es gibt Nahrung genug, auch für die Vögel. Des Mangels überdrüssig, kommen sie von Süden her, um sich in den reichen Nahrungsgründen gütlich zu tun. Die Schneegänse lassen sich in Kolonien von 100 000 Paaren und mehr zwischen den Bülten rauher Gräser nieder. Würden sie das gleiche weiter südlich versuchen, bekämen sie es sofort mit Hermelinen und Wieseln, Füchsen, Vielfraßen, Wölfen und anderen Raubtieren zu tun. Aber bis zu den Brutplätzen der Schneegänse kommen diese vierfüßigen Räuber nicht, da sie die lange Reise in den hohen Norden nicht so

schnell und mühelos bewältigen wie die Gänse. Nur der kleine, ortstreue Bestand von Polarfüchsen kann den Gänsen zu schaffen machen. Aber bei der gewaltigen Zahl brütender Vögel finden die Füchse weit mehr Eier, als sie vertilgen können. Selbst wenn die wenigen Füchse das, was sie nicht sofort fressen können, für später vergraben, wirkt sich das auf den Bruterfolg der unübersehbaren Gänsescharen nicht weiter aus.

Wenn der arktische Sommer zu Ende geht, haben die meisten Gänsepaare vier bis fünf bereits flügge Junge. Soweit das Auge reicht, weiden emsige Gänse die zarten Blätter und Wurzeln der Tundravegetation ab. Sie setzen rasch Fett an – das sie für ihre unmittelbar bevorstehende, lange Reise dringend benötigen.

3000 Kilometer weiter südlich in den Wäldern Kanadas tut es ihnen der Rubinkehlkolibri gleich – der sich, was Größe und Flugvermögen angeht, von den Gänsen so kraß unterscheidet, wie es in der Vogelwelt nur möglich ist. Er ist von Süden hergekommen, um den sommerlichen Blütenreichtum der kanadischen Wälder zu nutzen. Die Versorgung mit Nektar war so verschwenderisch, daß sie nicht nur für ihn selbst, sondern auch für seine Jungen reichte. Aber jetzt sind die weiblichen Blüten

Oben: Schneegans mit Gösseln im Dunenkleid, Kanada

befruchtet, sie verwelken und fallen schließlich ab. Also muß sich Familie Kolibri ebenfalls auf die lange Reise nach Süden begeben.

Auch Greifvögel – Habichte, Bussarde und Adler – sind in diese großen Wälder gekommen, um Wühlmäuse und andere Nager, aber auch kleinere Vögel und deren Nestlinge zu erbeuten. Jetzt verkriechen sich die Nager nach und nach, um Winterschlaf zu halten, und die meisten kleineren Vögel ziehen südwärts ab. Die Raubvögel müssen sich ihnen anschließen. Sechshundertfünfzig Vogelarten bevölkern im Sommer die Landschaften Nordamerikas, finden dort eine reichgedeckte Tafel vor und ziehen ihre Brut groß. Fünfhundertzwanzig davon bereiten sich jeden Herbst auf den Zug nach Süden vor.

Die Vögel haben ihrem unterschiedlichen Flugvermögen entsprechend verschiedene Zugstrategien entwickelt. So können die Schneegänse sich als große und relativ schwere Tiere nur in der Luft halten, wenn sie schnell fliegen. Daher benötigen sie auch für kurze Strecken erhebliche Brennstoffmengen. Sie müssen also häufig und oft für mehrere Tage Rast machen, um durch unermüdliches Fressen ihre Fettreserven aufzufüllen.

Die Greifvögel haben es besser. Der Gleitflug verbraucht nur ein Zwanzigstel der

Oben: Rubinkehlkolibri, Ohio

Energie, die für den normalen Schlagflug benötigt wird. Sie lassen sich von einer Thermik weit hinauftragen und legen dann eine möglichst lange Strecke völlig mühelos im Gleitflug zurück. Deshalb ziehen sie gern an schönen, warmen Tagen mit guter Thermik; und sie kennen die Stellen, wo zuverlässige, starke Aufwinde herrschen. Der Hawk Mountain in Pennsylvania ist ein solcher Platz, und dort versammeln sich jedes Jahr ab September, wenn die Wälder sich mit dem ersten Rot ihrer Herbstfärbung überziehen, Tausende von Greifvögeln.

Die Watvögel wirken klein und zierlich, aber sie zählen zu den leistungsfähigsten Zugvögeln. Sie sind nicht auf sonniges Wetter angewiesen wie die Greife und können – anders als die Gänse – beträchtliche Brennstoffreserven mitführen. Sie lagern sie in Form von Fett an; auf den Watt- und Schlickflächen der Küsten fressen sie mit solcher Gier, daß sich ihr Körpergewicht in einigen Wochen fast verdoppelt – wobei mit der Zunahme der Fettdepots viele ihrer inneren Organe (einschließlich des Gehirns) an Masse abnehmen, um Gewicht einzusparen und Platz für das Fett zu machen.

So setzt also im Herbst überall in Nordamerika ein massenhafter Wegzug ein. Die Vögel ziehen teilweise tagsüber, ein größerer Teil jedoch nachts. Das hängt von der

Oben: Lange Ketten ziehender Schneegänse, Nordamerika

Folgende Doppelseite: Steinwälzer, Knutts und Sanderlinge sammeln sich vor ihrem Abzug, Nordamerika

Flugtechnik, der Art der Nahrungsaufnahme und vielleicht von noch einigen weiteren Faktoren ab. Greifvögel sind auf Thermik angewiesen und fliegen meist erst am späten Vormittag los. Die Schwalben fangen ihre Nahrung im Flug – sie sind gleichfalls Tagzieher. Ebenso die Kolibris, weil sie auch während des Zuges immer wieder Nektar sammeln müssen. Die meisten Insektenfresser können nur über Tag auf Nahrungssuche gehen – sie nutzen die Nachtstunden für den Zug. Die Wasser- und Watvögel ziehen sowohl am Tage als auch in der Nacht.

Die Wasser- und Strandläufer suchen ihre Nahrung hauptsächlich auf Schlickflächen und an der Küste; wenn sie die arktische Tundra verlassen und an der Ostküste Nordamerikas entlangziehen, verweilen sie an der Hudson Bay, solange es geht. Dann überqueren sie auf einem langen Überlandflug das südöstliche Kanada und fallen zur Rast an der Küste Neuenglands ein. Dort füllen sie ihre Fettreserven wieder auf und mausern vielfach, so daß sie mit unverbrauchtem Großgefieder den weiten Überseeflug nach Südamerika antreten können. Obwohl sie ihr Leben am Wasser verbringen, können sie nicht schwimmen. Die 3000 Kilometer übers Meer müssen sie nonstop bewältigen.

Von den Vögeln, die über Land ziehen, halten sich viele an die breite Schneise des Mississippitales und gelangen so an den Golf von Mexiko. Der kürzeste Weg hinüber – von Texas quer über den Golf zur Yucatánhalbinsel – bedeutet einen Flug von 800 Kilometern. Die westliche Küstenroute ist dreimal so lang, die Ostroute über Florida und Kuba ebenfalls viel länger als der direkte Weg und führt zu-

Oben: Ein Schwarm europäischer Knutts

dem zwischen den diversen karibischen Inseln ebenfalls für längere Strecken übers Meer.

Die Segelflieger, vor allem also die Greifvögel, haben gar keine Wahl. Über See gibt es keine Thermik; sie müssen den Weg nach Westen an der Küste entlang nehmen. Die Enten, Regenpfeifer, Nachtschwalben und Schwalben folgen der Ostroute über die karibischen Inseln. Der winzige Rubinkehlkolibri dagegen versucht es fast unglaublicherweise mit der direkten Überseeroute. Seine Reisegeschwindigkeit beträgt etwa 43 Stundenkilometer; er kann die Strecke unter günstigen Bedingungen also nonstop in ungefähr achtzehn Stunden schaffen, gerät dabei aber an die äußersten Grenzen seiner Leistungsfähigkeit. Selbst ein leichter Gegenwind kann ihm so schwer zusetzen, daß er die jenseitige Küste nie erreicht und der See zum Opfer fällt.

Wie finden die Vögel auf solch fast unvorstellbar weiten Reisen ihr Ziel? Auf diese Frage gibt es keine einfache Antwort. Manche folgen großräumigen geographischen Strukturen – den Appalachen, dem Mississippital, der Küste der Hudson Bay. Die Nachtzieher orientieren sich am Sternenhimmel, vielleicht am Himmelspol, dem Polarstern, der als einziger die scheinbaren Drehungen des Himmelszeltes nicht mitmacht. Aber was tun sie in bewölkten Nächten? Die Tagzieher haben die Sonne zur Orientierung, doch das setzt eine sauber geeichte innere Uhr voraus. Darüber hinaus sind viele, wenn nicht alle Vögel in der Lage, das Magnetfeld der Erde wahrzunehmen. Das läßt sich nachweisen, wenn man eine Gruppe von Vögeln versuchsweise mit feinen Eisenstäbchen versieht. Bei einem Teil der Gruppe verwendet man magnetisierte Stäbchen, die die Wahrnehmung des Magnetfeldes der Erde behindern. Die damit ausgerüsteten Vögel verfliegen sich. Den übrigen gibt man nicht magnetisierte Stäbchen mit auf den Weg, und diese finden ihr Ziel ohne Probleme. Im Gehirn einiger Vögel sind mikroskopisch kleine Partikel von Eisenoxid gefunden worden. Vielleicht spielen sie bei der Wahrnehmung des Magnetfeldes eine Rolle. Manche Vögel, zum Beispiel die Gänse, ziehen im Familienverband, lernen die traditionellen Zugwege von ihren Eltern und geben ihre Kenntnisse später an ihre eigenen Jungen weiter. Andererseits werden die Jungen des europäischen Kuckucks stets von den leiblichen Eltern im Stich gelassen, und doch finden sie ohne jede Hilfe ihren Weg in die Savannen Afrikas. Sie müssen die Fähigkeit, ihr Ziel zu finden, auf genetischem Wege erlangt, also ererbt haben.

Im Oktober kommt das Zuggeschehen zur Ruhe. Die Schneegänse sind nicht über den Golf von Mexiko gezogen. Sie haben sich für den Winter im Mississippidelta und westlich davon bis in den Norden Mexikos hinein niedergelassen. Der Rubinkehlkolibri hat den Süden Mexikos oder Panama erreicht. Greife, Zweigsänger und Nachtschwalben, Enten, Regenpfeifer und Seeschwalben sind in ihren warmen, südamerikanischen Winterquartieren angelangt. Der Bobolink, ein Verwandter des Pirols, hat von allen nordamerikanischen Vögeln die weiteste Reise hinter sich. Er brütet im Norden Kanadas und überquert nicht nur die Karibik, sondern

fliegt weiter nach Süden, bis er nach 8000 Kilometern sein Ziel, die argentinischen Pampas, erreicht.

All diese Zugvögel werden im Süden ausharren, solange ihre Sommerquartiere von Schnee und Eis bedeckt sind. Nach einigen Monaten wird ihre innere Jahresuhr und der Wandel der Jahreszeiten ihnen dann sagen, daß es Zeit ist, wieder in den Norden zurückzukehren.

Das Bild des Zuges ist in Amerika besonders klar ausgeprägt, aber er findet in allen Teilen der Welt statt. Schwalben, die in England gebrütet haben, fliegen durch Europa, überqueren entweder an der schmalen Straße von Gibraltar oder über Italien und Sizilien das Mittelmeer, müssen dann die sengendheiße Sahara überwinden und erreichen schließlich die Steppe Südafrikas. In Asien fliegen die Streifengänse von ihren Brutplätzen auf der tibetischen Hochebene quer über den Himalaja – in Höhen von beinahe 8000 Metern –, um in Indien zu überwintern. Knutts aus dem Polargebiet ziehen die Küsten Japans und Vietnams entlang nach Süden und überqueren vielleicht sogar das Südchinesische Meer, um an der Süd- und Westküste Australiens den Winter zu verbringen. Die Brutvögel der Südhalbkugel treten ihren Herbstzug natürlich in umgekehrter Richtung an: Der Riesenkolibri aus Patagonien fliegt aus den kahlen Bergen seiner Heimat in die üppigen Wälder Ecua-

Oben: Küstenseeschwalben

dors, und der Langschwanzkoel Neuseelands zieht über die Tasmansee ins tropische Australien.

Der Lohn für diese mühevollen Reisen ist offensichtlich, nämlich reiche Ressourcen auch in denjenigen Teilen der Erde zu nutzen, in denen die einzelnen Arten nicht ständig leben können. Weniger offensichtlich ist, woher die Vögel von den weitentfernten Ressourcen, von denen sie oft durch gewaltige Hindernisse getrennt sind, überhaupt wissen. Die Antwort auf diese Frage liegt in der Vergangenheit.

Während der beiden Eiszeiten, die in die letzten 150000 Jahre fallen, schrumpfte der Lebensraum der Vögel auf einen schmalen Streifen beiderseits des Äquators zusammen. Mit der Wiedererwärmung dehnte sich dieses Gebiet nach Norden und nach Süden aus und wurde sukzessive von den Vögeln wieder in Besitz genommen. Mit jedem Jahr wurde der Flug in die sommerlichen Nahrungsgründe etwas länger, ganz allmählich, so daß die Vögel sich auf die Änderung einstellen, ihre Zugwege lernen und ihr Orientierungsvermögen entsprechend ausbilden konnten. Wenn sich die Erde in den nächsten Jahrhunderten weiter erwärmt, müssen die Schneegänse und Bobolinks vielleicht noch weitere Zugwege bewältigen als heute.

Die Flugfähigkeit hat es den Vögeln ermöglicht, alle Teile der Erde auf eine Art und Weise auszunutzen, für die es im Tierreich keine Parallele gibt. Die längste aller jährlichen Reisen unternimmt die Küstenseeschwalbe. Im August verläßt sie ihr Brutgebiet im hohen Norden in südlicher Richtung. Dabei überqueren die Brutvögel der Arktis, Kanadas und Grönlands den Atlantik und treffen in der Alten Welt auf Brutpopulationen der eurasischen Arktis, die an den Küsten Westeuropas entlanggezogen sind. Gemeinsam ziehen sie weiter an der Westküste Afrikas entlang südwärts, einige bis zum Kap der Guten Hoffnung. Andere überqueren – teilweise jetzt zum zweiten Mal – den Atlantik und erreichen die Ostküste Südamerikas. Eine dritte Gruppe ist die Westküste Amerikas entlang bis nach Kap Hoorn gezogen. Alle drei Gruppen überqueren schließlich den breiten Meeresgürtel, der rund um den Erdball Antarktika umgibt. Auf dem Höhepunkt des Nordsommers haben die Küstenseeschwalben rund um die Uhr Tageslicht und während des Südsommers ebenfalls; sie sehen im Jahr mehr Sonne als jedes andere Tier. Ihre jährliche Zugstrecke kann bis zu 40000 Kilometer betragen.

Seeschwalben können sich für kurze Zeit auf dem Wasser ausruhen oder auf Eisbergen Rast machen. Mauersegler tun nichts dergleichen. Ihre Beine und Füße sind bis auf vier gekrümmte, nadeldünne Krallen zurückgebildet, mit denen sie sich nicht wieder vom Boden abstoßen könnten, wenn sie tatsächlich einmal dort landen sollten. Sie brüten in Felshöhlen und – heute weitaus überwiegend – in künstlichen Hohlräumen, beispielsweise unter Dachtraufen, Dachziegeln oder Dachrinnen. Zum Bau des einfachen, napfförmigen Nestes fangen sie Federn und Pflanzenteile aus der Luft und verfestigen sie mit ihrem klebrigen Speichel. Sie trinken im Gleitflug dicht über der Wasseroberfläche, den Schnabel gerade eben für eine Flugstrecke von einem halben Meter eingetaucht. Ihre Nahrung sind fliegende und schwebende Insekten und Spinnen, die ausschließlich im Flug aufgenommen wer-

den. Sie schlafen auch mehr oder weniger regelmäßig in der Luft; nachdem sie abends auf eine Höhe von etwa 2000 Meter gestiegen sind, lassen sie sich mit nur gelegentlichen leichten Flügelschlägen im Wind treiben. Und der Luftraum ist auch der Ort, an dem sie sich – wenn auch nicht ausschließlich – begatten. Das dauert ungefähr zwei bis vier Sekunden, während derer sich das Männchen auf dem Rücken des Weibchens festkrallt und beide zusammen im Gleitflug an Höhe verlieren.

Mauersegler können, wie man aus Wiederfunden nestjung beringter Individuen weiß, mehr als zwanzig Jahre alt werden. Ein Tier dieses Alters muß fliegend über sechs Millionen Kilometer zurückgelegt haben; das entspricht acht Flügen zum Mond und zurück. Kein anderes Tier ist in der Luft so in seinem Element wie der Mauersegler.

Oben: Mauersegler auf dem Nest, Europa

3

DER UNERSÄTTLICHE APPETIT

Fliegen macht hungrig. Das ideale Futter für einen Flieger ist kompakt und möglichst reich an Energie wie zum Beispiel Pflanzensamen. Sie enthalten die Nährstoffe, die der Keimling braucht, um Stengel und Blätter auszubilden, bis er die lebensnotwendige Energie selbst von außen aufnehmen kann. Sie sind aber auch für Vögel eine erstklassige Nahrung, und da es sie reichlich und in mundgerechten Bissen gibt, fressen viele Vögel kaum etwas anderes. Weil es den Pflanzen aber wenig nutzt, wenn ihre Samen in den Mägen von Vögeln zerstört werden, umgeben viele von ihnen sie zum Schutz mit festen Hüllen. Die Vögel andererseits haben spezielle Werkzeuge und Strategien entwickelt, um diese wertvolle Nahrungsquelle, die ihren Bedürfnissen so sehr entgegenkommt, dennoch weiterhin nutzen zu können.

Die Mannigfaltigkeit der von den Vögeln zu diesem Zweck einsetzbaren Werkzeuge wird durch ihre jahrmillionenalte Anpassung an das Flugleben stark eingeschränkt. Die zu Flügeln umgewandelten Vordergliedmaßen taugen nicht mehr dazu, etwas festzuhalten und aufzureißen. Und mit einem Schnabel aus Horn läßt sich auch nicht annähernd so gut kauen und beißen wie mit zahnbewehrten Kiefern. Ein Schnabel kennt nur zwei Bewegungen: Aufklappen und Schließen.

Aber welch erstaunliche Vielseitigkeit und Effizienz hat sich aus diesem Grundmuster entwickelt! Betrachten wir als Beispiel die Finken. Der Buchfink hat einen annähernd kegelförmigen Allzweckschnabel mit scharfer Spitze – weder extrem lang noch extrem kurz. Er eignet sich zum Auflesen von Insekten, Spinnen, Raupen und Beeren sowie zum Aufpicken von Samen.

Aber Samen mit derber Schutzhülle ist er nicht gewachsen. Schon relativ früh in der Familiengeschichte der Finken muß sich eine Population mit etwas schwereren Schnäbeln entwickelt haben, mit denen sich die Schalen von Samen besser öffnen ließen. Einige Pflanzen reagierten darauf mit der Produktion noch dickschaligerer Samen. Trotzdem lohnte es sich für die dickschnäbligeren Finken, sich auf diejenigen Samen zu konzentrieren, die ihren feinschnäbligeren Verwandten nicht zugäng-

lich waren. Je mehr sie sich darauf spezialisierten, um so kräftiger wurden im Laufe von Generationen ihre Schnäbel.

Als Ergebnis dieser Entwicklung hat heute der Grünling einen dickeren Schnabel als der Buchfink und kann damit Samen öffnen, denen der Buchfink nicht gewachsen ist, beispielsweise Sonnenblumenkerne. Vor Kirschkernen mit ihrer wesentlich härteren Hülle muß aber auch er die Waffen strecken. Sie sind die Domäne des Kernbeißers, eines weiteren Finken, mit seinem noch höheren, dickeren Schnabel und je einem Paar griefter Höcker im mittleren Schnabeldrittel. Damit wird ein Kirschkern so fest gehalten wie eine Nuß im Nußknacker. Die Muskeln, die den Schnabel schließen, sind ungewöhnlich groß und reichen ganz um den Kopf herum. Wenn sie sich zusammenziehen, üben sie einen Druck von über 50 Kilopond aus – genug, um einen Kirschkern zu knacken und den Kernbeißer mit dem darin enthaltenen Samen zu belohnen.

Andere Angehörige der Finkenfamilie haben ebenfalls ihre Spezialitäten. Die Karden schützen ihre Samen mit langen, scharfen Stacheln, aber der Stieglitz kann die Samen mit seinem für einen Finken langen und schlanken Schnabel zwischen den Stacheln herauspicken, ohne sich zu verletzen. Bei den Kiefern liegen die Samen zwischen den Schuppen der Zapfen. Wenn die Zapfen reifen, werden sie hart und holzig, die Samen fallen heraus und können auf dem Boden von Mäusen, Eichhörnchen oder verschiedenen Vögeln aufgelesen werden. Der Kreuzschnabel erntet sie jedoch schon vorher. Sein Schnabel ist gekreuzt; die Spitzen greifen übereinander. Mit zur Seite geneigtem Kopf schiebt er dieses denkwürdige Instrument zwischen die Schuppen eines Zapfens und drückt sie mit der aufwärts gebogenen Unterschnabelspitze auseinander, so daß er die Samen entweder mit dem Oberschnabel heraus-

Oben links: Ein Buchfink verzehrt ein Getreidekorn, Schottland
Oben rechts: Kernbeißer mit Sonnenblumenkern, Frankreich
Rechts: Stieglitz auf einer Karde, England

kratzen oder mit der Zunge herauslöffeln kann. Die Kehrseite der Medaille ist, daß dieser gekreuzte Schnabel – ein Spezialwerkzeug eben – sich kaum für eine andere Verrichtung eignet. Samen vom Boden auflesen, wie so viele andere Vögel es tun, kann ein Kreuzschnabel nicht.

    Eicheln sind besonders nahrhaft. Aber sie sind zu groß, als daß ein Fink sie sich in den Schnabel klemmen und ihre derbe Schale aufbrechen oder sie ganz herunterwürgen könnte. Selbst einem vergleichsweise großen Vogel wie dem Eichelhäher bereiten die Eicheln einige Umstände. Er trägt sie in seine Werkstatt, zu einem Stein oder einem Ast, klemmt sie ein, schlägt dann mit dem Schnabel die Schale auf und zerkleinert den Samen, bevor er ihn verzehrt. Die Eiche verläßt sich nun nicht allein auf die derben Schalen ihrer Samen, um ihre Vermehrung sicherzustellen, sondern vor allem auf die gewaltige Zahl der hervorgebrachten Samen, die in einem Herbst an die 100 000 pro Baum betragen kann. Das sind mehr, als alle auf Eicheln versessenen Vögel in der Nachbarschaft des Baumes vertilgen können.

    Schweine und Hirsche nutzen diese sogenannte Eichelmast, indem sie sich davon reichlich Fettreserven anfressen. Das können die Vögel nicht im gleichen Ausmaß tun, ohne ihre Flugfähigkeit zu gefährden. Deshalb wenden sie eine andere Methode an. Der Eichelhäher vergräbt die Eicheln – jede einzeln für sich. Er gräbt ein Loch, steckt eine Eichel hinein und bedeckt sie sorgfältig mit Erde, damit sie anderen Tieren nicht auffällt. Dann prägt er sich den Standort des Versteckes gut

Oben: Bindenkreuzschnabel, Kanada

ein. Auffällige Bäume, umgestürzte Stämme, Felsblöcke und Zaunpfähle sind dabei seine Anhaltspunkte. Manchmal legt der Vogel sogar kleine Kiesel und Steinchen als Gedächtnisstütze aus.

Diese Art von Vorratshaltung ist von vielen Vogelarten bekannt, und sowohl ihr Fleiß als auch ihr Gedächtnis erweisen sich dabei in der Tat als sehr bemerkenswert. Die Weidenmeisen halten den Rekord, was die Anzahl der von einem Vogel an einem Tag versteckten Vorräte angeht – über 1000 –, während es der Tannenhäher auf bis zu 100 000 pro Saison bringt. Auch verfügt er, soweit es bisher nachgewiesen ist, über das längste Gedächtnis für seine Verstecke; noch nach neun Monaten findet er Vorräte wieder.

Aber selbst das beste Gedächtnis funktioniert nicht immer. Kein Eichelhäher erinnert sich an jede Eichel, die er vergraben hat. Und das kommt der Eiche zugute, denn die übersehenen Eicheln haben ja – säuberlich und fachmännisch eingepflanzt – ideale Bedingungen zum Keimen und sind vor den Blicken anderer Samenräuber geschützt.

Auch einige Spechte – obwohl mehrheitlich Insektenfresser – nehmen gern Eicheln und legen Vorräte davon an, aber keiner geht darin so weit wie der nordamerikanische Eichelspecht, dessen Hauptnahrung sie bilden. Als Vorratslager dient ihm ein hoher, oft abgestorbener Baum. Im Sommer verwendet der Specht viel Zeit darauf, kleine, trichterförmige Löcher in den Vorratsbaum zu meißeln. Im Spät-

Oben: Eichelhäher mit Eichel, Schweden

sommer schleppt er dann eine Eichel nach der anderen dorthin und hämmert jede Eichel in jeweils ein Loch. Weder die Eicheln noch die Löcher sind genormt; also muß oft mehrfach probiert werden, bis das richtige Loch für eine Eichel gefunden ist. Ist das Loch zu klein, wird die Eichel beim Einschlagen beschädigt und fault später; ist es zu groß, sitzt die Eichel nicht fest genug und wird leicht zur Beute eines Diebes. Mit dem einmaligen Bestücken des Baumes ist es aber nicht getan. Die Eicheln trocknen langsam und schrumpfen dabei ein wenig, so daß sie vielleicht umgelagert werden müssen. Ein großer Vorrat kann aus mehr als 50 000 Eicheln bestehen. Eine solche Sammlung zu betreuen und vor Dieben zu schützen übersteigt die Leistungsfähigkeit eines einzelnen Vogels und auch eines Paares bei weitem; solche reichen Schatzhäuser werden von ganzen Spechtfamilien betreut.

Das Fehlen von Zähnen schränkt nicht nur die Art des Nahrungserwerbs ein, sondern auch das Ausmaß der Bearbeitung der Nahrung, bevor sie heruntergeschluckt wird. Die Körnerfresser sind zwar in der Lage, unverzehrbare Schalen zu entfernen und einen Kern in mehrere Stücke zu zerbrechen, viel mehr aber können sie nicht. Zum Kauen sind ihre Schnäbel nicht geeignet. Die mechanische Zerkleinerung findet an anderer Stelle statt: in einem Teil des Magens. Alle Vögel haben einen zweiteiligen Magen: den mehr kopfwärts gelegenen Drüsenmagen, in dem die Nahrung chemisch aufgeschlossen wird, und den mehr schwanzwärts gelegenen Kaumagen, der sie mechanisch zerkleinert. Er hat die Form einer flachen, runden Börse mit dicken, muskulösen Wänden, die innen mit sich erneuernden Reibeplatten aus-

Links: Vorratsbaum einer Eichelspechtfamilie, Nordamerika

Oben: Der Eichelspecht entnimmt dem Lager eine Eichel

gekleidet sind. Die glatte Muskulatur des Kaumagens zieht sich rhythmisch zusammen und reibt die Magenwände gegeneinander, so daß die Nahrung dazwischen gründlich zerkleinert wird. Bei den Körnerfressern ist dieses Mahlwerk besonders kräftig. Um seine Wirksamkeit noch zu erhöhen, schlucken sie Magensteinchen.

Die Magensteinchen sind leichter als ein kräftiger Zahnbesatz und befinden sich zudem in der Körpermitte und nicht im Kopf, so daß der Schwerpunkt des Vogels durch sie nicht unnötig nach vorn verlagert wird. Aber auch in der Körpermitte ist eine zusätzliche Last dem Fliegen nicht förderlich. Die Bartmeise nimmt nur während eines bestimmten Zeitraums im Jahr Körnernahrung zu sich. Wenn das Frühjahr kommt, stellt sie sich auf Insekten um. Zu deren Verdauung sind keine Magensteinchen notwendig; also scheidet die Bartmeise diese im Frühjahr aus, und gleichzeitig verkleinert sich das Volumen ihres Kaumagens.

Für wenig fluglustige Vögel wie die Hühner und Truthühner ist die Gewichtsfrage nicht so entscheidend. Sie können sich besonders große Kaumägen leisten und erneuern die Magensteinchen darin ständig. Die Hausgans hat permanent etwa 30 Gramm Magensteinchen im Kaumagen. Bei den flugunfähigen Vögeln handelt es sich um wesentlich größere Mengen. Der Strauß wird manchmal für dumm gehalten, weil er große und völlig unverdauliche Dinge aufpickt und verschluckt – vor allem, wenn sie hell sind und glitzern. In Wirklichkeit erneuert er damit aber nur das Mahlwerk seines Kaumagens. Die größten Magensteine hatten wahrscheinlich die Moas, die riesigen, inzwischen ausgestorbenen flugunfähigen Vögel Neuseelands. Im Rippenraum von Moa-Skeletten hat man bis zu fünf Kilogramm schwere Kollektionen von Magensteinen aller Größen – vom Sandkorn bis zu zehn Zentimeter dicken Kieseln – gefunden.

Derbe Schalen sind nicht der einzige Schutz, mit dem die Pflanzen ihre Samen versehen. Manche vergiften die Samen auch. Eines der wirksamsten natürlichen Gifte ist das Strychnin. Es ist enthalten in den Samen einer südamerikanischen Liane. Andere Samen, unter anderem die einiger südamerikanischer Regenwaldbäume, sind zwar gewöhnlich nicht tödlich, aber in ihren Wirkungen doch so unerfreulich, daß die meisten Vögel lieber davonbleiben. Die Aras jedoch haben sich auf Samen spezialisiert, ganz gleich, wie gut geschützt diese sind. Ihre gewaltigen Krummschnäbel knacken die härteste Nuß, und sie lassen sich auch nicht davon abschrecken, daß die Kerne irgendwelcher Früchte heftige Verdauungsstörungen hervorrufen. Wenn sie sie verzehrt haben, fliegen die Vögel an einen bestimmten Platz, wo sich über 30 Meter hohe Steilwände am Flußufer entlangziehen. Dort fressen sie große Mengen Ton. Der Ton absorbiert die Giftstoffe in den Samen, so daß die Vögel die nahrhaften Bestandteile ihrer Mahlzeit ohne akute Magenprobleme verdauen können.

Samen sind nicht die einzigen Pflanzenteile, die von den Vögeln gestohlen und gefressen werden. Einige haben sich darauf spezialisiert, den Saft der Pflanzen zu trinken, die mit Zuckern und einem Schuß Aminosäuren angereicherte Flüssigkeit, die in den Blättern der Pflanzen produziert wird und durch Stengel und Stämme zirkuliert. Die Saftlecker gehören zu den Spechten; sie bohren tiefe, bis in die Gefäße un-

ter der Borke reichende Löcher in die Stämme lebender Bäume. Die Löcher sind leicht nach unten geneigt, so daß sich auf ihrem Grund etwas Saft ansammeln kann. Die Vögel lecken den Saft dann mit ihren borstenbedeckten, fast pinselartigen Zungen auf. Der Saft zieht auch zahlreiche Insekten an, die sich um diese Löcher versammeln. Die Vögel lecken sie ebenfalls auf und fügen so ihrer Zuckerdiät etwas Protein zu.

   Der Baum wehrt sich gegen diesen Aderlaß, indem er trockenes Zellgewebe über die Wunde wachsen läßt. Möglicherweise haben die Saftlecker in ihrem Speichel Wirkstoffe, die die Versiegelung der Wunde verhindern, aber dennoch kommt der Saftfluß nach etwa zehn Tagen zum Erliegen, und die Saftlecker müssen sich neue Löcher bohren. Während der Brutsaison, wenn die Vögel nicht nur für sich selbst, sondern auch für ihre Jungen sorgen müssen, bohrt jedes Alttier bis zu vier Löcher am Tag, so daß es nicht lange dauert, bis ein ganzer Gürtel von etwa einem Dutzend

Oben: Aras und andere größere Papageien fressen auf einem Flußufer Ton, Peru

Löcherreihen sich um den Stamm zieht. Wenn der Saftverlust zu groß wird, kann das das Ende des Baumes bedeuten.

Einige Vögel leben nicht von Pflanzensamen oder -saft, sondern von Blättern. Diese Nahrung ist eigentlich für einen Vogel weniger geeignet. Sie ist zu voluminös und enthält pro Gewichtseinheit viel weniger Nährstoffe als Samen oder Saft. Die Blattspezialisten unter den Säugetieren, die Rinder und Antilopen, Pferde und Kaninchen, besitzen besonders große Mägen, in denen die Blätter einer langen und gründlichen Behandlung mit Verdauungssäften unterzogen werden. Kaninchen lassen ihre Nahrung sogar zweimal ihren Verdauungstrakt passieren – sie fressen ihre eigenen, frischen Kotballen. Pferde bedienen sich der Hilfe von Bakterien. Ihr Gedärm direkt unterhalb des Magenausgangs ist dicht von Mikroorganismen besiedelt, die bei der Fermentierung der zerkauten Blätter eine wichtige Rolle spielen und den in der Zellulose der Blätter enthaltenen Zucker extrahieren. Im mehrteiligen Magen der Rinder sind ebenfalls Mikroorganismen am Aufschluß der Nahrung beteiligt, die zudem noch einmal zurück in den Mundraum gelangt und dort ein zweites Mal durchgekaut wird.

Kein Vogel beherrscht eine dieser Techniken. Trotzdem bringen einige von ihnen es fertig, von Blättern zu leben – die Gänse zum Beispiel. Statt viel Zeit darauf zu verwenden, ein Maximum an Nährstoffen aus der aufgenommenen Nahrung zu ge-

Oben: Feuerkopf-Saftlecker, Nordamerika

Rechts: Hoatzins, Peru

Der unersättliche Appetit

winnen, fressen sie einfach das, was am leichtesten und schnellsten seine Nährstoffe hergibt – die zarten Vegetationsspitzen von Grashalmen –, verarbeiten es in ihrem Verdauungstrakt möglichst schnell und sehen zu, daß sie den unverdauten Rest so rasch wie möglich wieder loswerden. Der Nachteil dieser Methode besteht darin, daß sie einen großen Teil ihrer Zeit für konzentriertes, pausenloses Fressen aufwenden müssen, um genügend Nährstoffe aufzunehmen. Sie können in einer Minute die Spitzen von einhundert Grashalmen abweiden. Sie fressen vormittags und nachmittags. Wenn sie bei Vollmond genug Licht haben, um vor herannahenden Räubern geschützt zu sein, fressen sie auch die Nacht hindurch. Und ebenso ununterbrochen, wie sie fressen, lassen sie auch ihre Losung fallen.

Eine Vogelart versucht die Blattnahrung besser auszunutzen als die Gänse – der Hoatzin, dieser merkwürdige südamerikanische Vogel, dessen Nestlinge mit ihren Daumenklauen klettern. Er lebt in den Sümpfen der Mangrove mit dichten Beständen von Moka-moka, einer Art riesigem aquatischem Aronstab. Den Vormittag verbringt er damit, Stücke von Aronstabblättern abzureißen und zu schlucken. Sie gelangen in seinen Kropf, eine große, muskulöse Tasche, die noch vor dem Magen von der Speiseröhre abzweigt. Wenn der Kropf bis zum Bersten gefüllt ist, quält sich der Vogel in die Luft und schleppt sich zu einem Ansitz, auf dem er sich niederläßt – die aufgeblähte Brust liegt dann zwischen den Füßen auf seinem Sitzplatz auf. Während nun Bakterien und andere Mikroben in seinem Kropf die Blätter fermentieren, quetschen und walken dessen muskulöse Wände die Masse durch, bis die

Blätter nur noch ein fettiger, stinkender Brei sind. Achtundvierzig Stunden später gibt er die Überreste der Mahlzeit von sich, die – ein wenig ungewöhnlich für Vogelkot – nach Kuhfladen riechen. Es nimmt kaum wunder, daß einer der einheimischen Namen des Hoatzins «Stinkvogel» lautet.

Blätter, Samen und Saft sind natürlich lebenswichtige Teile einer Pflanze, und indem die Vögel sie zu sich nehmen, fügen sie der Pflanze Schaden zu. Aber die Pflanzen produzieren auch Substanzen, die keinem anderen Zweck dienen, als von Vögeln gefressen zu werden. Diese werden auch nicht versteckt, mit derben Hüllen versehen oder vergiftet. Im Gegenteil, sie werden zur Schau getragen, sollen dem Auge gefallen und gut schmecken. Es sind Bestechungen, die den Vogel dazu bringen sollen, der Pflanze einen Dienst zu erweisen: Er soll entweder ihre Pollen zu einer anderen Pflanze bringen oder ihre Samen unbeschädigt über weitere Strecken transportieren, als es der Pflanze selbst möglich wäre.

Die meisten Vögel mögen es süß. Das Mittel der Wahl, um sie zu einer Blüte zu locken, ist eine dünne Zuckerlösung: der Nektar, den kleine, gewöhnlich am Blütenboden sitzende Drüsen ausscheiden. Die bunten Blütenblätter bewerben die Nektarquelle, und die Blüten sind so geformt, daß ein Vogel, der Nektar trinken möchte, an den Staubgefäßen vorbeistreicht und eine Ladung Pollen an seinem Gefieder hängenbleibt. Wenn er dann aus einer anderen Blüte trinkt, wird dort etwas von dem Blütenstaub aus seinem Gefieder abgestreift werden, so daß das Ziel der Pflanze, eine Fremdbefruchtung, erreicht ist.

Besonders verbreitet ist das Nektarschlürfen in den Tropen, wo es das ganze Jahr über Blüten gibt. Dort haben viele Vögel sich auf das Nektarsammeln spezialisiert. Die Zungen der australischen Loris (aus der Familie der Papageien) sind mit kleinen, fleischigen Haaren bedeckt, die das Auflecken des Nektars erleichtern. Die afrikanischen Nektarvögel sind zum gleichen Zweck mit langen Zungen und schlanken, leicht gebogenen Schnäbeln ausgestattet, mit denen sie den Grund auch tieferer Blüten erreichen können.

Wie sich die Spezialisierung auf eine bestimmte Nahrung für eine Vogelart bezahlt macht, so kann sich für eine Pflanzenart die Unterhaltung eines exklusiven Mitarbeiterstabes lohnen. Dadurch vermeidet sie, daß ihre Pollen unnützerweise auf die Blüten andersartiger Pflanzen gelangen. Dieses wechselseitige Interesse an einer Spezialisierung hat zu sehr engen Partnerschaften geführt. Viele Blüten sind so geformt, daß nur Vögel einer einzigen Art mit einer ganz bestimmten Schnabelform daraus Nektar schlürfen können. Der Goldschwingen-Nektarvogel vom Mount Kenya besitzt einen langen, stark gebogenen Schnabel, der in Form und Größe so gut zur Blüte der wilden Minze paßt, daß der Vogel aus dieser Blüte außerordentlich rasch zu trinken imstande ist. Aber die Pflanze ist nicht besonders verschwenderisch mit ihrem Lohn. Sie läßt den Nektarvogel in jeder Blüte nur ein winziges Schlückchen nehmen. Wenn sie freigiebiger wäre, könnte der Nektarvogel sich satt trinken und dann eine Pause einlegen. So wie die Dinge aber liegen, muß der Nektarvogel von Blüte zu Blüte eilen, um seinen Nahrungsbedarf zu decken. Auf

Rechts: Malachitnektarvogel am Blütenstand einer Aloe, Südafrika

diese Weise gelingt es der Pflanze, ihre Pollen schnell und über ein großes Gebiet zu verbreiten. Tag für Tag besucht der Goldschwingen-Nektarvogel 1600 Blüten der Minze.

Da die meisten Pflanzenarten nicht das ganze Jahr über blühen, dienen die Nektarvögel im Laufe des Jahres einer Spezies von Blütenpflanzen nach der anderen, und unter ihnen gibt es immer ein paar, die versuchen, Nektar aus Blüten zu trinken, zu denen sie keine feste Partnerschaft unterhalten. Aber dabei sind sie kaum sehr effektiv oder sehr schnell. Der Malachitnektarvogel, der normalerweise die Blüten der Aloe besucht, hat einen geraden Schnabel und kann den Nektar aus den Blüten der Minze nur erreichen, wenn er seinen Schnabel gewaltsam durch den gebogenen Hals der Blüten sticht. Aber selbst dann gelingt es ihm oft nicht, den Eingang zu der kleinen Kammer zu finden, in der sich der Nektar befindet. Die Goldschwinge wird einen solchen Wilderer sofort aus ihrem Revier vertreiben. Das kommt der Minze zugute, denn wenn der Malachitnektarvogel deren Pollen mitnähme, würde er sie höchstwahrscheinlich zu einer anderen Pflanze bringen, wo sie ohne jeden Nutzen wären.

Der Ziernektarvogel, ebenfalls ein Bergbewohner, der normalerweise Blüten besucht, die nicht sonderlich tief sind, hat noch größere Schwierigkeiten, den Nektar in der Blüte der Minze zu erreichen. Sein Schnabel und seine Zunge sind einfach zu kurz. Er kann nur an den Nektar herankommen, wenn er von außen ein Loch in die Blütenbasis sticht. Das bedeutet für die Minze einen Totalverlust. Die Blüte ist beschädigt, und da der Vogel seinen Kopf überhaupt nicht in die Blüte hineinsteckt, bleiben auch keine Pollen an seinem Gefieder hängen. Aber zum Glück für die Minze ist ihr fester Angestellter, der Goldschwingen-Nektarvogel, sehr wachsam, wenn es darum geht, sie gegen solche Vergewaltigungen zu schützen.

In Südamerika haben sich die Beziehungen zwischen den Vögeln und ihren Nektarquellen noch extremer entwickelt. Die Kolibris haben es unter allen Nektarfressern des Vogelreiches zum höchsten Grad der Spezialisierung und zu größtem Artenreichtum gebracht. Sie sind den Nektarvögeln Afrikas oberflächlich betrachtet einigermaßen ähnlich, was ihre Größe, ihr prächtiges, in allen Regenbogenfarben schillerndes Gefieder, ihre dünnen, zarten Schnäbel und fadendünnen Zungen anbelangt. Dennoch sind beide Familien nicht näher miteinander verwandt; ihre Ähnlichkeit beruht allein auf ihrer beider Anpassung an die fast gleiche Lebensweise.

Die südamerikanischen Pflanzen stellen noch größere Ansprüche an die Fähigkeiten ihrer Partner aus der Vogelwelt als die afrikanischen. Letztere tragen, soweit sie von den Nektarvögeln bestäubt werden, ihre Blüten großenteils auf Zweigen oder kräftigen Stielen, so daß die Vögel neben der Blüte oder sogar auf der Blüte guten Halt haben. In einigen Fällen sind die Blüten selbst für größere Liebhaber zuckergesüßter Blütenblätter wie Affen und Hörnchen zugänglich. Die Blüten der südamerikanischen Pflanzen dagegen hängen an langen, zarten Stengeln herab, so daß sie nur aus der Luft gut erreichbar sind. Die Kolibris haben als Antwort darauf eine

ihnen allein eigene Flugtechnik ausgebildet, dank deren sie in der Luft vor einer Blüte stillstehen und ihren Schnabel mit größter Genauigkeit tief in die Blüte hinein versenken können. Über diese Fähigkeit verfügt keiner der afrikanischen Nektarvögel.

Die Verfrachtung von Pollen bedarf keiner großen Anstrengung. Die Vögel, die den Pflanzen diesen Dienst erweisen, lassen durch nichts erkennen, daß sie sich dieser Gefälligkeit überhaupt bewußt sind, und sicherlich beeinträchtigt sie das verschwindend geringe Gewicht des Blütenstaubes nicht im mindesten. Von der zweiten Dienstleistung, zu der die Vögel von den Pflanzen angeworben werden, läßt sich das nicht behaupten. Es handelt sich um die Verbreitung der Pflanzensamen, und die Löhne für diese Arbeit müssen sich schon sehen lassen können, damit die Pflanze auf willige Mitarbeiter hoffen darf.

Und sie können sich in der Tat sehen lassen. Die Avocado bietet reichlich fettiges Fruchtfleisch, das den ansehnlichen Samen umgibt. Sie ist die Lieblingsspeise des eindrucksvollsten zentralamerikanischen Vogels, des Quetzals. Diese Art wird, wenn man von dem unglaublich langen, prächtigen Schwanz absieht, gut taubengroß. Das Männchen schillert auf der Oberseite in Grüntönen, auf Brust und Bauch scharlachrot. Beim Weibchen sind die Farben etwas stumpfer, und der Schwanz ist kürzer. Wenn die Brutzeit naht, in der große Mengen von Nahrung für die Aufzucht der Jungen benötigt werden, suchen sich die Quetzalpaare eine Nisthöhle in

Oben: Bahamakolibri an einer Hibiskusblüte, Bahamas

der Nähe eines Avocadobaumes, der ihnen Tag für Tag einen reichgedeckten Tisch bietet.

Die Frucht der Avocado hängt an einem langen Stiel. Der Quetzal fliegt mit weit aufgerissenem Schnabel darauf zu, schnappt die Frucht in der Luft und reißt sie dank seines Schwunges und Gewichtes ab. Dann fliegt er damit zu seinem Freßplatz und verzehrt dort die Beute. Die Frucht ist so groß, daß der Vogel sie nur mit knapper Not schlucken kann. Die Verdauungsvorgänge in seinem Kropf befreien die Frucht bald vom nahrhaften Fruchtfleisch, so daß nur der harte, unverdauliche Stein zurückbleibt. Er ist zu schwer, um ihn lange mit herumzuschleppen. Also würgt der Vogel den Stein nach einer Weile wieder aus. Während der Brutsaison geschieht das oft in der Nisthöhle. Die dort abgelegten Samen sind für die Avocadopflanze verloren, aber es bleiben genug übrig, die so weit entfernt vom elterlichen Baum auf den Boden gelangen, daß eine daraus aufkeimende Jungpflanze diesem keine Konkurrenz sein wird.

Mit kleineren Samen wird ganz anders verfahren. Ein Tukan, der eine große, fleischige Frucht wie etwa eine Papaya verzehrt, eine Rotdrossel, die sich an den Beeren der Stechpalme gütlich tut, ein Seidenschwanz, der eine Hecke nach Hagebutten absucht, sie alle fressen die Früchte entweder ganz oder in großen Happen und scheiden die relativ kleinen Samen darin, wenn sie ihren Verdauungstrakt unversehrt passiert haben, mit anderen unverdaulichen Resten ihrer Mahlzeit aus. Man könnte meinen, dieses Verfahren sei für die Verbreitung der Pflanze vorteilhafter als das der Avocado, weil es dem Vogel mehr Zeit gibt, sich vor Ausscheidung

Links: Quetzal, Guatemala   *Oben: Ein Fischertukan frißt eine Papaya aus, Belize*

der Samen vom Ort der Nahrungsaufnahme zu entfernen. Aber damit ist es oft nicht weit her, erweisen sich doch allzu viele Pflanzen als außerordentlich knauserig. Die meisten Früchte enthalten viel Wasser und sehr wenig nahrhafte Substanz. Entsprechend leicht und schnell sind sie verdaut, und viele Fruchtfresser unter den Vögeln geben die Samen innerhalb der nächsten Minuten nach ihrer Aufnahme wieder von sich.

Pflanzliche Nahrung ist natürlich nicht nur bei den Vögeln begehrt, sondern bei vielen anderen Tieren auch. Keine Pflanze bleibt von Insekten verschont, die an ihr fressen, saugen, nagen und bohren. Und all diese Insekten dienen ihrerseits den Vögeln als Nahrung.

Unermüdlich sucht der kleine Orpheuszaunkönig aus Südamerika am Boden nach Insekten. Er dreht die Blätter um, räumt sie hin und her und wühlt sich manchmal so tief in das Laub hinein, daß nur noch ab und zu der Kopf auftaucht wie bei einem Schwimmer, der Luft holen muß.

Der europäische Waldbaumläufer frißt neben Vollinsekten – Ohrenkneifern und Schaben, Fliegen und Käfern – auch Raupen und Larven, die auf und unter Baumrinde leben. Er beginnt seine systematische Suche unten am Stamm, stochert mit seinem feinen, gebogenen Schnabel in und unter der Rinde und klettert dabei – manchmal mit kleinen Sprüngen, so gut wie immer jedoch in einer Spirale um den Stamm herum – aufwärts. Die Beine sind dabei meist weit gespreizt, und mit den steifen, spitzen Federn seines Schwanzes stützt er sich gegen die Borke ab. Auf waagerechten Ästen ist der Kletterkünstler ebensooft auf der Unterseite wie auf der Oberseite zu finden. Wenn ein Baum komplett abgesucht ist, fliegt der Vogel schräg abwärts zum nächsten Baum hinüber und beginnt seine Klettertour von neuem.

Die Spechte jagen unter der Borke und selbst im darunterliegenden Holz nach Insekten, die die Baumläufer nicht erreichen können. Ihr Werkzeug ist nicht die Pinzette, sondern der Meißel. Der Schlag eines Spechtschnabels trifft mit einer Geschwindigkeit von ungefähr 40 Stundenkilometern sein Ziel – mit solcher Wucht, daß die beiden Schnabelhälften auseinandergerissen würden, wenn sie nicht ein spezieller Verschluß während des Schlags zusammenhielte. Die Erschütterung durch den Schlag ist so groß, daß der Vogel sofort bewußtlos werden müßte, würde sie ungedämpft zum Gehirn übertragen. Daß es nicht dazu kommt, liegt an der Lage des Gehirns deutlich oberhalb des Schnabels und seiner Polsterung durch Muskeln an der Schnabelbasis, die als Stoßdämpfer fungieren.

Wenn der Specht den Weg zum Bohrgang einer Insektenlarve freigelegt hat, muß er seine Beute noch herausziehen – mit einer Zunge, die bis viermal so lang ist wie der Schnabel. Sie steckt in Ruhestellung in einer Scheide, die sich vom Rachen aus den Hinterkopf hoch bis vorne in die Stirn erstreckt. Speicheldrüsen, die die Scheide am Schnabelansatz umgeben, überziehen die Zunge mit einem klebrigen Schleim, der zusammen mit der widerhakigen Behaarung der Zunge dafür sorgt, daß diese an der glatten Haut einer Käferlarve haftenbleibt und der Specht sein Opfer mühelos hervorziehen kann.

Rechts: Helmspecht, Nordamerika

Kein Specht hat je die Galapagosinseln erreicht. Nur wenige landgebundene Vögel haben die Flugstrecke von etwa tausend Kilometern über offenes Meer von Südamerika dorthin bewältigt, und Spechte waren nicht unter ihnen. Aber viele Insekten haben es geschafft, und deren Maden nagen sich nun durch die Bäume dieser Inseln. Die Finken allerdings, die ebenfalls die Galapagosinseln erreichten, haben eine solch reiche Insektenquelle nicht ungenutzt gelassen. Sie warteten aber nicht etwa, bis die Evolution sie mit einem als Meißel geeigneten Schnabel und der langen Zunge der Spechte ausstattete. Statt dessen haben sie improvisiert.

Der Spechtfink oder Stocherfink der Galapagosinseln hüpft auf der Suche nach einer Mahlzeit die Äste eines kleinen, struppigen Baumes entlang und neigt immer wieder den Kopf, um auf die feinen Laute zu lauschen, die die Anwesenheit einer nagenden Käferlarve im Holz verraten. Wenn er eine entdeckt hat, bohrt der Fink ein Loch – mit einem Schnabel, der kaum spitzer oder kräftiger ist als der eines Haussperlings. Danach sucht er sich einen für seine Zwecke richtig bemessenen Kaktusstachel, packt ihn mit dem Schnabel und stochert damit in dem zuvor gebohrten Loch herum; stößt er dabei nicht auf den Gang des Insekts, vergrößert er vielleicht das Loch ein wenig. Sein Werkzeug klemmt er solange unter einen Fuß oder stellt es vorübergehend in einem früher gebohrten Loch ab. Schließlich gelingt es ihm, seine Beute mit dem Stachel aufzuspießen und aus ihrem Gang herauszuziehen. Wieder klemmt er den Stachel unter einen Fuß und kann sich nun genüßlich über seine Made am Spieß hermachen.

Dieser Triumph von Erfindungsgeist und handwerklicher Arbeit gibt dem Spechtfinken das gleiche Recht auf den Titel Werkzeugmacher, wie es der Mensch besitzt, der als erster einen Feuerstein behauen hat. Der Vogel ist dadurch zu weltweitem Ruhm gelangt. Aber inzwischen gibt es Beobachtungen, nach denen ein anderer Vogel dem Spechtfinken als Werkzeugmacher den Rang abläuft, denn es sind gleich drei verschiedene Werkzeuge, die dieser Vogel herstellt und benutzt. Es handelt sich um eine Krähenart aus Neukaledonien im Pazifik. Ihr erstes Werkzeug ist eine Ahle, ein vielleicht zehn Zentimeter langer, scharfer Blattstiel. Damit stochert der Vogel in den Kronen der Palmen herum. Dort verbergen sich zwischen allerhand weichen Blattresten große, fleischige Larven. Manchmal kann die Krähe eine davon auf die gleiche Weise aufspießen, wie es der Spechtfink tut. Aber die Krähe hat auch gelernt, daß die Larve, wenn sie sie öfter sticht, so böse wird, daß sie sich mit ihren kräftigen Kiefern in den Dorn verbeißt und dann mühelos aus ihrem Versteck gezogen werden kann. Das zweite, hauptsächlich zum gleichen Zweck benutzte Werkzeug ist schon etwas pfiffiger. Es ist eine Art Haken. Der Vogel sucht sich sorgsam einen Zweig mit gebogenem Ende aus, bricht ihn ab und entfernt davon die Rinde sowie eventuell vorhandene Nebenzweige. Dann benötigt er noch mehrere Minuten, um mit dem Schnabel die Krümmung am Ende des Hakens zu vergrößern. Sein drittes Werkzeug ist eine Harpune, die er aus den langen, steifen, linealischen Blättern eines Schraubenbaumes anfertigt. Diese Blätter sind am Rand jeweils mit einer Reihe zum Blattstiel weisender Dornen besetzt. Die Krähe reißt davon einen Randstreifen ab, hält

ihn so im Schnabel, daß die Dornen nach vorne zeigen, und stößt damit nach Maden, so daß sich die Dornen in die weiche Haut der Larven bohren.

Unter den Insekten gibt es Flieger von größter Vollkommenheit; da die Vögel sie aber an Größe weit übertreffen, gibt es für sie vor den Insektenspezialisten unter den Gefiederten kaum eine Rettung. Die Schwalben verfolgen jeweils ein einzelnes Insekt, jagen mit scharfen Wendungen durch die Luft und spreizen und schließen bei der Jagd auf ihre winzige Beute ihre gegabelten Schwänze. Die Mauersegler sind nicht so wählerisch. Sie halten bei ihrem Beutezug durch die Luft den Rachen weit geöffnet. Das scheint eine weniger energieaufwendige Jagdweise zu sein als die der Schwalben, aber der Lohn ist auch geringer, denn während die Schwalben oft ziemlich große Insekten wie Fliegen, Käfer und sogar Schmetterlinge fangen, ernährt sich der Mauersegler hauptsächlich von kleinen Mücken und Moskitos, die mehr in der Luft treiben, als aktiv zu fliegen. Wenn man die aufgewendete Energie zur Menge der aufgenommenen Nahrung in Beziehung setzt, dann erzielen die Schwalben ein fast viermal so gutes Ergebnis wie die Mauersegler.

Auch nachts sind die Insekten nicht vor den Vögeln sicher. Die Nachtschwalben jagen größere Insekten – Nachtfalter und Käfer – mit der gleichen Technik, wie sie

Oben: Ein Spechtfink stochert nach Insektenlarven, Galapagosinseln

die Schwalben tagsüber anwenden. Ihre Schnäbel sind zwar nur kurz, aber an der Basis sehr breit. Dementsprechend weit lassen sie sich aufsperren.

Völlig wehrlos sind die Insekten gleichwohl nicht. Wie die Pflanzen verfügen einige über derbe Stachel, während andere giftig sind. Aber auch dieses Hindernis erweist sich nicht für alle Vögel als unüberwindlich. Die Bienenfresser, spektakulär gefärbte und schnellfliegende Vögel Afrikas und Asiens, sind Experten im Umgang mit selbst so beachtlich wehrhaften Insekten wie den Wespen und Hornissen. Ein Bienenfresser wählt seinen Ansitz an einer offenen Fläche, die von seiner Beute regelmäßig als Flugkorridor benutzt wird, und wartet dort, bis ein Opfer erscheint. Bienen, Wespen und Hornissen sind fast alle lebhaft gelb-schwarz gestreift. Dieses Signal wird im ganzen Tierreich verstanden. Es bedeutet: «Gefahr.» Der Bienenfresser allerdings betrachtet es weniger als Warnung denn als Einladung. Sobald er Schwarz-Gelb sieht, fliegt er los und nimmt die Verfolgung auf. Wenn das Insekt merkt, daß der Jäger hinter ihm her ist – und meist stellt es das sehr schnell fest –, sucht es sofort irgendwo Deckung zu finden, vielleicht zwischen den Blättern eines Baumes. Dorthin wird der Bienenfresser ihm nicht folgen. Aber falls es nicht sofort einen sicheren Platz findet, hat es kaum noch eine Chance zu entkommen. Der Bienenfresser überholt es rasch, packt es in der Luft und hält es quer in der Spitze seines schlanken Schnabels fest. So bringt er es zurück zu seinem Ansitz. Dort tötet er sein Opfer, indem er dessen Kopf auf den Ast schlägt, auf dem er sitzt. Als nächstes reibt der Vogel das Hinterende des Insekts so lange auf dem Ast hin und her, daß dessen Gift ausgedrückt wird. Das getötete und entwaffnete Insekt kann dann ohne Gefahr geschluckt werden.

Eine flügellose Heuschrecke Nordamerikas besitzt zwar keinen Stachel, enthält aber im Körpergewebe ein starkes Gift und macht mögliche Freßfeinde mit schwarzen und scharlachroten Streifen darauf aufmerksam. Doch nicht alle Jungvögel begreifen instinktiv den Sinn dieser Warnung. Manchmal versuchen sie sich an einer solchen Heuschrecke, würgen sie aber schneller wieder aus, als sie sie verschlungen haben. Nun haben sie ihre Lektion gelernt; eine zweite benötigen sie nicht. Der Louisianawürger jedoch weiß mit dem Gift der Heuschrecke umzugehen. Wie sein europäischer Vetter, der Raubwürger, fängt er Insekten verschiedener Art und bewahrt sie als Vorrat auf, indem er sie auf die Dornen des Baumes oder Busches spießt, der ihm als Sitzwarte dient. Wie ein erfahrener Koch, der weiß, daß Wildbret am besten mundet, wenn es eine Weile abgehangen ist, macht sich der Würger erst dann an den Verzehr der Heuschrecke, wenn sie wenigstens einen Tag auf seinem Vorratsbaum aufgespießt war. Bis dahin ist ihr Gift weitgehend zersetzt und hat seine Wirksamkeit eingebüßt.

Die Vögel werden bei ihrer Jagd oft von anderen Tieren unterstützt – teilweise absichtlich, teilweise unbeabsichtigt. Viele Hausbesitzer in England entwickeln eine Art Partnerschaft mit einem Rotkehlchen, das unfehlbar auftaucht, sobald der betreffende im Garten zu graben beginnt. Sie nehmen allen Mut zusammen und kommen wohl auf einen Meter an den Menschen heran, immer auf dem Sprung, einen

Wurm oder eine Made zu ergattern, die wir ausgraben. Zweifellos handelt es sich um ein schon lange bestehendes Bündnis, das auf die Zeit zurückgeht, in der die Menschen zum ersten Mal in der Erde gegraben haben. Und vor dieser Zeit haben sich die Rotkehlchen vielleicht schon das Wühlen und Graben der Wildschweine zunutze gemacht, wie sie es in vielen Teilen des europäischen Festlandes immer noch tun. Die Nachtschwalben unterhalten möglicherweise eine Partnerschaft mit Wildrindern und Ziegen; sie fangen Nachtfalter und Käfer, die durch die Wiederkäuer aufgescheucht worden sind. Sie jagen natürlich auch gern über Haustierherden, und zwar so regelmäßig, daß die Landbevölkerung früher fest davon überzeugt war, die Vögel hätten es auf die Milch ihrer Tiere abgesehen. Daher gaben sie ihnen den völlig irreführenden Namen Ziegenmelker. Die Kuhreiher in Afrika folgen grasenden Antilopen, Elefanten oder Nashörnern auf dem Fuße und sammeln die von deren Hufen freigelegten Insekten, die sonst in Gras und unter der Erde verborgen für sie unerreichbar sind.

    Eine noch engere Beziehung zu ihren tierischen Partnern gehen die Madenhacker ein. Sie finden ihre Nahrung auf und in der Haut großer Wildtiere wie Antilopen, Giraffen, Büffel und Nashörner. Das Angebot ist überreich. Zecken und Läuse kriechen im Fell der Antilopen umher und saugen deren Blut. Aus Eiern, die Fliegen in frische Wunden legen, entwickeln sich Maden, die in dem beschädigten Gewebe weiterfressen. Die Wirtstiere können unmöglich selbst all ihre schädlichen Gäste

Oben: Raubwürger mit aufgespießter Beute, Spanien

Folgende Doppelseite: Kuhreiher auf Kaffernbüffel, Kenia

loswerden. Manche sitzen ihnen vielleicht in den Nasenlöchern oder Ohren. Deshalb lassen sie die Madenhacker gewähren.

Diese Gemeinschaft besteht schon so lange, daß sich die Madenhacker in ungewöhnlichem Maße daran angepaßt haben. Ihre Zehen und Krallen sind lang und scharf, so daß sie sich auch dann noch an ihren Wirtstieren festhalten können, wenn diese sich bewegen. Ihre Schwänze sind kurz und steif und dienen wie die Spechtschwänze zum Abstützen des Körpers. Ihre Schnäbel sind seitlich zusammengedrückt, so daß sie jedes Fell nach Zecken durchkämmen können. Nur einen Neststandort bietet ihnen ihr Wirtstier nicht; es liefert aber immerhin ein paar Haare zur Auspolsterung ihrer Bruthöhle.

Obwohl es vielleicht die externen Parasiten waren, die die großen Tiere für die Vorfahren der Madenhacker überhaupt so interessant machten, hat sich bei einer neueren Studie gezeigt, daß die Nahrung der Madenhacker zu etwa einem Viertel aus dem Wachs und der Haut besteht, die sie aus den Ohren ihrer Gasttiere entfernen, und zu etwa einem gleichen Teil aus Hautschuppen. Aber die wichtigste Nahrung des Vogels besteht aus Blut. Blut ist reichlich in den damit prall gefüllten Körpern der Zecken vorhanden, aber die Vögel beschaffen es sich auch direkt, indem sie die Wunden ihrer Wirte immer wieder aufpicken und damit natürlich die Gefahr von Infektionen erhöhen. Anscheinend machen sie damit die ihren Wirten geleisteten Dienste völlig zunichte. Aber das Fleisch und das Blut von Säugetieren ist eben die wertvollste Nahrung, die ein Vogel zu sich nehmen kann. Der Madenhacker knabbert oder nippt nur daran. Andere Vögel haben Mittel und Wege gefunden, es in großen Mengen zu verzehren. Dafür benötigen sie besondere Waffen, um ihre Opfer zu töten, und Spezialwerkzeuge zu deren Zerlegung.

Links: Gelbschnabel-Madenhacker auf dem Hals einer Giraffe, Kenia

4

Die Fleischfresser

Der Kea ist ein großer Papagei Neuseelands und mit seinem vorwiegend trübgrünen Gefieder ein ziemlich düsterer Bursche. Wie alle Papageien besitzt er einen mächtigen, stark gekrümmten Schnabel, mit dem er Nüsse knackt, Früchte zerquetscht und an allem und jedem nagt, was er findet und als möglicherweise eßbar erachtet. Der robuste Vogel erträgt Kälte besser als viele seiner Verwandten, besiedelt hohe Gebirgstäler, klettert über schneebedeckte Felsen und rutscht über Steilhänge.

Eine kleine Gemeinde von Keas haust in einem unwirtlichen Tal auf der Südinsel von Neuseeland, wo die Berge steil zum Meer hin abfallen. Es gibt dort auch Kolonien des Dunkelsturmtauchers. Diese Vögel sind tagsüber nie zu Hause, sondern zum Fischfang draußen auf See. Aber nachts kehren sie zu den Bruthöhlen zurück, die sie sich selbst in die Erde zwischen den Felsbrocken gegraben haben. Die Einheimischen nennen die Sturmtaucher mutton-birds, «Hammelfleischvögel», weil die Jungvögel, wenn sie ein Alter von vier Monaten erreicht haben, durch die reichliche Ernährung mit halbverdautem Fisch außerordentlich fett geworden sind und etliche Pfund wiegen. Die ersten menschlichen Siedler auf der Insel ernteten sie in großer Zahl. Und das tun auch die Keas.

Ein Kea, dem der Sinn nach einer solchen Mahlzeit steht, stapft durch das Labyrinth der Bruthöhlen der Sturmtaucherkolonie, bückt sich hier und da, hält den Kopf schräg und lauscht. Die Küken der Sturmtaucher sitzen zusammengekauert und stumm in der Dunkelheit ihrer Bruthöhlen. Nur manchmal geben sie Laut. Vielleicht halten sie die Schritte des Keas für die eines ihrer Elterntiere, das Futter bringt. Wenn ein Küken diesen Fehler begangen hat, reagiert der Kea sofort. Er beginnt zu graben; dabei benutzt er seinen Schnabel wie eine Hacke und entfernt Erde und Bewuchs vom Eingang der Höhle. Er greift hinein, aber die Bruthöhle der Sturmtaucher kann recht lang sein. Der Kea muß vielleicht noch einige Minuten graben – er wirft dabei die bräunliche Erde hinter sich –, bevor er sich wieder in die Bruthöhle beugt. Jetzt ist das Küken in Reichweite. Der junge Hammelfleischvogel

ist nicht völlig wehrlos. Vielleicht hat er noch genügend von dem Fischöl im Magen, das ihm seine Eltern verfüttert haben, um es dem Kea gezielt ins Gesicht zu spritzen. Aber der Kea wird sich dadurch kaum abschrecken lassen. Hartnäckig greift er wieder in das Loch, bis er das Küken schließlich packen und herauszerren kann. Der junge Vogel quiekt und schreit vor Verzweiflung, aber nicht lange. Der Schnabel, eben noch als Hacke verwendet, dient nun als Haumesser, mit dem der junge Sturmtaucher zerstückelt wird.

Fleisch ist eine sehr viel gehaltreichere Nahrung als Nüsse oder Früchte. Deshalb braucht ein Fleischfresser nur einen kleinen Teil des Tages mit der Nahrungsaufnahme zuzubringen. Andererseits kann für ihn der Nahrungserwerb ein großes Problem sein. Andere Tiere geben ihr Fleisch nicht so bereitwillig her wie die Pflanzen ihre Früchte und Samen oder selbst ihre Blätter. Die Keas haben sich das Jagen, stammesgeschichtlich betrachtet, wahrscheinlich erst in jüngster Zeit angewöhnt, und sie sind auch nicht von fleischlicher Nahrung abhängig. Ihr Gehör, mit dessen Hilfe sie ihre Beute finden, ist nicht schärfer als das der meisten anderen Vögel, und ihre Fruchtfresserschnäbel eignen sich auch nur mäßig zum Graben und Töten. Spezialisierte Fleischfresser dagegen müssen über schärfere Sinne verfügen als der Kea, um ihre Beute zu finden, und über tödlichere Waffen, um sie zu erlegen.

Oben: Kea, Südinsel von Neuseeland

Die Fleischfresser

Das beste Hörvermögen hat der fast uhugroße Bartkauz, der die dichten, kaltgemäßigten Nadelwälder der Nordhalbkugel bewohnt. Der Frequenzumfang seines Gehörs entspricht ungefähr unserem, aber es ist in allen Bereichen sehr viel empfindlicher. Die feinen, haarartigen Federn seines großen Schleiers sammeln die Schallwellen wie hörrohrähnliche Trichter und lenken sie zu den Ohren hin. Der Schleier schirmt gleichzeitig die beiden Ohren voneinander ab, so daß seitlich auftreffender Schall fast ausschließlich von dem Ohr auf der entsprechenden Seite registriert wird. Außerdem sitzen die beiden Ohren nicht symmetrisch am Kopf, sondern höhenversetzt. Das befähigt die Eule, jede Schallquelle mit großer Genauigkeit zu orten, auch ohne sie zu sehen.

Diese Fähigkeit ist lebensnotwendig, wenn im Winter der Boden von einer dicken Schneeschicht bedeckt ist. Auf ihrem Ansitz, vielleicht sieben Meter hoch in einer Kiefer, nimmt die Eule plötzlich das Geräusch wahr, auf das sie gewartet hat. Fünfzig Meter entfernt und einen halben Meter unter der Oberfläche des Schnees knabbert eine Wühlmaus an einem gefrorenen Blatt – ein kaum vernehmbares Rascheln. Die Eule dreht den Kopf, um Richtung und Entfernung der Geräuschquelle genau zu bestimmen. Dann läßt sie sich elegant von ihrer Sitzwarte gleiten. Ihr Flug ist praktisch lautlos, da die Vorderkanten ihrer Handschwingen kammartig ausgefranst sind, so daß sie kein Sausen in der Luft verursachen. Der kleine Säuger unter der Schneedecke hört keinen Laut, der ihn warnen könnte. Der Kauz dagegen vernimmt während seines Anfluges ständig die feinen Freßgeräusche der Maus. Ganz kurz rüttelt er direkt über der Schneedecke und blickt nach unten. Aber er kann nichts sehen, denn es gibt noch nichts zu sehen. Er peilt mit den Ohren. Dann stößt er hinab. In einem Gestöber von Schnee greift der Kauz zu und schwingt sich mit wenigen Flügelschlägen mit der Maus in den Fängen wieder empor. Die Beute wird unzerlegt blitzschnell verschlungen.

Wenige Wühlmäuse reichen schon aus, um den Kauz eine Weile zu ernähren. Den Rest der Nacht und den ganzen folgenden Tag kann er unbeweglich auf seinem Ansitz verbringen, gesättigt und allein mit der Verdauung seiner Mahlzeit beschäftigt. In seinem Muskelmagen wird die Wühlmaus langsam aufgeweicht. Fleisch und Eingeweide werden von Haaren und Knochen getrennt. Diese unverdaulichen Bestandteile werden anschließend von den Wänden des Muskelmagens zu einem Ballen gewalkt, den die Eule wieder auswürgt und zu Boden fallen läßt.

Der Bartkauz ist wegen der winterlichen Schnee- und Lichtverhältnisse in seinem Lebensraum auf sein Gehör angewiesen – aber er jagt durchaus auch bei Tageslicht. Ein ausgezeichnetes Sehvermögen ist für alle Vögel wichtig, um ihren Flug zu kontrollieren; bei den fliegenden Jägern müssen sie darüber hinaus besonderen Anforderungen genügen. Je größer die Augen sind, desto mehr Licht sammeln sie; dementsprechend große Augen besitzen die meist in der Dämmerung oder bei Nacht jagenden Eulen. Die Augen der Zwergohreule, die in den eurasischen Wäldern lebt, sind so groß, daß sie in ihren Höhlen völlig unbeweglich geworden sind. Wenn die Eule zur Seite schauen will, muß sie den ganzen Kopf drehen. Darin sind die Eulen

Rechts: Ein Bartkauz ortet seine Beute, Yellowstone (USA)

Die Fleischfresser

wahre Meister. Ihre Schädel sind so gelenkig gelagert, daß sie sich ganz nach hinten drehen lassen, so daß eine Eule sogar hinter sich sehen kann, ohne den Rumpf zu drehen. Manche schaffen sogar eine Kopfdrehung von bis zu 270 Grad.

Auf der Netzhaut, dem Bildschirm, auf den die Linse des Auges ihr Bild wirft, befinden sich zwei verschiedene Arten von Sinneszellen. Die einen, die Stäbchen, registrieren Hell-Dunkel-Unterschiede, also Formen; die anderen, die Zäpfchen, reagieren auf Farben. Die Tiere, die hauptsächlich bei Tageslicht aktiv sind, haben sowohl Stäbchen als auch Zäpfchen auf ihrer Netzhaut. Bei den nachtaktiven Tieren dagegen ist die Netzhaut fast vollständig mit Stäbchen besetzt, um auch das geringste Licht noch umsetzen zu können. Wir können daher davon ausgehen, daß viele Eulen ihre Welt hauptsächlich einfarbig wahrnehmen; das aber können sie bei so geringem Licht wie kaum ein anderes Tier. Bei sehr schwacher Beleuchtung erregen eher Bewegungen als Formen die Aufmerksamkeit des Auges. Eine reglos auf dem Waldboden zusammengekauerte Maus ist vielleicht auch für eine Eule nicht zu erkennen. Sobald sie sich aber bewegt, verrät sie sich sofort. Und da eine Maus sich bewegen muß, wenn sie nicht verhungern will, gibt es für sie keine Sicherheit vor den Eulen, die in der Stille der nächtlichen Wälder ihrer Jagd nachgehen.

Für die Tageslichtjäger ist das Farbensehen wichtiger als die Fähigkeit, auch bei geringsten Lichtstärken noch Formen zu erkennen; sie haben sowohl Stäbchen als auch Zäpfchen auf ihrer Netzhaut. Sie verfügen über eine ausgezeichnete Sehschärfe, denn ihre Netzhaut ist groß – bei manchen Adlern größer als bei uns –, und zudem viel dichter mit Stäbchen besetzt. Unsere Netzhaut hat ungefähr 200 000 Stäbchen, die eines Bussards dagegen etwa eine Million. Wir können mit sehr guten Augen vielleicht noch aus hundert Metern Entfernung erkennen, daß ein Kaninchen mit den Ohren zuckt. Ein Mäusebussard sieht das aus drei Kilometern Entfernung.

Manche Arten können mehr Farben wahrnehmen als wir. Unsere Netzhaut weist drei verschiedene Zäpfchenarten auf, und unser Farbeindruck entsteht durch die Kombination der Signale aller drei Zäpfchenarten. Die Vögel dagegen besitzen fünf oder sechs verschiedene Zäpfchenarten, und einige sind mit Sicherheit in der Lage, auch ultraviolettes Licht wahrzunehmen. Dazu gehört zum Beispiel der Turmfalke, und vor einiger Zeit hat man herausgefunden, welchen Nutzen der Vogel daraus zu ziehen vermag. Zu seinen wichtigsten Beutetieren gehören die Wühlmäuse. Die kleinen Säuger benutzen regelmäßige Pfade und markieren diese mit Urinspritzern – zu ihrer eigenen Orientierung, zur Revierabgrenzung und zur Partnersuche. Aber diese Spritzer verraten auch dem Turmfalken die Lage der Pfade, da der Urin ultraviolettes Licht reflektiert. So findet der in der Luft rüttelnde Vogel heraus, wo es sich lohnt, nach verräterischen Bewegungen Ausschau zu halten.

Die Jagdwaffen der Beutegreifer sind einfach und tödlich. Während die Allesfresser unter den Vögeln gelegentlich oder regelmäßig geschlagene tierische Beute mit Schnabelhieben töten, erledigen die spezialisierten Jäger – Eulen und Adler, Habichte und Falken – das mit ihren Krallen. Diese sind lang, scharf und so stark

Rechts: Kronenadler auf erbeuteter Meerkatze, Südafrika

DIE FLEISCHFRESSER

gekrümmt, daß es aus ihrem Griff kein Entkommen gibt, wenn sie sie erst einmal in den Leib eines Opfers gebohrt haben. Drei bekrallte Zehen sind nach vorne gerichtet, einer – der erste Zeh, der auch länger ist als die anderen – weist nach hinten. Wenn der Habicht den Kopf seines Opfers ergreift, bohrt sich die Kralle des ersten Zehs oft in dessen Hinterkopf und Gehirn. Es ist die Todeskralle.

Die Krallen der Adler der tropischen Regenwälder sind stark und scharf genug, um einen Affen zu durchbohren. Der afrikanische Kronenadler erbeutet Affen, die mitunter schwerer sind als er selbst. Beim Stoß schwingt er Hüften und Fänge nach vorn und trifft sein Opfer mit solcher Wucht, daß es vielleicht schon durch den Aufprall getötet wird. Falls es noch lebt, wird es bald den Verletzungen erliegen, die die gewaltigen Krallen seinen inneren Organen zufügen. Die südamerikanische Harpyie soll sogar Faultiere schlagen, die die Größe eines Schäferhundes erreichen und gewöhnlich bewegungslos im Geäst des tropischen Regenwaldes hängen. Der auf den Galapagosinseln endemische Galapagosbussard, ein Vogel von eher habichtartiger Gestalt, jagt marine Leguane. Er packt die schwarzen, etwa einen halben Meter langen Reptilien mit seinen Fängen und tötet sie schließlich – oft nach langem Kampf –, indem er sie mit dem Schnabel in Stücke reißt.

Jeder Jäger setzt seine Waffen anders ein. Ein Steinadler, der auf Kaninchen aus ist, wird kaum Erfolg haben, wenn er aus großer Höhe direkt auf sein Opfer stößt. Das Kaninchen wird ihn herankommen sehen und sich rechtzeitig in die Sicherheit seines Baus retten. Also beginnt der Adler es anders. Wenn er am Himmel kreisend das weidende Kaninchen entdeckt hat, streicht er ab und verliert dabei langsam an

Höhe. Dann fliegt er schnell zurück, dicht über dem Boden, und erscheint wie aus dem Nichts über dem Kaninchen, für das es nun keine Rettung mehr gibt. Der Sperber greift ebenfalls aus niedrigem Flug heraus an. Er streicht in hohem Tempo an einer Hecke entlang, schwingt sich völlig unvermittelt auf deren andere Seite hinüber und schlägt dort irgendeinen kleinen Vogel, der bis dahin von der Gefahr nichts geahnt hat. Der Merlin schlägt Kleinvögel in der Luft. Die Lerchen zählen zu seiner Lieblingsbeute; der Merlin stößt von oben im Sturzflug auf sie hinab. Deshalb sucht sich die Lerche, sobald sie den Merlin bemerkt, durch Übersteigen des Greifvogels in Sicherheit zu bringen. Sie steigt mit rasendem Flügelschlag und scheinbar auf dem Schwanze stehend fast senkrecht empor. Der Merlin nimmt die Verfolgung auf und steigt ebenfalls hoch, in Kreisen. Solange die Lerche über ihm bleibt, ist sie in Sicherheit; sobald sie aber bemerkt, daß der Merlin Höhe wettmacht, muß sie ihre Taktik ändern. Plötzlich schließt sie die Schwingen und läßt sich fallen wie ein Stein. Wenn sie es schafft, sich am Boden in ein Gebüsch oder dichtes Gras fallen zu lassen, ist sie sicher, solange sie dort völlig bewegungslos verharrt.

Der dem Merlin ähnliche, aber wesentlich größere Wanderfalke wendet die gleiche Jagdtechnik an, ist dabei aber deutlich schneller. Ein bis auf Sekundenbruchteile perfektes Timing und genaueste Flugkontrolle sind dafür wesentlich. Die letzte Phase des Sturzfluges und des Stoßes gehen so schnell vonstatten, daß das mensch-

Links: Galapagosbussard tötet eine Meerechse

Oben: Jagender Merlin, Europa

liche Auge nicht mehr folgen kann. Erst im Zeitlupenfilm sehen wir, was im einzelnen vorgeht. Im allerletzten Augenblick bremst der Wanderfalke leicht ab. Einen Sekundenbruchteil vor dem Aufprall bringt er Beine und Klauen nach vorn. Die Todeskralle greift zu. Sie reißt dem Opfer den Rücken von hinten nach vorn bis zum Nacken hin auf und bricht ihm möglicherweise sogar das Rückgrat, so daß es hilflos vom Himmel fällt.

Fehlstöße sind dabei unvermeidlich. In solchen Fällen fängt der Wanderfalke – es ist beinahe unglaublich – seinen rasenden Sturzflug ab und schlägt seine Beute aus der Rückenlage im Aufwärtsbogen. Die plötzliche Richtungsänderung muß ihn solchen Beschleunigungen aussetzen, daß es fast an ein Wunder grenzt, wie er dabei bei Bewußtsein bleibt. Die Jagdweise des Wanderfalken verlangt so hohe Präzision, und jede Fehleinschätzung um auch nur eine Millisekunde führt so sicher zum Mißlingen, daß der Wanderfalke noch nicht einmal bei jedem zehnten Angriff mit einem Erfolg belohnt wird.

Bei vielen Greifvögeln besteht ein deutlicher Größenunterschied zwischen den Geschlechtern. Das Sperbermännchen ist fast nur halb so groß wie das Weibchen, was wahrscheinlich damit zusammenhängt, daß das Weibchen vor der Fortpflanzungszeit körperliche Reserven für die Produktion des Geleges anlegen muß. Seine

Oben: Wanderfalke greift eine Taube aus überschwemmter Wiese

Eierstöcke schwellen an, sein Gewicht erhöht sich um bis zu dreizehn Prozent. Durch die Gewichtszunahme ergibt sich eine Art Arbeitsteilung zwischen den Geschlechtern. Sie – die größere und massigere – bewacht das Nest und verteidigt es gegen Feinde. Er – klein, schnell und beweglich – übernimmt den größten Teil der Jagd und versorgt sie wie auch, sobald die Zeit gekommen ist, die gemeinsamen Jungen mit Futter. Wenn die Jungen etwas größer sind und immer verfressener werden, beteiligt sie sich vielleicht mit einigen Taubenküken oder anderer leichter Beute an deren Ernährung.

Die Falken, Habichte und Adler verschlingen anders als die Eulen ihre Beute nicht im ganzen. Oft wäre sie dazu auch einfach zu groß, denn der Wanderfalke kann eine Gans schlagen und ein Adler einen Hasen. Die Greifvögel benötigen also ein passendes Werkzeug zum Zerteilen. Das ist ihr Schnabel. Sie halten ihre Beute dabei in den Fängen auf dem Freßplatz fest und reißen sie auseinander, fressen das Fleisch und die bevorzugten Teile der Innereien – etwa die Leber – und lassen die Knochen, die Federn oder das Fell übrig. Daher brauchen sie auch nicht im gleichen Ausmaß wie die Eulen Ballen nichtverdaulichen Materials wieder auszuwürgen.

Manche Greifvögel haben sich auf besonders gefährliche Beutetiere spezialisiert. Der europäische Schlangenadler zum Beispiel bevorzugt Schlangen. Er nimmt den Kampf mit ausgebreiteten Flügeln auf, die er in ähnlicher Weise einsetzt wie ein Stierkämpfer sein Cape – um nämlich den Gegner darüber zu täuschen, wo sich sein Rumpf und sein Kopf wirklich befinden und von wo er vielleicht einen Angriff zu erwarten hat. Die Schlange, eine Natter oder Viper, attackiert wiederholt und zielgerichtet das, was sie sieht, aber sie stößt immer nur auf Federn und verschwendet so ihr Gift. Mit viel Glück erwischt sie den Adler vielleicht am Bein, aber selbst dort kann sie wenig Schaden anrichten, da es von besonders dicken Schuppen bedeckt ist und nur wenige Blutgefäße führt, die das Gift der Schlange in lebenswichtige Organe des Vogels weitertransportieren könnten. Der Adler tänzelt vor und zurück, bleibt aber immer knapp außer Reichweite der Schlange, bis er plötzlich seine Chance gekommen sieht und blitzartig die Schlange mit seinen Krallen packt. Jetzt ist die Schlange dicht an ihrem Ziel und hat immer noch genug Bewegungsfreiheit, um ihre Giftzähne in den Körper des Adlers zu bohren. Deshalb kommt es darauf an, daß der Vogel nun sehr schnell seine zweite Waffe, den Schnabel, einsetzt. Mit einem gezielten, kräftigen Biß trennt er der Schlange direkt unter dem Kopf das Rückgrat durch: Der Kampf ist entschieden.

Wenn der Adler Junge zu versorgen hat, muß er seinen Fang zum Nest transportieren. Das stellt ein gewisses Problem dar. Eine lange Schlange, die aus seinen Fängen herabbaumelt, wäre nicht nur beim Flug hinderlich, sondern auch eine deutliche Einladung an andere, sie ihm zu stehlen. Die Lösung ist einfach. Die Schlange wird verschlungen. Zentimeter für Zentimeter würgt der Adler das sich immer noch windende Tier hinunter, bis nur noch dessen Schwanzspitze aus dem Schnabel hervorschaut. Am Nest macht es dann ähnliche Mühe, die Schlange wieder zum Vor-

schein zu bringen. Der Adler versucht es mit dem Fuß, bekommt sie aber nicht richtig zu fassen. Einer der Jungvögel versucht zu helfen. Er packt den Schwanz der Schlange und zieht, und endlich ist sie heraus.

Zwei Vögel haben ihre Fertigkeiten bei der Schlangenjagd so vervollkommnet, daß sie das Fliegen größtenteils aufgegeben haben. Der Seriema, ein südamerikanischer Verwandter der Kraniche, ergreift die Schlange mit dem Schnabel am Schwanz und tötet sie, indem er ihren Kopf mehrfach auf den Boden schlägt. Der afrikanische Sekretär, der alle möglichen am Boden lebenden Tiere frißt, angefangen von Insekten bis hin zu Ratten, tötet seine Opfer, indem er auf ihnen herumtrampelt.

Aber nicht alle Fleischfresser töten ihre Opfer selbst. Sie können auch zum Ziel gelangen, wenn sie am Tisch der Jäger warten. In Afrika stehen die Marabus mit ihren kahlen Köpfen und rauhen Schnäbeln wie teilnahmslos dabei, wenn die Löwen Beute gemacht haben, und warten, bis man sie schließlich ein paar Stücke Fleisch von den Knochen picken läßt; in der Antarktis flitzen die Scheidenschnäbel durch die Pinguinkolonien und halten nach verendeten Küken und dem Eigelb zerbrochener Eier Ausschau; auf den Falklandinseln, wo die Versorgung mit anderer

Links oben: Ein Sekretär zerstampft Heuschrecken, Afrika
Links unten: Schlangenadler beim Verzehr einer Schlange, Frankreich

Oben: Marabus und Geier an den Resten einer Löwenmahlzeit, Kenia

fleischlicher Nahrung extrem knapp ist, reißen sogar die Spitzschwanzenten, die dortigen Vertreter der Spießenten, Fleischstücke aus den Kadavern am Strand gefundener Robben. Aber die Experten unter den Aasfressern der Vogelwelt sind die Geier.

Ebenso wie die sich von Nektar ernährenden Vögel Afrikas und Südamerikas haben auch die Geier beider Kontinente aufgrund gleicher Lebensweise viele Ähnlichkeiten miteinander entwickelt, obwohl sie nicht näher miteinander verwandt sind. Die afrikanischen Geier, die Altweltgeier, sind spezialisierte Verwandte der Habichte und Adler. Die Neuweltgeier Südamerikas dagegen sind den Störchen näher verwandt. Aber beide Gruppen besitzen breite Schwingen, mit denen sie in den warmen Aufwinden ihres Lebensraumes kreisen, und kahle Köpfe – die sie beim Fressen weit in die Kadaver hineinstecken müssen, so daß Federn darauf schnell verschmutzten und zu einer üblen Infektionsquelle würden.

Der amerikanische Truthahngeier erscheint oft wie herbeigezaubert, wenn irgendwo Aas oder Fleischreste herumliegen. Wie entdeckt er solche Nahrungsquellen? Sieht er sie oder riecht er sie? Diese augenscheinlich unschuldige Frage löste im letzten Jahrhundert eine der schärfsten Fehden der noch jungen Naturgeschichte aus. 1825 veröffentlichte Charles Waterton, ein cholerischer Squire aus Yorkshire und

Oben: Ein Weißgesicht-Scheidenschnabel bricht das Ei eines Königspinguins auf, Südgeorgien

Rechts: Truthahngeier, Arizona

DIE FLEISCHFRESSER

leidenschaftlicher Naturforscher, eine Zusammenfassung seiner Beobachtungen in den Wäldern von Guyana. Er schrieb darin, ohne besonderen Anspruch auf Originalität zu erheben, daß die Truthahngeier vom Geruch des Aases herbeigelockt würden. Sein Buch machte ihn im ganzen Land berühmt. Im nächsten Jahr allerdings besuchte ein anderer Naturkundler aus Amerika, Jean-Jacques Audubon, Großbritannien; er brachte in seinem Reisegepäck spektakuläre Zeichnungen amerikanischer Vögel mit, für die er einen Verleger suchte. Er erregte in der britischen Gesellschaft ebenfalls großes Aufsehen: Gekleidet in seine Hirschlederjacke, das Haar schulterlang, wußte er mitreißende Geschichten aus dem amerikanischen Westen zu erzählen. Zwei so freimütige und extravagante Charaktere, die beide für sich in Anspruch nahmen, in der Naturgeschichte der Neuen Welt zu Hause zu sein, mußten früher oder später ihre Klingen kreuzen. Audubon griff sich Watertons

Bericht über den Truthahngeier heraus und hielt einen Vortrag, in dem er «die allgemein geläufige Auffassung vom außerordentlich leistungsfähigen Geruchssinn dieses Vogels einer Prüfung unterzog». Waterton nahm die Herausforderung an und veröffentlichte einen Brief, worin er Audubons Argumente als «in fast jedem einzelnen Punkt jämmerlich falsch» bezeichnete.

Die Kampfhähne blieben nicht lange allein. Beide Parteien erhielten reichlich Zulauf. In Amerika gaben Universitätsprofessoren und Dozenten eine gemeinsame Ehrenerklärung für Audubon ab. Einer seiner Anhänger führte ein Experiment in seinem Garten durch; er präsentierte einem Geier das Bild eines Schafkadavers und eine Karre voller Fleischabfälle. Der Vogel ging auf das Bild los und ignorierte die Karre mit dem Fleisch völlig, bewies also zur Befriedigung des Experimentators, daß er sich von seinem Gesichts- und nicht von seinem Geruchssinn leiten ließ. Waterton erklärte derweil, daß man Audubon für seine «grotesken Übertreibungen und Irrtümer in der Ornithologie» am besten auspeitschen lassen sollte.

Die Kontroverse wurde unglaublicherweise bis über das Ende des Jahrhunderts hinaus fortgesetzt. Aus heutiger Sicht scheint ein großer Teil der Meinungsverschiedenheiten seinen Ursprung der Tatsache zu verdanken, daß die grundsätzlichen Unterschiede zwischen Altwelt- und Neuweltgeiern noch nicht erkannt waren und

Oben: Truthahngeier im Segelflug auf Nahrungssuche, Florida

daß niemand die Möglichkeit in Betracht zog, daß selbst so nahe verwandte Arten wie der Truthahn- und der Rabengeier mit ganz unterschiedlich empfindlichen Sinnesorganen ausgestattet sein könnten. Audubons Anhänger waren offenbar bereit, jedem Geier jede Sinneswahrnehmung zuzugestehen, solange es sich nicht um den Geruchssinn handelte. Einer der Streithähne behauptete, daß die Geier aus ihrer Höhe durch Töne heruntergelockt würden – durch das Summen der Fliegen, die das Aas umkreisen; andere meinten, es sei der Anblick kleiner, fleischfressender Nager, die sich um einen Kadaver versammeln, der die Aufmerksamkeit des Vogels auf sich ziehe. Ein dritter schließlich brachte einen «verborgenen Sinn» ins Spiel, den er entwaffnenderweise als *so* verborgen beschrieb, daß es keine Möglichkeit gebe, ihn experimentell zu entdecken.

Während die Naturkundler sich stritten, kamen die Praktiker zu ihren eigenen Schlußfolgerungen. In den 1930ern bereitete es einigen Technikern in Kalifornien großes Kopfzerbrechen, wie sie Lecks in einer Gasleitung finden sollten, die über fünfzig Kilometer durch unwegsames Gelände führte. Irgend jemand behauptete, daß Truthahngeier nicht nur über Geruchsvermögen verfügten, sondern vor allem durch Mercaptan angezogen würden, das wegen seines stechenden Geruchs dem ansonsten geruchlosen Gas zugefügt wurde. Also setzte man dem durch die problematische Leitung geführten Gas deutlich mehr Mercaptan zu, und siehe da, ganze Scharen von Geiern versammelten sich an den Stellen, wo es Lecks in der Leitung gab, und zeigten den Ingenieuren genau, wo Reparaturen fällig waren.

Aber trotzdem legten die Ornithologen ihren Streit nicht bei, bevor nicht 1964 zu aller Befriedigung Experimente mit Truthahngeiern durchgeführt wurden, die streng und unter Ausschluß jeder anderen Möglichkeit zeigten, daß die Tiere ohne jeden Zweifel durch ihren Geruchssinn zu ihren Mahlzeiten geleitet werden.

Der Truthahngeier stellt dessenungeachtet damit unter den Geiern eine Ausnahme dar. Er verfügt über größere Nasenlöcher mit komplexerem Inneren und auch über ein deutlich größeres Riechhirn als seine Verwandten. Der äußerlich bis auf den schwarzen – und nicht wie beim Truthahngeier scharlachroten – Kopf sehr ähnliche Rabengeier scheint dagegen über keinerlei Geruchssinn zu verfügen. Das gleiche gilt für die beiden südamerikanischen Spezies, den Königsgeier und den Kondor. Infolgedessen sind die Truthahngeier fast immer die ersten, die einen Kadaver entdecken. Sie fressen nach ihrer Ankunft, so schnell sie können, aber es dauert nicht lange, bis die Rabengeier ihre Tätigkeit bemerken. Dann erscheinen sie bald in großer Zahl und sind so aggressiv, daß sie die Truthahngeier verdrängen können. Sie stecken ihre langen hageren Hälse durch Mund und After des Kadavers, um an die Eingeweide zu kommen. Aber weder sie noch die Truthahngeier sind in der Lage, die Haut eines großen Tieres wie etwa einer Kuh aufzureißen. Das besorgen die Königsgeier, die kurze Zeit später am Freßplatz landen. Als letzte kommen die großen Kondore. Sie stolzieren auf den Kadaver zu und drängen alle kleineren Rivalen beiseite. Der Kadaver ist aufgerissen, seine Eingeweide verstreut, das Festmahl kann beginnen.

Kein Altweltgeier verfügt über einen dem Truthahngeier vergleichbaren Geruchssinn. Sie verlassen sich tatsächlich in erster Linie, wenn nicht ausschließlich, auf das, was sie sehen – aber nicht nur auf einen winzigen Fleck, der tief unter ihnen irgendwo in der Landschaft liegt. Sie behalten auch die ihnen zunächst am Himmel kreisenden Artgenossen im Auge. Sobald einer davon abstreicht und sich hinuntergleiten läßt, wissen die übrigen, daß es etwas zu holen gibt, und machen sich sofort ebenfalls auf den Weg.

Die afrikanischen beachten ebenso wie die Geier Südamerikas am Aas eine bestimmte Rang- und Reihenfolge. Sperber- und Weißrückengeier finden sich normalerweise als erste an einem Kadaver ein. Der größte der afrikanischen Geier, der Ohrengeier, erscheint gewöhnlich nicht, bevor die Mahlzeit begonnen hat, aber er ist so groß und kräftig, daß die kleineren Arten ihm weichen müssen. Er stolziert mit übertrieben großen Schritten in die Runde, stellt seine Kraft und seine Angriffslust zur Schau und macht sich dann daran, die Haut des Leichnams aufzureißen. Glücklicherweise bevorzugt er als Speise die Haut und die Sehnen. Die Kappen- und die Schmutzgeier als die kleinsten in der Runde warten am Rande, bis sich die größeren Vögel satt gefressen haben. Sie werden am Ende dafür sorgen, daß nichts übrigbleibt.

Links oben: Kondor im Segelflug, Argentinien
Links unten: Kondore an Pferdekadaver, Peru

Oben: Ohrengeier an einem Kadaver, Kenia

Aber die afrikanischen Geier haben den Kadaver nicht unbedingt für sich allein. Auch die Hyänen sind Aasfresser, und auch sie haben ein scharfes Auge auf die Vögel am Himmel und werden sofort aufmerksam, wenn eine ganze Reihe davon niedergeht. Da aber die Geier wesentlich schneller fliegen, als die Hyänen laufen können, erreichen sie ihre Beute meist als erste. Sie fressen dann, so schnell sie können, und stopfen sich ihre voluminösen Kröpfe mit Fleischbrocken und Eingeweidestücken voll, so daß ein großer Teil des Kadavers schon verschwunden ist, bevor die Hyänen eintreffen. Aber das Fleisch ist für die Hyänen noch nicht endgültig verloren. Die Geier sind nämlich so vollgefressen, daß sie echte Schwierigkeiten haben, aufzufliegen. Die Hyänen machen Jagd auf sie, und wenn die Vögel es nicht schaffen, in die Luft zu kommen, würgen sie einen Teil des Fleisches aus ihrem Kropf aus. Dann lassen die Hyänen von ihnen ab, und die Geier, die nun etwas leichter geworden sind, schaffen es vielleicht, sich mühsam bis auf die niedrigen Äste der nächsten Bäume zu schwingen.

Es dauert nicht lange, dann sind von dem Kadaver nur noch Knochen übrig. Die Hyänen machen sich auch darüber her; sie zerbrechen sie mit ihren schweren Backenzähnen, um an das saftige Mark zu gelangen. Aber in den gemäßigteren Teilen Afrikas und in Südeuropa ist selbst dazu auch ein Vogel imstande. Der Bartgeier frißt tatsächlich lieber Knochen als Fleisch, vor allem die langen Röhrenknochen,

Oben: Sperbergeier an einem Kadaver, Kenia

die das sehr nährstoffreiche Mark enthalten; wenn der Bartgeier sich zu siebzig Prozent von diesem Mark und zusätzlich mit etwas Fleisch und Haut ernährt, dann, so hat man errechnet, führt er sich damit fünfzehn Prozent mehr Energie zu als bei reiner Fleischkost.

Der Bartgeier besitzt kein Werkzeug zum Aufbrechen der Knochen, das den Kiefern der Hyänen gleichkäme. Er löst sein Problem auf andere Weise. Er steigt mit einem Knochen über nacktem Stein oder Fels in die Höhe und läßt den Knochen dann fallen, und zwar so lange, bis der Knochen – und sei es nach dem fünfzigsten Mal – genau richtig auf dem Fels aufschlägt und zerbricht. Dann nimmt der Bartgeier die einzelnen Stücke auf und läßt sie wie ein Schwertschlucker in seinem Schlund verschwinden. Die besonders scharfen Verdauungssäfte des Magens lösen das untere Ende des verschlungenen Knochenstückes bereits auf, während das obere vielleicht noch aus dem Schnabel herausragt. Für den Verzehr und die Verdauung der Wirbelsäule eines Rindes braucht der Bartgeier zwei Tage.

Es gibt kaum eine Nahrungsquelle auf der Erde und in der Luft, die die Vögel sich nicht erschlossen haben.

Oben: Bartgeier verschlingt einen Knochen, Pyrenäen

5

DIE FISCHLIEBHABER

Der größte Teil der Erdoberfläche wird von Gewässern bedeckt, die teilweise reicher an Nahrung sind als vergleichbar große Landflächen. Es überrascht daher nicht, daß auch einige der Tiere, die sich an Land entwickelt haben, ihre Nahrung im Wasser suchen, bei den Reptilien etwa Krokodile und aquatische Schildkröten, bei den Säugetieren Otter, Robben und Wale. Den ausgiebigsten Gebrauch von dieser Nahrungsquelle machen jedoch die Vögel.

Ein Vogel bedarf nur kleiner Änderungen seiner körperlichen Ausstattung, um einen Leckerbissen aus seichtem Wasser fischen zu können. Der deutsche Vogel mit der prächtigsten Gefiederfärbung, der unverwechselbare, kleine, türkisblaue Eisvogel, sitzt auf einem Zweig über einem Bach mit klarem Wasser. Sein Schwanz ist kurz, sein Schnabel aber ein wahrer Dolch. Sobald er im Wasser unter sich einen kleinen Fisch erspäht, setzt er sich in Bewegung. Von niedrigem Ansitz aus steigt er zunächst etwas auf, um aus größerer Höhe zu seinem Tauchstoß anzusetzen. Dann stürzt er sich mit einigen schnellen Flügelschlägen hinab und taucht, die ausgestreckten Flügel nach hinten eng an den Körper gelegt, ins Wasser ein. Sein Ziel ist vielleicht eine Elritze oder ein Stichling. Bis zu einem Meter unter der Wasseroberfläche erreicht der Eisvogel das Fischchen und packt es mit dem Schnabel. Dann beginnt er schon unter Wasser, mit den Flügeln zu schlagen, damit er schneller wieder aufsteigt, bricht durch die Wasseroberfläche und tötet sein Opfer auf dem Ansitz, indem er es mit dem Kopf gegen einen Ast schlägt. Sofort wird der Fisch mit einem Bissen verschluckt. Das Ganze kann eine Sache von nur wenigen Sekunden sein.

Der seinem europäischen Vetter in Größe und Farbe bemerkenswert ähnliche Braunkopf-Zwergfischer Afrikas fängt und verzehrt seine Beute auf verblüffend ähnliche Weise. Aber es gibt einen wesentlichen Unterschied: Diese Art lebt nicht am Ufer eines Gewässers, sondern im Regenwald, und sie fängt keine Fische, sondern Insekten. Für die Gesamtheit der Eisvögel ist dies eher typisch als der Fischfang, leben doch zwei Drittel der Familie abseits von Gewässern. In Australien sind sie mit besonders großen Arten vertreten, die bodenbewohnende Tiere von

Rechts: Erfolgreicher Tauchstoß eines Eisvogels, Portugal

beträchtlicher Größe erbeuten – die Kookaburras fangen Eidechsen und Schlangen. Der genau bemessene Tauchstoß unseres Eisvogels scheint also seine Entstehung zunächst dem Beutefang an Land zu verdanken. Die Vögel, die zum erstenmal nach Fischen tauchten, mußten lernen, ihr Ziel unter Berücksichtigung der Beugung des Lichts beim Durchgang durch die Wasseroberfläche anzupeilen. Einige eigneten sich dazu noch die Fähigkeit zum Rüttelflug an, zum kurzen Stillstand in der Luft, um besser Maß zu nehmen. Nur eine Eisvogelart, der ebenfalls in Afrika beheimatete Graufischer, beherrscht diese Kunst aber auch bei Windstille; das verleiht ihm seinen Verwandten gegenüber einen Vorteil, da er nicht wie sie auf einen günstig gelegenen Ansitz angewiesen ist, sondern dort Stellung beziehen kann, wo der Fischfang ihm besonders aussichtsreich erscheint.

    Andere Vögel suchen ihre Beute am Rande der Gewässer. Der Schiefschnabel, ein kleiner Regenpfeifer, sucht in Neuseeland steinige Flußufer ab. Sein Schnabel ist einzigartigerweise seitwärts gebogen, und zwar immer nach rechts. Mit zur Seite geneigtem Kopf erreicht er so auch die Fischeier, Insektenlarven und anderen

Oben: Graufischer im Rüttelflug, Israel *Rechts: Ein Kookaburra im Jugendkleid mit Schlange, Queensland*

Leckereien unter größeren Steinen. Geht man der Frage nach, warum dieser Vogel als einziger weltweit eine solch merkwürdige Technik entwickelt hat, dann bietet sich die Erklärung an, daß es in Neuseeland bis in jüngste Zeit keine Landraubtiere gegeben hat. Gefahr drohte dem Schiefschnabel nur aus der Luft – in Gestalt eines Greifvogels. Die Nahrungssuche und -aufnahme mit seitwärts geneigtem statt gesenktem Kopf machte es ihm möglich, dabei ständig den Himmel im Auge zu behalten.

    Auch die Reiher fischen in der Uferzone; dabei bewegen sie sich außerordentlich vorsichtig. Sobald sie im Wasser die leiseste Bewegung wahrnehmen, die ihnen Aussicht auf eine Mahlzeit zu versprechen scheint, erstarren sie zu vollkommener Reglosigkeit. Der kleine, in Afrika und Madagaskar heimische Glockenreiher schützt seine Augen während der Nahrungssuche vor störendem Licht. Wenn er, die Beine halb im Wasser, Stellung bezogen hat, breitet er die Flügel wie einen Schirm rings um seinen Kopf aus. So steht er minutenlang da. Manchmal streckt er zwischendurch kurz den Kopf aus seiner Glocke, prüft rasch, was um ihn herum vorgeht, und duckt sich dann wieder unter die Flügel, um weiter auf Beute zu lauern. Für

Oben: Schiefschnabel, Neuseeland

dieses Verhalten gibt es mehrere Erklärungen. Vielleicht schattet er seine Augen nur vor der Sonne ab, so wie wir es mit der Hand oder einer Schirmmütze zu tun pflegen. Vielleicht geht es darum, störende Reflexionen von der Wasseroberfläche auszuschließen. Möglicherweise hat die ganze Sache aber auch gar nichts mit seiner Sicht, sondern mit dem Verhalten der Fische zu tun. Sie suchen oft beschattete Teile eines Gewässers auf, wo sie den Blicken ihrer Feinde weniger ausgesetzt sind. Vielleicht versucht der Reiher, sie in seinen Schattenkreis zu locken.

Jedenfalls sind die Reiher sehr erfinderische Fischer. In Japan locken die Mangrovereiher ihre Beute regelrecht mit Ködern an. Einer dieser Reiher, die in Japan auch in großen Parks leben, hatte offenbar häufiger beobachtet, wie die Zierfische im See des Parks gefüttert wurden. Irgendwann versuchte er es dann selbst. Er pickte einen Nahrungsbrocken auf – etwas, das nicht auf seinem, sondern auf dem Speiseplan der Fische stand – und ließ ihn am Ufer ins Wasser fallen. Ein Fisch kam, um sich den Brocken zu schnappen – und wurde selbst von dem Reiher geschnappt. Die Gewohnheit bürgerte sich ein. Nach und nach wurde die Technik weiter verfeinert. Alle Angler wissen, wie neugierig Fische sind. Sie lassen sich auch mit nicht

Oben: Glockenreiher in Lauerstellung, Afrika

eßbaren Objekten ködern. Diese Tatsache machen einige andere Reiherarten sich schon seit langer Zeit zunutze. Der Seidenreiher mit seinen schwarzen Beinen und gelben Füßen stellt sich auf einem Bein ins flache Wasser und läßt den anderen Fuß auf der Wasseroberfläche zittern, um so Fische anzulocken. Die Mangrovereiher in Japan ködern ihre Opfer seit jüngstem – nach ihren Anfangserfolgen mit Brot – sogar mit kleinen Federn. Und auch damit haben sie Erfolg.

Die Scherenschnäbel profitieren ebenfalls von dem Drang der Fische, alles Neue und Ungewohnte zu erforschen. Sie besitzen den merkwürdigsten aller Vogelschnäbel: Sein Unterschnabel ist fast doppelt so lang wie der Oberschnabel. Die etwa möwengroßen, schwarzweißen Vögel sitzen scharenweise auf Sandbänken zusammen. In Afrika leben sie auf den Sandinseln von Flüssen, in Nordamerika dagegen scheinen sie Lagunen an der Küste vorzuziehen. Aber stets suchen sie sich Gewässer aus, die ruhig und möglichst spiegelglatt sind. Zum Fischfang fliegen sie mit geöffnetem Schnabel dicht über der Wasseroberfläche, so daß der verlängerte Unterschnabel eine Furche durchs Wasser zieht. Wenn der Vogel auf etwas Festes stößt, schnappt er zu. Mit etwas Glück handelt es sich um einen Fisch; es kann aber auch etwas anderes sein, das zufällig auf dem Wasser trieb. In beiden Fällen erhält der Schnabel des schnellfliegenden Vogels einen heftigen Stoß, der aber von besonders starken Muskeln in Kopf und Nacken des Scherenschnabels aufgefangen wird. Wenn er seine erste Furche über das Wasser zieht, hat er selten Erfolg. Aber am Ende der Strecke macht er kehrt und fliegt den gleichen Weg zurück, ebenfalls mit

Oben: Schwarzmantel-Scherenschnabel bei der Futtersuche, Florida

dem Schnabel im Wasser. Die Wellen, die er beim Hinflug geschlagen hat, laufen immer noch übers Wasser und haben inzwischen vielleicht neugierige Fische an die Wasseroberfläche gelockt. Deshalb ist der zweite Durchgang des Scherenschnabels oft erfolgreicher als der erste.

Den Schnabel zur Nahrungsaufnahme ins Wasser zu tauchen ist zweifellos eine einfache Sache; schwieriger wird es, wenn der Vogel ganz ins Wasser geht. Jeder Warmblüter riskiert dabei eine Unterkühlung. Die wasserlebenden Säugetiere, die Wale und Robben, schützen sich dagegen durch dicke, den Körper allseits umgebende, gut isolierende Fettschichten. Diese Art der Isolierung können nur solche Vögel entwickeln, für die Flugfähigkeit keine Rolle mehr spielt. Aber der Vogelkörper ist ja ohnehin auf sehr effektive Weise wärmeisoliert – durch die im und unter dem Körpergefieder festgehaltenen Luftpolster. Solange diese Luftpolster im und unter dem Wasser erhalten bleiben, werden sie den Vogel auch in diesem Lebensraum warm halten.

Das ist bei den meisten nach Nahrung tauchenden Vögeln der Fall. Unter den Singvögeln hat sich die Wasseramsel durch ein dichteres, pelzdaunenreiches Konturgefieder sowie eine besonders große Bürzeldrüse dieser Lebensweise angepaßt. Sie ist starengroß, braun mit weißem Lätzchen und lebt am Ufer schnellfließender Flüsse und Bäche. Zur Nahrungssuche taucht sie und läßt sich unter Wasser mit leicht angestellten Flügeln von der Strömung auf den Grund des Gewässers drücken, schwimmt mit schnellen Schlägen der kurzen, gerundeten Flügel, wendet

Oben: Wasseramsel unter Wasser auf Nahrungssuche, Europa

DIE FISCHLIEBHABER

kleine Kiesel mit dem Schnabel um und stochert unter größeren herum, um Larven oder anderes kleines Wassergetier zu finden. Wie von einer Taucherbrille sind ihre Augen unter Wasser von transparenten Häuten bedeckt. Und dank des gut eingefetteten Gefieders erleidet sie bei ihren häufigen, bis zu zehn Sekunden dauernden Tauchgängen keine übermäßigen Wärmeverluste.

Der Nachteil der Wärmeisolierung mittels Luftpolstern ist deren Auftrieb. Die Wasseramsel kommt damit zurecht, weil sie sich von der Strömung der Gewässer nach unten drücken läßt. Die Schlangenhalsvögel, die in wärmeren Teilen der Erde leben, lösen das Problem des Auftriebs, indem sie auf jede Isolation verzichten. Sie besitzen gar keine Bürzeldrüse, und ihre Federn saugen sich so voll, daß sie bereits nach kurzer Zeit im Wasser bis auf die Haut durchnäßt sind. Dank des geringen Auftriebs tauchen sie beim Schwimmen fast mit dem ganzen Körper ein; nur noch ihr langer, dünner Hals mit dem Kopf schaut hervor. Wenn sie dann den Hals hin und her schwingen, wirkt dieser wie eine Schlange, was ihnen ihren Namen eingetragen hat. Der geringe Auftrieb macht sich für die Schlangenhalsvögel durchaus bezahlt. Er setzt sie nämlich in die Lage, sich auf dem Grund von Gewässern mit der gleichen Verstohlenheit, dem plötzlichen Erstarren und dem überraschenden Vor-

schnellen zum Angriff an ihre Beute heranzupirschen, wie man sie bei Reihern im flachen Wasser beobachten kann. Manchmal machen sie sogar von einer Unterwasservariante der Methode des Glockenreihers Gebrauch. Nach erfolgreicher Jagd tauchen sie mit einem auf den dolchartigen Schnabel gespießten Fisch wieder auf. Mit einem energischen Kopfschütteln wird der Fisch in die Luft geschleudert, mit dem Schnabel wieder aufgefangen und mit dem Kopf voran verschlungen. Aber durchnäßtes Gefieder muß – wie nasse Badekleidung – schnell getrocknet werden, damit sein Besitzer nicht auskühlt. Die Schlangenhalsvögel hängen es nicht auf die Leine, sondern strecken es nach dem Fischen auf ihrem Ansitz zum Trocknen aus.

Schlangenhalsvögel und Wasseramseln, Reiher und Eisvögel leben am Wasser. Die Enten leben auf dem Wasser. Weil sie uns so vertraut sind, vergessen wir leicht, wie bemerkenswert gut sie an ihr aquatisches Leben angepaßt sind. Sie ruhen, fressen, balzen und begatten sich auf dem Wasser. Für all das benötigen sie effiziente Paddel; das sind ihre Füße, deren Zehen durch Schwimmhäute verbunden sind.

Manche Enten, beispielsweise die Stockente, die Krickente und die Spießente, ernähren sich an und dicht unter der Wasseroberfläche. Ihre Schnäbel tragen entlang der Ränder Lamellen – oben eine einfache Lamellenplatte und unten eine doppelte, in deren Zwischenraum die des Oberschnabels paßt. Zum Nahrungserwerb saugen sie Wasser vorne in den Schnabel ein und drücken es mit der Zunge zu den Schnabelseiten wieder hinaus; dabei bleiben an den Lamellen kleine Pflanzen, Pflanzenteile und Tierchen hängen. Die Zusammensetzung der Nahrung unter-

Links: Ein Amerikanischer Schlangenhalsvogel spießt einen Fisch auf, Nordamerika

Oben: Amerikanischer Schlangenhalsvogel mit aufgespießtem Fisch

scheidet sich je nach Jahreszeit und lokalen Verhältnissen. Andere Enten tauchen ganz unter und suchen sich ihr Futter im Schlamm. Eiderenten fressen hauptsächlich Weichtiere. Die Reiherente ist ein Allesfresser, der Krebstierchen, Insekten oder Samen zu sich nimmt, je nach Jahreszeit und Verfügbarkeit. Der Gänsesäger und der Zwergsäger fressen nicht nur Garnelen und Würmer, sondern auch Fische, die sie unter Wasser erjagen. Sie sind schlanker und stromlinienförmiger als die meisten anderen Enten, und die Lamellenplatten sind bei ihnen fein gesägt, so daß sie damit ihre Beute festhalten können.

Die Seetaucher ernähren sich ausschließlich von Fisch. Mit ihren weit hinten am Körper sitzenden Schwimmfüßen erreichen sie unter Wasser hohe Geschwindigkeiten. Mit dicht angelegten Flügeln, die ihre Stromlinienform noch optimieren, verfolgen sie ihre Beute, der sie oft sogar in deren eigenem Element überlegen sind. Der Eistaucher erreicht regelmäßig Tauchtiefen von fast 25 Metern und bleibt bis zu einer Minute und länger unter Wasser. Außerhalb des Wassers ist er allerdings außerordentlich unbeholfen.

Seen sind nicht unbedingt bleibende Elemente einer Landschaft. Die Flüsse, die sie mit Wasser versorgen, füllen sie gleichzeitig mit Schlamm und Sand auf. Im Laufe von Jahrzehnten verflachen sie. Die Schilfbestände ihrer Ufer werden allmählich von Sträuchern und kleinen Bäumen überwuchert. Aus Seen werden Sümpfe, die Tierwelt des Sees weicht der des Sumpfes.

In heißeren Teilen der Welt trocknen viele Seen Jahr für Jahr aus. Die Vögel, die

Links: Reiherente auf Nahrungssuche unter Wasser

Oben: Gänsesäger beim Fischfang, Nordeuropa

sich zuvor dort ernährt haben, können sich neue Nahrungsgründe suchen, aber die Fische sitzen in der Falle. Sie müssen über Möglichkeiten verfügen, ein Austrocknen zu überstehen. Der afrikanische Lungenfisch trifft Vorsorge, indem er sich zu Anfang der Trockenzeit in den Schlamm eingräbt, sich zusammenrollt und Schleim absondert. Wenn dann sein Lebensraum unter der Sonne völlig ausgedörrt ist, überlebt er in einem Zustand verminderten Stoffwechsels; den nötigen Sauerstoff bezieht er durch ein Paar fingerförmiger Ausstülpungen seines Verdauungstraktes. Der Schuhschnabel, ein Storch, läßt aber viele der Lungenfische dieses Stadium gar nicht erst erreichen. Er ist ein wahrhaft bemerkenswerter Vogel. Er erreicht die stolze Größe von 120 Zentimetern. Langsam stelzt er durch die Vegetation des flachen Wassers und Sumpfes, den gewaltigen Schnabel abwärts gerichtet, damit er freien Blick aufs Wasser hat. Erspäht er dort im Schlamm einen Lungenfisch oder ertastet ihn mit den Füßen, wirft er sich nach vorn und stößt seinen Schnabel ins Wasser. Dann stützt er sich mit den Schwingen wie mit Armen auf und erhebt sich wieder; in seinem Schnabel windet sich die 30 Zentimeter lange Beute.

    Mit dem Fortschreiten der Trockenzeit werden die Seen immer flacher. Die Fische sind nun leichter zu erbeuten, und die Vögel kommen von weit her, um sich ihren Teil an dem bevorstehenden Festmahl zu sichern. Jetzt sind die langbeinigen unter ihnen ganz in ihrem Element. Auf ihrem Stelzgang durch das schlammige Wasser spießen und schnappen Nimmersatte und Reiher aller Art ihre zappelnde Beute. Auf der Speisekarte stehen außer Fisch auch Frösche und Schnecken, die Leibspeise

Links: Schuhschnabel mit erbeutetem Lungenfisch, Uganda

Oben: Nimmersatte, Kenia
Folgende Doppelseite: Pelikane und Störche im seichten Wasser eines Sees, Kenia

Die Fischliebhaber

der Klaffschnäbel. Ihr Oberschnabel ist aufgewölbt, so daß der geschlossene Schnabel in der Mitte auseinanderklafft. Mit dem vorn gekerbten Oberschnabel läßt sich eine Schnecke festhalten und mit der scharfen Spitze des Unterschnabels wie mit einem Messer deren Haltemuskel durchtrennen; dann kann der Vogel die Schnecke fachmännisch aus ihrem Gehäuse ziehen, das unversehrt zurückbleibt.

Mit dem weiteren Sinken des Wasserspiegels kommen nach und nach alle kleineren Kreaturen aus der Tiefe am Grund des Sees in die Reichweite der Vogelscharen. Löffler filtern mit seitlichen Bewegungen ihrer breiten Schnäbel winzige Fische und Garnelen aus dem Wasser. Oft arbeiten sie in Trupps zusammen und schreiten in breiter Front voran, ein Tier neben dem anderen, so daß von ihren Füßen aufgescheuchte Kleinlebewesen, die dem ersten Schnabel entkommen sind, um so sicherer dem nächsten zum Opfer fallen. Sie sind sogar in der Lage, ziemlich große Fische aufzunehmen. Die Ibisse stochern mit ihren langen, nach unten gebogenen Schnäbeln tiefere Schlammschichten nach Nahrung durch, und Regenpfeifer picken die Insekten an der Oberfläche auf.

Ähnliche Verhältnisse herrschen nicht nur einmal im Jahr, sondern zweimal alle vierundzwanzig Stunden an den flachen Küsten der Weltmeere. Jeder Ebbstrom des ablaufenden Salzwassers hinterläßt auf unabsehbare Weite einen immer wieder aufs neue reich gedeckten Tisch. Zahlreiche Vogelarten haben sich darauf spezialisiert, hier ihre Nahrung zu suchen. In dieser von Konkurrenz geprägten Gemeinschaft ist kein Platz für die Generalisten, die mit mäßigem Erfolg ein möglichst vielfältiges Nahrungsangebot nutzen. Hier muß jede Art sich schneller und effizienter als die anderen irgendeine bestimmte Nahrung verschaffen können.

Alpenstrandläufer und Sanderlinge bevorzugen sandige Strände und trippeln dort am Rand des Wassers entlang. Sie folgen den zurückweichenden Wellen und picken jeden Leckerbissen auf, den diese zurücklassen; wenn dann der Ausläufer der nächsten Welle naht, weichen sie ihm landeinwärts aus. An steinigeren Stränden patrouillieren die Steinwälzer und drehen mit ihren kurzen, keilförmigen und etwas aufgeworfenen Schnäbeln auf der Suche nach Garnelen und anderen Krebstierchen immer wieder kleine Steine um.

Das vom ablaufenden Wasser freigegebene Schlickwatt ist die Domäne der Austernfischer. Wenn erst ein schmaler Rand des Watts zum Vorschein gekommen ist, zanken die Austernfischer noch lautstark miteinander und versuchen einander ihre Plätze streitig zu machen. Aber wenn sich die Fläche dann schnell vergrößert, können sie sich verteilen und Futter suchen, ohne einander in die Quere zu kommen. Der Schlick hält zweierlei Speise bereit – Würmer und von festen Schalen umgebene Weichtiere. Einige Austernfischerfamilien laufen geschwind übers Watt und stechen nach dem Kopf eines jeden Wurms, der sich unvorsichtigerweise zeigt. Sie müssen schnell sein, wenn sie einen Wurm zu fassen bekommen wollen, bevor er sie bemerkt und Zeit hat, sich in seinen Gang zurückzuziehen. Andere lassen die Nahrungssuche langsamer angehen, stolzieren über die Schlickfläche und stochern tief in den Schlick hinein, um eine Muschel oder ein anderes Weichtier herauszuzerren. Ihre Beute legen sie dann auf den Boden und hämmern mit dem Schnabel darauf herum, bis die Schale zerbricht und das saftige Fleisch freigibt.

Links: Löffler bei der Nahrungsaufnahme, Österreich

Oben: Sanderlinge picken von den Wellen angeschwemmte Nahrung auf

Junge Austernfischer lernen schnell, wie man einen Wurm fängt. Ein zappelnder Wurmkopf ist ein klares Ziel, und der schnelle, präzise Schnabelhieb wird unmittelbar mit einem guten Nahrungsbrocken belohnt. Nach sechs oder sieben Wochen wissen sich die Jungtiere allein zu helfen. Die Lehrzeit für den Muschelfang dauert länger. Die Altvögel zeigen ihren Jungen die Technik und helfen ihnen bis zu einem Jahr lang geduldig bei der Nahrungssuche, bis ihre Sprößlinge den Trick endlich heraushaben. Nun gibt es zwei unterschiedliche Schulen, was die Vorbereitung der Muschel zum Verzehr anbelangt. Am einfachsten ist es, die Schale zu zerstören, eleganter dagegen, seinen besonders scharfen Schnabel zwischen die beiden Schalenhälften zu stecken und den Muskel, der sie zusammenhält, zu durchtrennen. Die elegante Methode ist schwieriger zu erlernen, aber weniger anstrengend in der Durchführung. Allerdings kann ein als Schalenhämmerer erzogener Austernfischer nicht einfach ein Schalenöffner werden, weil der Gebrauch als Hammer den Schnabel stumpf macht; es dauert vielleicht zwei Wochen, bis er wieder zum Öffnen brauchbar ist.

Die Nahrung in sehr flachem, schlickhaltigem Wasser wird am besten durch Ausfiltern gewonnen. Die Brandgans gehört zu den darauf spezialisierten Arten; sie schwenkt den Kopf hin und her und bewegt sich dabei langsam vorwärts. Auch der

Links: Ein Austernfischer zeigt seinem Küken, wie man Muscheln ißt, Nordamerika

Oben: Säbelschnäbler, England

Die Fischliebhaber

Säbelschnäbler findet in dieser Zone seine Nahrung. Er ist wählerischer und hält seinen langen, aufgeworfenen Schnabel leicht geöffnet, während er ihn hin und her schwingt und nach kleinen Würmern und anderen Wirbellosen tastet.

Das an die Gezeitenzone unmittelbar angrenzende tiefere Wasser gehört zu den reichsten Nahrungsgründen, die das Meer zu bieten hat. Nährstoffe, die die Flüsse vom Land ins Meer geschwemmt haben, sorgen hier für üppiges Wachstum im Wasser schwebender Algen, des Phytoplanktons. Davon ernähren sich kleine Fische, die wiederum den größeren als Speise dienen. Und beiden, sowohl den größeren als auch den kleineren, stellen eine ganze Reihe von Küstenvögeln nach.

Die Tölpel wenden die gleiche Technik an wie die Eisvögel: das Stoßtauchen. Am frühen Morgen verlassen die Tölpel scharenweise ihre Schlafplätze auf den von ihrem Kot weißgefärbten Klippen und suchen die Meeresoberfläche ab. Sie fliegen oft in Ketten von etwa einem Dutzend Vögeln dicht überm Meer. Ein einzelner Fisch wird wohl auch genommen, aber eigentlich gilt ihre Suche ganzen Schulen, dichten Verbänden Tausender kleiner Fische, die oft nicht mehr als ein paar Zentimeter lang sind und silberhell glänzen. Der Zusammenhalt in großen Schulen bietet dem einzelnen Fisch einen gewissen Schutz vor Nachstellungen, da er in der Masse eine größere Chance hat, den Angriff eines Freßfeindes zu überleben, als wenn er von diesem allein erwischt wird. Andererseits ist natürlich eine große Schule ein leicht auszumachendes und sehr verführerisches Ziel für alle Jäger. Große Raubfische jagen mit zuschnappenden Kiefern in eine solche Schule hinein und treiben sie als Ganzes an die Oberfläche. Die Masse der silbrigen Körper erscheint dann als ein großer, blasser grüner Fleck an der Oberfläche des blauen Meeres. Auf dieses Zeichen haben die Tölpel gewartet. Einer nach dem anderen setzen sie zum Tauchstoß an. Andere Tölpel, die diese Aktivitäten von weitem bemerkt haben, kommen ebenfalls hinzu. Bald ist ein wahres Schlachtfest im Gange.

Innerhalb weniger Minuten bildet sich über der Schule eine große, in sich kreisende Wolke von Vögeln. Wenn sie zum Tauchstoß ansetzen, ziehen sie ihre angewinkelten Flügel nach hinten und nehmen die Form einer Pfeilspitze an. So reduzieren sie ihren Luftwiderstand, ohne ihre Manövrierfähigkeit einzuschränken. Im letzten Augenblick, vielleicht einen halben Meter oder weniger über dem Wasser, strecken sie ihre Schwingen ganz nach hinten und treffen mit etwa 100 Stundenkilometern auf die Wasseroberfläche. Der Aufprall bei dieser Geschwindigkeit muß außerordentlich heftig sein, aber die Tölpel haben an ihrer Körpervorderseite ein Netzwerk von direkt unter der Haut liegenden Luftsäcken, die den größten Teil des Aufpralls dämpfen. Auch kann kein Wasser in ihre Nasenlöcher eindringen, da diese permanent verschlossen sind und die Vögel statt dessen durch die Mundwinkel atmen. Ihr Tauchstoß kann sie mehrere Meter weit unter die Wasseroberfläche bringen. Erst auf dem Weg nach oben schnappen sie nach ihrer Beute und schlucken diese normalerweise noch unter Wasser herunter. Über Wasser gesellen sie sich der Gruppe von Artgenossen zu, die ebenfalls bereits getaucht haben und sich ein paar Augenblicke ausruhen.

Rechts: Blaufußtölpel unmittelbar vor dem Eintauchen, Galapagosinseln

Weiterhin treffen scharenweise Neuankömmlinge ein. Die Schule der kleinen Fische, von unten bedrängt und von oben angegriffen, versucht verzweifelte Ausweichbewegungen. Wenn sie sich der Oberfläche nähert und durchs Wasser silbrig aufscheint, werden die Vögel in um so größerer Zahl zu ihrem wilden Treiben angespornt; jetzt stoßen sie mit der Geschwindigkeit und Heftigkeit von Geschossen ins Meer hinab. Jedes Eintauchen wirft eine etwa 30 Zentimeter hohe Gischtfontäne auf. Das Massenfressen geht vielleicht noch eine halbe Stunde oder länger weiter, bis die Schule sich entweder aufgelöst hat oder an den unter ihr kreisenden Peinigern vorbeigekommen und in tieferes Wasser abgetaucht ist, wo sie wenigstens vor Angriffen aus der Luft sicher sein kann.

Zu den Vögeln, die sich vor der nord- und südamerikanischen Pazifik- und Atlantikküste an diesen Freßgelagen beteiligen, gehören auch die Braunpelikane. Sie zählen zu den schwersten aller Tauchvögel. Auch sie unternehmen Tauchgänge nach einzelnen Fischen aus einer Höhe von gut zehn Metern. Ihre Tauchstöße sind spektakulär, und sie legen ihre Flügel dabei genauso zurück wie die Tölpel; dennoch können sie deren Tauchtiefe nicht erreichen. Dazu sind sie zu groß und haben zuviel Auftrieb. Deshalb erbeuten sie nur Fische, die nicht tiefer als einen Meter unter der Wasseroberfläche schwimmen. Mit prallgefülltem Kehlsack tauchen die Pelikane wieder auf. Bevor sie aber ihren Fang verschlingen können, müssen sie zuerst das überschüssige Wasser aus dem Kehlsack loswerden. Auf diesen Augenblick warten andere

Oben: Braunpelikan stößt zum Tauchen ins Wasser, Costa Rica

Rechts: Braunpelikane schöpfen mit dem Kehlsack Fische, Galapagosinseln

Vögel, etwa Möwen und Noddiseeschwalben; manche setzen sich dem Pelikan sogar auf den Kopf – im sicheren Wissen, daß er schließlich irgendwann den Schnabel öffnen muß. Wenn es dann soweit ist, versuchen sie ihm einen Fisch wegzuschnappen.

An den Küsten im Süden der Vereinigten Staaten kommt noch eine andere Pelikanart vor. Die Rosapelikane fischen truppweise. Zu etwa einem Dutzend gehen sie auf dem Wasser nieder und bilden eine hufeisenförmige Formation, die sich als Gesamtheit in Bewegung setzt. Dabei breiten sie im Takt ihre Schwingen aus und fahren mit ihren Schnäbeln durchs Wasser – den Pelikanen scheint der präzise Gleichtakt zu gefallen, sowohl im Flug als auch beim Fischfang. Sie treiben die Fische vor sich her, bis sich schließlich die beiden offenen Bögen des Hufeisens schließen und die Vögel wieder unbeirrbar synchron alle die Köpfe untertauchen und die eingekreisten Fische in ihre Kehlsäcke schöpfen.

Weder die Stoßtaucher noch die Fischschöpfer zeichnen sich unter Wasser durch besondere Schwimmfähigkeit aus. Die Alken dagegen, eine Familie von Seevögeln, zu der die Trottellumme, der Papageitaucher und der Tordalk gehören, erreichen schwimmend beachtliche Tiefen. Ihr Unterwassertriebwerk sind nicht wie bei den See- und Lappentauchern die Schwimmfüße, sondern die Flügel, die prinzipiell in

Links: Nashornpelikane beim gemeinsamen Fischfang

Oben: Trottellummen tauchen von einem Eisberg aus

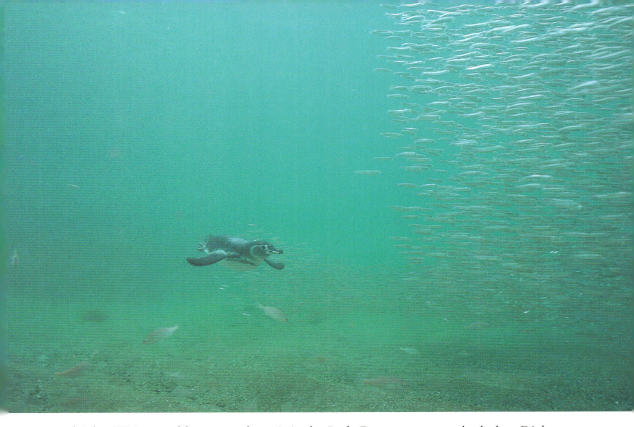

gleicher Weise geschlagen werden wie in der Luft. Das setzt wegen der hohen Dichte des Wassers im Vergleich zur Luft allerdings sehr kurze und gedrungene Flügel voraus, die dann in der Luft nicht mehr besonders effektiv sein können; Fliegen ist nur noch mit rasend hoher Schlagzahl möglich. Um vom Wasser aufzufliegen, müssen die Trottellummen ihre Schwingen regelrecht schwirren lassen, und wenn es dann endlich aufwärts geht, wirkt der Flug doch wie von Verzweiflung diktiert.

Die Pinguine haben den mühsamen Kompromiß zwischen dem Schwimmen unter Wasser und dem Fliegen aufgegeben und sich ganz aus dem Luftleben zurückgezogen. Dafür sind sie jetzt die mit Abstand besten Schwimmer unter den Vögeln. Sie übertreffen in dieser Hinsicht sogar viele Fische. Ihr größter Vertreter, der Kaiserpinguin, kann bis zu fünfzehn Minuten unter Wasser bleiben, erreicht Tauchtiefen von über 500 Metern und streift auf der Futtersuche mit einem Tempo von beinahe zwanzig Stundenkilometern umher.

Nicht alle Pinguine leben, wie es der verbreiteten Vorstellung entspricht, am Südpol; auch an den Küsten Australiens und Südafrikas, ja sogar am Äquator, auf den Galapagosinseln, brüten Pinguine.

Manche Pinguinarten verbringen bis zu 85 Prozent ihres Lebens im Wasser und haben mittlerweile einige ihrer ursprünglich ererbten Anpassungen an die Flugfähigkeit eingebüßt. Ihre Knochen sind nicht mehr hohl und leicht, sondern massiv und schwer, so daß der beim Tauchen störende Auftrieb reduziert wird. Die breiten, aus Federästen und -strahlen gebildeten Federn ihrer Vorfahren mit der für den Flug wichtigen, von den Hakenstrahlen zusammengeketteten flächigen Fahne haben

Links: Kehlstreifpinguine springen nach Tümmlerart aus dem Wasser

*Oben: Galapagospinguin beim Fischfang
Folgende Doppelseite: Kehlstreifpinguine auf einem Eisberg*

sich ebenfalls sehr verändert. Zur Verbesserung der isolierenden Wirkung ist aus dem Gefieder der Pinguine eine Art Pelz geworden. Die Federn wachsen nicht auf eng umgrenzten Federfluren zwischen weiten Flächen fast nackter Haut, wie es bei den meisten Vögeln der Fall ist, sondern sind gleichmäßig und sehr dicht über den ganzen Körper verteilt. Jede einzelne Feder ist kurz und steif und hat einen zweiten kurzen Schaft, der mit sehr dünnen Dunenfäden bedeckt ist, die zusammen eine Art Unterkleid bilden. An Land, wo die Temperaturen sehr viel niedriger sein können als unter Wasser, kann der Vogel seine steifen Federn ganz leicht gesträubt halten, so daß sie direkt über der Haut eine Luftschicht einschließen. Im Wasser liegen sie glatt an und bilden einen so dichten, mit der Flüssigkeit der Bürzeldrüse so gut eingefetteten Überzug, daß kein Wasser hindurchdringt. Da die Pinguine das Fliegen aufgegeben haben, besteht keine Notwendigkeit mehr, ihr Gewicht möglichst niedrig zu halten, und einige der antarktischen Spezies haben eine zwei oder drei Zentimeter dicke Fettschicht unter der Haut, die für zusätzliche Wärmeisolierung sorgt.

Der Schwanz der Pinguine, der nicht mehr wie bei den fliegenden Vögeln in der Luft als Ruder gebraucht wird, ist zu einem Stumpf reduziert. Die Funktion des Ruders übernehmen im Wasser die robusteren Schwimmfüße, die beiderseits neben dem Schwanz sitzen. Für die Fortbewegung an Land sind sie allerdings wenig geeignet. Dazu stehen den Pinguinen zwei Möglichkeiten zur Verfügung. Sie können sich auf den Bauch fallen lassen und auf glattem Untergrund einfach schlittern, sich dabei auch mit den Füßen etwas abstoßen; aber häufiger noch stapfen sie in aufrechter Haltung mit ihrem Schwanzstumpf als Stütze mühsam einher, in dem teilnahmslosen Ernst, der sie uns so sympathisch macht.

Die großen Pinguine der hohen südlichen Breiten unternehmen zur Futtersuche sehr lange Expeditionen. Königspinguine sind bis zu 150 Kilometer von ihren Brutkolonien entfernt beobachtet worden; der Kaiserpinguin verläßt zwar nie die kalten Gewässer der Antarktis, legt aber bei einer einzigen Futtersuche bis zu 1000 Kilometer zurück. Die flugfähigen Vögel unternehmen natürlich noch weitere Reisen über das offene Meer. Die Sturmschwalben, kleine, kaum mehr als schwalbengroße Vögel, ernähren sich von winzigen, treibenden Partikeln, die für das menschliche Auge kaum wahrnehmbar sind. Um sie von der Wasseroberfläche aufzulesen, stellen sie sich mit ausgestreckten, zitternden Flügeln in den Wind, wobei sie ihre langen, zarten Beine ins Wasser hängen lassen, damit sie nicht nach hinten abgetrieben werden. In dieser Position schweben sie wie Balletttänzer beim Spitzentanz auf der Stelle und legen vielleicht einen trippelnden Lauf ein, einen kleinen Hüpfer oder Zweibeinhopser, wenn sie das Plankton aufpicken. Von weitem sieht es so aus, als liefen sie auf Zehenspitzen über die Wasseroberfläche.

Da das Plankton sehr unregelmäßig über die Meeresoberfläche verteilt ist, können die Sturmschwalben sich nicht darauf verlassen, es durch bloßen Zufall zu finden. Wie alle Röhrennasen, zu denen auch die Sturmtaucher und Albatrosse zählen, besitzen sie röhrenförmig verlängerte Nasenlöcher am Ansatz des Oberschnabels und, anders als die meisten Vögel außer den Truthahngeiern, einen ausgezeichneten

Geruchssinn. So wie ihr Geruchssinn die einzelnen Tiere während der Brutsaison nachts zu ihrer eigenen Bruthöhle zurückführt, so hilft er ihnen auch, ihre Nahrung auf dem weiten Meer zu finden. Das Plankton setzt, wenn Fische oder Garnelen davon fressen, eine chemische Substanz frei, die, wie sich zeigen ließ, selbst in geringster Konzentration die Sturmschwalben anlockt.

Die weitesten Ausflüge aller Hochseevögel unternehmen die Albatrosse. Sie tauchen nicht wie die Tölpel und trippeln auch nicht über die Wasseroberfläche wie die Sturmschwalben, sondern lassen sich einfach auf der Wasseroberfläche nieder und fangen von dort aus größere Tiere, beispielsweise Tintenfische, die des Nachts an die Wasseroberfläche emporsteigen. Sie nehmen auch Aas, wenn sie es finden. Ihre überlegene Gleit- und Segelfähigkeit ermöglicht es ihnen, mit minimalem Aufwand über den Wellen dahinzustreichen; sie können monatelang in der Luft bleiben und im Fluge schlafen. Ein einziger Futterflug kann sie dank der in ihrem Lebensraum fast unablässig blasenden Winde um den ganzen antarktischen Kontinent herumführen.

Nur die Notwendigkeit zu brüten zwingt die Albatrosse, einen Teil ihres Lebens an Land zu verbringen. Und der Nahrungsbedarf ihres Jungen – es ist immer nur eines – zwingt sie natürlich auch nach erfolgreicher Brut wiederholt an Land

Oben: Elliotsturmschwalben lesen Plankton auf, Galapagosinseln

zurück. Das Küken des größten Albatros, des Wanderalbatros, bleibt zwölf Monate lang auf die Ernährung durch seine Eltern angewiesen. Deshalb müssen erwachsene Albatrosse trotz ihrer Hochseetüchtigkeit ihr Leben lang immer wieder an Land zurückkehren, und das sogar alle paar Tage, wenn sie ein Junges zu versorgen haben.

Ein Vogel hat es geschafft, auch diese Landbindung deutlich zu lockern. Auch er kann seine Eier nicht irgendwo auf See legen und ausbrüten; aber sobald sein Küken geschlüpft ist, kehrt er bis zur nächsten Brutzeit nicht mehr an Land zurück. Statt dessen muß das Küken mit hinaus auf See. Er hat sich damit von allen Vögeln am weitgehendsten der ozeanischen Lebensweise angepaßt; es ist der Silberalk, ein kleinerer Verwandter der Trottellumme.

Die Silberalken brüten auf Inseln am nördlichen Rand des Pazifiks. In kleiner Zahl finden wir sie in Japan und auf Kamtschatka, aber ihre Hauptbrutgebiete sind die Inseln vor der Westküste Nordamerikas.

Auf der Frederickinsel, einem kleinen Stückchen Land direkt vor der Küste der Queen Charlotte Islands in British Columbia, liegt eine ihrer größten Brutkolonien. Wenn man in der letzten Maiwoche oder Anfang Juni dort an Land geht, sieht man ein paar Küstenvögel, Austernfischer, Möwen und – bezeichnenderweise – Weißkopfseeadler und Wanderfalken. Landeinwärts gelangt man in einen hohen, dunklen Wald riesiger Nadelbäume – Hemlocktannen, Zedern und Kiefern. Regen fällt hier so reichlich, daß der Waldboden vollständig von dicken, üppigen Moospolstern überzogen ist. Das Moos bedeckt die Felsen, die torfartige Erde, das Gewirr umgestürzter Bäume und rundet alle Ecken und Kanten ab wie eine dicke Schneedecke. Hier sind kaum noch Vögel zu sehen. Man hört vielleicht die dünne energische Stimme eines Zaunkönigs oder gelegentlich das rauhe Krächzen einer Krähe. Und trotzdem befinden sich versteckt in kleinen Bauten in der Erde, unter umgestürzten Baumstämmen oder dem Wurzelwerk der Bäume und in Spalten zwischen einzelnen Felsen mindestens 80 000 Silberalken, die dort ihre Eier ausbrüten oder ihre Jungtiere bewachen.

Sie verstecken sich aus gutem Grund. Die Wanderfalken und die Adler hätten selbst in diesem relativ dichten Wald keine Schwierigkeiten, einen Alken zu schlagen, der sich offen zeigte. Die Bruthöhlen werden deshalb von den Alttieren nur im Schutz der Dunkelheit aufgesucht und wieder verlassen. Nun liegt aber die Frederickinsel so weit nördlich, daß es in den kurzen Sommernächten gar nicht mehr richtig dunkel wird. Infolgedessen sitzen sowohl die Wanderfalken als auch die Adler fast vierundzwanzig Stunden am Tag an. Sie warten im Zwielicht auf Baumstümpfen und niedrigen Ästen. Bei der Rückkehr von ihren Futterflügen fliegen die Silberalken hoch und schnell. Ihre kurzen, flossenähnlichen Flügel sind aerodynamisch so ineffizient, daß die Vögel sehr schnell fliegen müssen, wenn sie nicht abstürzen wollen. Das führt dazu, daß sie oft ins Geäst der Bäume über ihren Bruthöhlen prallen und dann zu Boden torkeln. Dort sind sie auch nicht sehr beweglich. Rennen können sie nur, wenn sie gleichzeitig verzweifelt mit den Flügeln schlagen.

Links: Wanderalbatros mit Küken, Crozetinseln, südlicher Indischer Ozean

Ein Wanderfalkenpaar, das in diesem Wald brütet, kann in einer Saison wohl 1000 Silberalken erbeuten.

Männchen und Weibchen des Silberalken wechseln sich beim Bebrüten der Eier alle drei Tage ab. Die Brutzeit dauert dreißig Tage. Fünf bis zehn Prozent der Brutpopulation gehen jedes Jahr verloren. Auch unter der Erde sind die Silberalken nicht völlig sicher. Es gibt auf der Insel Mäuse. Die Eier der Silberalken sind vor ihnen sicher, denn deren glatter Schale können die Mausezähne nichts anhaben. Ein frisch geschlüpftes Küken dagegen könnte ihnen durchaus zum Opfer fallen; die Alttiere achten streng darauf, niemals irgendwelche Ausscheidungen am Eingang der Nisthöhle oder darin zurückzulassen, damit sie die Mäuse nicht unnötig anlocken.

Schließlich schlüpfen aus den Eiern zwei kleine, flauschige, schwarzweiße Küken. Die Eier aller Alken sind relativ groß, und die Küken haben anfangs noch einen beträchtlichen Vorrat von Eigelb daraus im Magen. Davon können sie etwa einen Tag lang zehren, und das verschafft ihnen die Energie, die sie benötigen, um den nun vor ihnen liegenden Marathonlauf zu bestehen.

Nach zwei Nächten im Nest – oder nur einer, falls die Küken am frühen Morgen geschlüpft sind – verlassen die Elterntiere ungefähr eine Stunde nach Sonnenuntergang die Nisthöhle und locken ihre Küken mit beständigem Rufen hinter sich her. Die Küken kommen aus der Höhle gerannt. Sie stürzen die glatten Felsflächen

Oben: Silberalk, Nordpazifik

hinab, sie sprinten über die grünen Moospolster, sie zwängen sich unter Baumstämmen hindurch, und kein einziges Mal stehen ihre Füße dabei still. Wenn man eins auf seinem Weg fängt und aufnimmt, strampeln die kleinen Beine im gleichen rasenden Tempo weiter, als sei es ein aufgezogenes Spielzeug. Die Eltern gehen den Küken voran, ermutigen sie und weisen ihnen mit wiederholten Rufen die Richtung. Ihr Weg führt zum Strand.

Die Küken brauchen vielleicht zehn Minuten, bis sie aus dem Wald heraus sind. Die ganze Zeit über sind sie möglichen Angriffen durch Mäuse, Wanderfalken und Adler ausgesetzt. Wenn sie den Strand erreichen, sind sie dort eine noch leichtere Beute. Ihre Eltern schwimmen nun bereits viele Meter vor dem Strand auf dem Wasser und rufen immer noch. Die Küken werfen sich ins Wasser und strampeln dabei nach wie vor so schnell mit den Beinen, daß sie buchstäblich auf dem Wasser laufen. Eltern und Küken erkennen einander an ihren Rufen. Wenn sie schließlich vereint nebeneinander herschwimmen, füttern die Alttiere ihre Jungen zum ersten Mal – mit einem kleinen, ausgewürgten Fisch. Am nächsten Morgen sind die Alttiere mit ihren Küken bereits auf hoher See. Die nächsten sechs oder sieben Wochen lang werden sie im Familienverband umherschwimmen, bis die Jungen groß und stark genug sind, um selbst Fische zu fangen.

Die Wanderalbatrosse mögen längere Flüge über die Hochsee unternehmen; die Kaiserpinguine mögen viel weiter in die Tiefen des Meeres vorstoßen; aber der Silberalk hat seine Verbindung zum Land so weit gelöst wie kein anderer Vogel.

6

SIGNALE UND GESÄNGE

Kaum ein anderes Tier – außer uns selbst – benutzt seine Stimme mit solcher Ausdruckskraft wie die Vögel. Bei uns werden die Stimmlaute im Kehlkopf erzeugt. Die Vögel besitzen ebenfalls einen Kehlkopf am oberen Ende der Luftröhre, aber er dient nicht der Lautbildung, sondern nur als Verschluß der Luftröhre gegen Nahrung und Wasser; die Lautbildung erfolgt in einem zweiten, dem sogenannten unteren Kehlkopf oder Stimmkopf (Syrinx), der am Ende der Luftröhre an der Verzweigung zu den beiden Bronchien liegt. Dieses Organ besitzen nur die Vögel.

Beide Bronchien sind in der Syrinx unabhängig voneinander abschließbar. Die beiden Verschlüsse bestehen jeweils aus den sogenannten Paukenhäuten und einer Stimmlippe. Sie können – ebenfalls unabhängig voneinander – in Tonschwingungen versetzt werden; die Höhe des erzeugten Tons wird wahrscheinlich durch unterschiedliche Muskelspannung des Verschlusses bestimmt. Viele Fragen zur Lauterzeugung der Vögel sind noch offen, weil sich die Syrinx dabei wegen der vor ihr liegenden, für ihre Funktion offenbar wichtigen Luftsäcke nicht direkt beobachten läßt und weil die Unterschiede im Bau des Stimmkopfes selbst bei nahe verwandten Arten beträchtlich sein können.

Die Länge der in der Luftröhre schwingenden Luftsäule, also die Länge der Luftröhre selbst, spielt für die Tonqualität eine große Rolle. Lange Luftröhren sind besonders für tiefe Töne geeignet. Die Luftröhren der Kraniche mit ihren posaunenähnlichen Rufen ringeln sich in Schleifen am Kiel des Brustbeins entlang und stoßen bei manchen Kranicharten sogar durch dieses hindurch. Bei einem der unscheinbaren Paradiesvögel, der Trompetermanucodia, verläuft die Luftröhre direkt unterhalb der Haut über die Brust, und zwar ebenfalls schleifenförmig, aber nur bei den Männchen. Mit den Jahren werden diese Schleifen immer zahlreicher. Sie ermöglichen einen orgelartig trompetenden Ruf, dem die Art ihren Namen verdankt – bedenkt man allerdings die vielen Schleifen ihrer Luftröhre, dann wäre der Name Waldhornmanucodia angemessener.

Einige Vögel können ihre Luftröhre willkürlich verkürzen. Wie die Syrinx besteht

die Luftröhre aus von Muskeln verbundenen Knorpelringen, die mehr oder weniger eng zusammengezogen werden können. Das beeinflußt die Frequenz der erzeugten Töne. Die Luftröhren der Pinguine sind längs zweigeteilt, so daß der Brillenpinguin, wenn er schreit – von Gesang kann man bei ihm schwerlich sprechen –, zwei unterschiedliche Töne zugleich hervorbringt.

Mit sehr kurzen, flachen Atemstößen, die zeitlich genau auf die Lautfolge seines Gesangs abgestimmt sind, kann ein Vogel ohne wahrnehmbare Unterbrechung minutenlang singen, viel länger als selbst der besttrainierte menschliche Sänger. Jeder der beiden Verschlußmechanismen in der Syrinx kann unabhängig von dem anderen einen eigenen Ton hervorbringen. Wenn Kanarienvögel ihren Triller hören lassen, erzeugen sie neunzig Prozent des Klangs mit dem Luftstrom der linken Bronchie, während sie die rechte in erster Linie zum Atmen benutzen. Wenn ein Kardinal ein Glissando pfeift, werden die tieferen Töne vom Luftstrom einer der Bronchien erzeugt; dann erfolgt zu den höheren Tönen hin ein fließender, nicht wahrnehmbarer Wechsel zur anderen Bronchie. Die beiden separat erzeugten Laute können auch – mit überraschenden Ergebnissen – vermischt werden. Mit dieser Technik können manche Papageien und Mainas menschliche Stimmen sehr genau imitieren. Alles in allem kommt keine Stimmäußerung eines anderen Tieres an Dauer, Vielfalt oder Komplexität dem Vogelgesang gleich.

Die Vögel kommunizieren nicht nur mittels akustischer, sondern auch mit Hilfe optischer Signale. Als Träger für Farben und Muster bietet sich das Gefieder an. Mit

Oben: Singende Mönchsgrasmücke, England

Folgende Doppelseite: Brutkolonie des Scharlachsichlers, Venezuela

der Hautmuskulatur lassen sich die Federn auffächern oder aufrichten, um dadurch eine Botschaft zu übermitteln oder, falls das zu gefährlich sein sollte, jedes Signal zu vermeiden und sich zu verbergen. Und das Gefieder kann zu verschiedenen Jahreszeiten und in verschiedenen Lebensabschnitten eines Vogels auch ganz unterschiedliche Botschaften übermitteln, denn die Federn werden ja regelmäßig erneuert.

Einige Federfärbungen kommen durch Pigmente zustande. Das gewöhnlichste davon ist das Melanin, das gleiche Pigment, das bei Menschen nach Sonneneinstrahlung für die Braunfärbung der Haut sorgt. Das Melanin ist für das Schwarz im Gefieder der Amsel verantwortlich, aber in unterschiedlichen Varianten und Konzentrationen auch für braune und gelbe Farben. Rot und Orange werden durch andere Pigmente bewirkt, die Carotenoide, die der Vogelkörper allerdings nicht selbst aufbauen kann. Er muß sie direkt oder indirekt von irgendwelchen Pflanzen beziehen. Die Flamingos und Scharlachsichler nehmen sie mit kleinen Krebstierchen auf, die sie wiederum von den Blaualgen haben, von denen sie sich ernähren. In Zoohaltung, wo ihr natürliches Futter nicht zur Verfügung steht, verlieren diese Vögel ihre Rotfärbung – es sei denn, man führt ihnen die Carotenoide in irgendeiner anderen Form zu. Die Turakos, schöne, taubengroße Fruchtfresser aus den afrikanischen Wäldern, besitzen ein Pigment auf Kupferbasis, das sonst im gesamten Tierreich nicht vorkommt; folgerichtig hat es den Namen Turacin erhalten. Es ist verantwortlich für das theatralische Aufblitzen von Magenta, wenn ein Turako seine Flügel ausbreitet.

Andere Farben kommen nicht durch Pigmente, sondern durch die Federstruktur zustande. Das Blau in den Schwingen des Eichelhähers geht auf mikroskopisch

Oben: Schalows Langschopfturako, Kenia

Rechts: Das «Auge» in einer Schwanzfeder des Pfaus

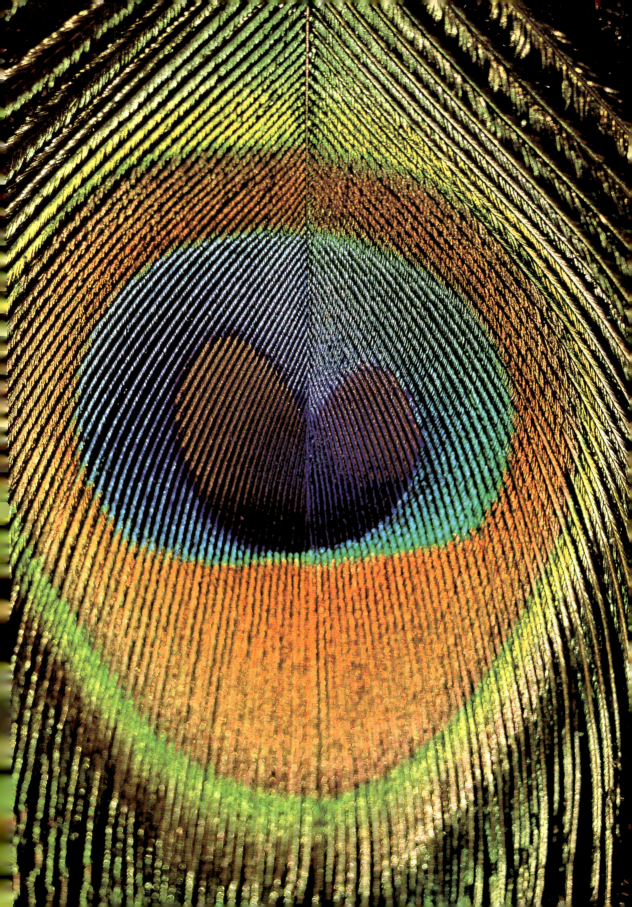

kleine Bläschen im Keratin der Federn zurück, die das Licht brechen. Eine solche Feder erscheint nur im Auflicht blau, in der Durchleuchtung dagegen braun.

Die beiden grundsätzlichen Möglichkeiten der Gefiederfärbung durch Pigment- und Strukturfarben finden sich manchmal in ein und derselben Feder kombiniert. Das Grün der wildlebenden Wellensittiche entsteht als Überlagerung einer blauen Strukturfarbe durch gelbe Pigmente. Es war daher kein Problem, Stämme zahmer Tiere ohne jedes gelbe Pigment zu züchten, deren Gefieder dementsprechend nur noch die Strukturfarbe, ein helles Blau, zeigt.

Das schillernde Grün auf dem Kopf eines Stockerpels, die «Augen» im Rad des Pfaus, der beinahe metallische Lüster auf dem Gefieder des Gelbschwanz-Glanzfasans sowie das glänzende Lätzchen vieler Kolibris gehen alle auf eine abweichende Form der Federstrahlen zurück. Diese sind abgeplattet und so gedreht, daß die breite Seite nach außen zeigt. Die gleichen Strahlen können dann allerdings keine Häckchen tragen und somit nicht zur Verklammerung der einzelnen Strahlen und Äste zu einer geschlossenen Fahne beitragen. Deshalb finden wir den Glanz der Strukturfarben niemals auf den Schwungfedern.

Die Vögel kommunizieren sowohl akustisch als auch optisch mit ihren Partnern, mit ihnen bekannten und unbekannten Artgenossen, mit Vögeln anderer Spezies und selbst mit völlig andersartigen Tieren. Sie stoßen Schlachtrufe aus, geben Alarm, rufen ihren Partner, erklären Krieg – und gelegentlich lügen sie sogar.

Oben: Gelbschwanz-Glanzfasan beim Sonnenbad

Die Kommunikation mit einem völlig andersartigen Lebewesen mit fremder Ausdrucksweise, das die Welt auf ganz andere Weise wahrnimmt als man selbst, muß ein gewaltiges Problem sein. Nichtsdestoweniger beherrschen manche Vögel diese Art der Kommunikation so gut, daß sie sogar ihren Nahrungserwerb darauf gründen können, zum Beispiel die Honiganzeiger. Das sind kleine, drosselähnliche und entfernt mit den Spechten verwandte Vögel. Die meisten Arten leben in Asien, zwei in Afrika. Sie ernähren sich von einer ganzen Vielfalt von Insekten, haben aber allesamt eine Vorliebe nicht so sehr für den Honig als vielmehr für die Larven und das Wachs der Bienen. Tatsächlich sind sie im ganzen Tierreich die einzigen, von denen bekannt ist, daß sie Wachs verdauen können. Zu dieser Fähigkeit verhelfen ihnen, so glaubt man, bestimmte Bakterien in ihren Därmen.

Die Wildbienen bevorzugen sehr unterschiedliche Standorte für ihr Nest; im Himalaja hängen sie es zum Beispiel oft unter überhängende Felsen. An solchen Stellen sind die Nester ungeschützt, und die asiatischen Honiganzeiger haben kaum Schwierigkeiten, sie zu plündern. Wie bei allen Mitgliedern ihrer Familie haben sie einen spechtähnlichen Fuß – zwei Zehen vorn, zwei Zehen hinten –, so daß sie sich leicht an senkrechten Oberflächen festhalten können, ganz gleich, ob es sich um einen Baumstamm oder ein Bienennest handelt. Die afrikanischen Bienen dagegen bevorzugen für ihre Nester geschütztere Plätze – Löcher in Bäumen oder tief in Felsspalten –, und um diese Nester zu erreichen, benötigen die Honiganzeiger Hilfe.

Oben: Strichelstirn-Honiganzeiger frißt an einer Honigwabe, Kenia

Der Honigdachs frißt vieles, aber eine besondere Leidenschaft hat er für Honig und Bienenlarven. Er ist ein Nomade, der auf der Suche nach Nahrung weite Wanderungen unternimmt. Wenn er in das Revier eines Honiganzeigers gelangt, kommt dieser bald angeflogen, setzt sich auf einen Strauch und stößt einen speziellen, schnarrenden Ruf aus. Der Honigdachs antwortet mit Grunzlauten und läuft dem Honiganzeiger entgegen. Der Vogel fliegt auf, und der Honigdachs folgt ihm. Ab und zu hält der Vogel inne, läßt wieder den Honiglockruf hören und fächert seinen Schwanz mit den äußeren weißen Schwanzfedern auf. Schließlich flattert er höher in die Bäume hinauf und läßt einen anderen Ruf hören: Bienennest erreicht. Der Honigdachs sucht das Nest, findet es und macht sich daran, es freizulegen.

Die Bienen wehren sich. Der Honigdachs liebt zwar Honig, aber keine Bienenstiche. Also dreht er sich um, steckt sein Hinterteil in die gerade freigelegte Öffnung und scheidet aus Drüsen unter seinem Schwanz ein faulig riechendes Sekret aus. Der Gestank soll unerträglich sein. Die Bienen jedenfalls empfinden es so und verlassen in Scharen ihr Nest, so daß der Dachs weitgehend unbelästigt das Holz weiter aufreißen kann, um den Eingang zum Bau der Bienen zu vergrößern. Schließlich zieht er die Waben heraus, von denen der tiefbraune Honig tropft, und nimmt sie mit, um sie zu verzehren. Darauf hat der Honiganzeiger gewartet. Er kommt herangeflattert und macht sich über die Überreste des zerstörten Nestes her.

Der Nutzen der Partnerschaft für beide Tiere ist offensichtlich. Der Vogel kennt sein Revier wie seine Westentasche und weiß, wo sich die Bienennester befinden. Dem Honigdachs fehlt dieses Wissen, aber er verfügt über die Kraft und das Ge-

Oben: Honigdachs, Kalahari *Rechts: Sonnenralle in Drohhaltung, Südamerika*

Signale und Gesänge

schick, ein Nest freizulegen, das dem Vogel ohne Hilfe nicht zugänglich wäre. Grundlegende Voraussetzung für die Partnerschaft ist allerdings die Fähigkeit des Vogels zur Kommunikation mit Artfremden.

Seit wann diese Beziehung besteht, ist unbekannt; da der Vogel aber ein so spezialisiertes Verdauungssystem entwickelt hat, muß es sich jedenfalls um einen sehr langen Zeitraum handeln. Wir wissen natürlich auch nicht, ob der Honigdachs der ursprüngliche Partner des Honiganzeigers war – wohl aber, daß er gegenwärtig nicht dessen einziger ist. Auch das Volk der Boran im Norden Kenias bietet dem Honiganzeiger gern seine Hilfe. Ein erfahrener Honigsammler der Boran kann den Vogel sogar herbeirufen. Er pfeift auf einem hohlen Samen, einer Schneckenschale oder über die Daumen seiner zusammengelegten Hände. Dann schließt sich die gleiche kleine Prozession an wie bei dem Gespann Honiganzeiger-Honigdachs; der Vogel gibt mit seinem Rufen und seinem Verhalten Anweisungen, der Mensch folgt ihm. Und wenn der Mensch schließlich die Beute eingeheimst hat, läßt er nach Tradition des Stammes stets einen Teil der Wabe gut sichtbar für den Vogel zurück.

Der Mensch und die übrigen Säugetiere treten allerdings öfter als Feinde denn als Partner der Vögel in Erscheinung, und die Botschaften der Vögel an ihre Feinde sind meist einfach und direkt. Die Sonnenralle benutzt zu ihrer Vermittlung optische Signale. Sie nistet in sumpfigen Gebieten der südamerikanischen Regenwälder. Wenn die Ralle auf ihrem Nest sitzt, ist sie mit ihrem braunen, fein wellenförmig grau, weiß und oliv gebänderten Gefieder kaum zu entdecken; sie verschmilzt praktisch mit dem Hintergrund. Entdeckt man sie dennoch und geht langsam auf sie zu, fächert der Vogel plötzlich und völlig unerwarteterweise den Schwanz auf und brei-

tet seine Schwingen aus, auf denen jeweils ein hellkastanienbrauner Fleck erscheint, der oben schwarz begrenzt ist und durch den glänzendgoldenen Untergrund noch mehr hervorgehoben wird. Die beiden Flecken starren den Störenfried an wie ein Paar riesiger Augen. Weicht er nicht, erhebt sich der Vogel und stolziert mit ausgebreiteten Schwingen auf einen zu. Der Effekt ist so beängstigend, und der Vogel zeigt ein solches Selbstvertrauen, daß man instinktiv glaubt, ein sehr gefährliches Wesen vor sich zu haben. Und das ist zweifellos die Botschaft, die der Vogel vermitteln will. Natürlich entspricht sie nicht der Wahrheit. Der Vogel tischt uns eine Lüge auf.

Die Nestlinge von Eulen bedienen sich ähnlicher Signale und sind dabei ähnlich unaufrichtig. Jeder, der einmal hoch oben in einer alten Scheune eine Schleiereule auf ihrem Nest aufgestört hat, weiß davon ein Lied zu singen. Der Vogel öffnet die Schwingen, hebt sie aber nicht. Er sträubt sein Körpergefieder und reißt den Schnabel weit auf. Ungefähr alle zehn Sekunden schaut er direkt nach unten und schüttelt dabei den Kopf. Das kommt völlig überraschend, denn es bedeutet, daß der Vogel die Augen von dem Eindringling abwendet und sich so möglicherweise einem Angriff aussetzt. Nichtsdestotrotz gelingt es ihm – ähnlich wie der Sonnenralle –, dem Eindringling den Eindruck zu vermitteln, er habe ein sehr viel gefährlicheres Tier vor sich, als es in Wahrheit der Fall ist.

Die überzeugendsten aller Vogellügen lauten allerdings nicht: «Hier bin ich, und ich bin gefährlich», sondern vielmehr: «Ich bin nicht hier – ich bin etwas anderes.» Sehr viele Vögel besitzen ebenso wie die brütende Sonnenralle in ihrem Gefieder eine natürliche Tarnung. Eine Waldschnepfe auf ihrem Bodennest in einem europäischen Wald sitzt inmitten abgestorbenen braunen Farns fest auf ihren Eiern und ist für einen hungrigen Fuchs ebenso unsichtbar wie für einen Menschen. Ihre Tarnung setzt voraus, daß sie vollkommen reglos bleibt. Die Weißbauch-Nachtschwalbe, eine Verwandte der Ziegenmelker, bewohnt offenes Grasland in Brasilien und verbringt einen großen Teil des Tages in Ruhe auf dem Boden. Verstecke gibt es freilich in ihrem Lebensraum kaum, aber der Vogel macht sich unsichtbar, indem er sich zusammenkauert und dank der genau passenden Färbung zu einem Kuhfladen wird. Die Ähnlichkeit ist tatsächlich bemerkenswert. Trotzdem hat die Sache einen Haken. Es gibt in der Grassteppe Brasiliens erst seit einigen Jahrhunderten Rinder – nicht lange genug für die Nachtschwalbe, um solche Ähnlichkeit mit einem Kuhfladen zu entwickeln. Andere große Weidetiere gibt es dort nicht. Aber es gab sie einmal. Vor vielleicht tausend Jahren schwankten gigantische Faultiere und Riesengürteltiere – so groß wie Kleinwagen – über diese Ebenen. Sie sind inzwischen ausgestorben, aber dank der Weißbauch-Nachtschwalbe wissen wir wahrscheinlich, wie ihre Abfallprodukte aussahen.

Die Tagschläfer helfen ihrer Verstellung durch langsame Bewegungen nach. Es sind große Vögel; die größte Art dieser südamerikanischen Nachtschwalbenverwandten wird über einen halben Meter lang. Ein Tagschläfer sitzt tagsüber auf dem Stumpf eines abgestorbenen Baumes. Sein feinmarmoriertes Gefieder hat fast die

Rechts: Tagschläfer in Tarnhaltung, Brasilien

Signale und Gesänge

gleiche Farbe wie die Borke, so daß er ohnehin kaum zu entdecken ist. Aber wenn man sich ihm nähert, bewegt er sich langsam, um noch besser mit dem Baumstumpf zu verschmelzen. Ganz sachte senkt er den Schwanz und drückt ihn gegen die Borke des Stammes oder Astes, bis beide nahtlos ineinander übergehen. Ebenso langsam hebt er dann den Kopf, bis die Schnabelspitze nach oben zeigt, und schließt die Augen. Das scheint eine ebenso riskante Handlungsweise zu sein wie das Kopfsenken der Schleiereule, da der Vogel sich ganz auf die Wirksamkeit seiner Tarnfärbung zu verlassen scheint und dementsprechend steif und reglos sitzen bleibt, selbst wenn man sich ihm bis auf einen Meter nähert. Aber der Vogel behält einen die ganze Zeit über im Auge, selbst bei geschlossenen Lidern – er hat darin je zwei winzige, senkrechte Schlitze, die genügend Licht für seine superempfindlichen Augen durchlassen. Erst im allerletzten Moment verläßt ihn der Mut, und er streicht ab. Normalerweise geschieht dies, ohne daß man vorher die Existenz eines Vogels in unmittelbarer Nähe auch nur geahnt hätte.

Je radikaler sich in den höheren Breiten das Landschaftsbild mit den Jahreszeiten ändert, um so schwieriger wird eine perfekte Tarnung für die ganzjährig dort lebenden Vögel. Das Alpenschneehuhn der arktischen Tundra und des Hochgebirges ist im Winter in seinem schneeweißen Gefieder fast unsichtbar. Nur schwarze Punkte sind noch zu sehen, die Augen- und Schnabelpartie, die man aber leicht für die Spitze eines noch aus dem Schnee ragenden Steines halten kann.

Dann kommt das Frühjahr mit der Schneeschmelze – höchste Zeit für einen Gefiederwechsel, wenn man nicht sehr auffallen will. Während der Mauser müssen

sich die Vögel immer enger auf den dahinschwindenden Schneeflächen zusammendrängen. Die Hennen haben bald ihr graubraunes Brutkleid angelegt; sofort verlassen sie die schneebedeckten Stellen und beginnen mit dem Nestbau. Die Hähne sind derweil immer noch mit der Bestimmung ihrer Rangordnung beschäftigt. Ein Männchen mit einem bereits brütenden Weibchen muß in der Lage sein, seine Rivalen fernzuhalten. Anscheinend kann er das in seinem braunen Sommerkleid nicht tun – jedenfalls beginnen die immer noch weißen Männchen ihre Hahnenkämpfe am Ende des Winters und führen sie bei steigenden Temperaturen auf den immer kleineren Schneeresten fort. Deshalb setzt ihre Mauser erst einige Zeit nach der der Hennen ein; inzwischen ist die Notwendigkeit einer Tarnung sehr dringend geworden. Doch haben die Hähne einen Weg gefunden, innerhalb von Minuten ihr weißes Federkleid zu einem braunen zu machen: Sie suchen sich eine trockene, staubige Stelle und wälzen sich im Staub, bis ihre weißen Federn braun sind und sie sich unauffällig in die Landschaft einfügen.

Auch die Kommunikation zwischen Vögeln verschiedener Artzugehörigkeit kann sich als notwendig erweisen. Das ist vielleicht nicht so bemerkenswert wie die Verständigung zwischen Vögeln und Säugetieren, aber dennoch eine beachtliche Leistung, setzt es doch außer dem arteigenen Spektrum von Ausdrucksmitteln – lautlichen wie gestischen – in Gemeinschaften mehrerer Arten allgemeinverständliche Signale voraus, eine Art Gegenstück zu den internationalen SOS- oder Mayday-Signalen der Menschen.

Links: «Hahnenkampf» zweier Alpenschneehühner, Japan

Oben: Sperber auf dem Jagdflug

Für die Heckenvögel herrscht höchste Not, wenn der Sperber erscheint. Der erste, der den Feind erblickt, gibt Alarm. Der Alarmruf «Siet» ist kurz, weich, hoch und schwer zu orten – um die Aufmerksamkeit des Sperbers nicht unnötig auf seinen Urheber zu lenken. Nach einem einzigen solchen Ruf verstummt die Wache und versteckt sich im Blattwerk, und alle anderen Vögel der Hecke tun es ihr gleich. Das «Siet» ist ein je nach Art etwas unterschiedlich akzentuierter, allen Vögeln der Heckengemeinschaft verständlicher Ruf.

Auf der Bodenschicht des Amazonas-Regenwaldes bilden die insektenfressenden Vögel eine ähnliche gemischte Gesellschaft; sie streifen auf Gemeinschaftsjagd zusammen durch das Laub. Zwei Arten teilen sich dabei gewöhnlich das Wächteramt – eine Würgertangare, die oben vom Laubdach des Waldes aus Ausschau hält, und ein Ameisenwürger, der im Erdgeschoß Position bezogen hat. Falls einer von ihnen eine Gefahr bemerkt, gibt er mit einem «Siet»-Ruf Alarm, und alle Vögel der Futtergemeinschaft gehen augenblicklich in Deckung. Die Wächter können nicht mit der gleichen Hingabe im Laub nach Insekten suchen wie die anderen Vögel der Freßgemeinschaft; sie fangen die Insekten, die von den anderen aufgejagt, aber nicht gefaßt werden. Außerdem bleiben sie ihren Schutzbefohlenen gegenüber nicht immer bei der Wahrheit. Nach verläßlichen Berichten geben manche Wächter möglicherweise immer dann Alarm, wenn irgendwo ein besonders fettes Insekt freigelegt worden ist – selbst wenn gar keine Gefahr im Verzug ist. Die ganze Schar sucht

Oben: Bindenwollrücken, Brasilien

sofort jede geeignete Deckung auf, und der Wächter verläßt kurz seinen Posten, um den Preis für seinen Betrug einzuheimsen.

Das «Siet» ist aber nicht der einzige Alarmruf der Vögel. Geht die Gefahr von einem Bodenfeind aus, schleicht sich etwa eine Katze an die Hecke an, dann versuchen die Wächter durchaus nicht, nach kurzer Warnung möglichst unauffällig zu bleiben, sondern machen ein Mordsspektakel, schimpfen, zetern und finden kein Ende. So alarmieren sie die ganze Meute, die dem Feind entgegenfliegt, sich in dessen Nähe im Geäst niederläßt und ihn beschimpft. Auf diese Weise versuchen sie die übliche Taktik der Katze zu vereiteln, sich an ihr Opfer anzuschleichen, bis sie nahe genug ist, um es mit einem Sprung zu erwischen. Ist die Katze erst entdeckt, hat sie nichts mehr zu gewinnen. Die Rufe der Vögel teilen ihr mit, daß ihre Anwesenheit jedem Vogel in der Hecke bekannt und der Versuch, sich an einen davon anzuschleichen, vergebens ist. In diesem Stadium gibt die Katze gewöhnlich ihre Jagd auf und stolziert mit dem Ausdruck gekränkter Unschuld davon.

Die Wacholderdrosseln, gesellige Koloniebrüter, ergreifen noch drastischere Maßnahmen gegen ihre Feinde. Nähert sich ein Nesträuber oder Kükenmörder wie zum Beispiel die Elster einer ihrer Brutkolonien, wird sie von der ersten Wacholderdrossel mit einem Warnruf begrüßt. Schnell stimmen andere Wacholderdrosseln darin ein. So lassen sie die Elster ihren Unmut spüren, entnerven sie vielleicht sogar – und rufen den ganzen Rest der Kolonie zusammen. Es sind Schlachtgesänge, die die Truppen zu den Fahnen rufen. Immer noch rufend erheben sich die Wacholderdrosseln in die Luft und beginnen, wieder und wieder auf den Eindringling herabzustoßen. Jede Drossel zetert bei ihrem Angriff, bis sie nur noch wenig mehr als einen Meter von ihrem Ziel entfernt ist, und läßt dann eine Kotbombe fallen. Viele dieser Geschosse sind so wohlgezielt, daß sie die Elster tatsächlich treffen. In Kürze ist deren Gefieder schlimm verschmutzt, so daß die Elster manchmal zu Boden trudelt und davonhüpfen muß, um sich irgendwo wieder zu reinigen.

Jede Form von sozialem Leben unter Vögeln gleicher Art setzt den Austausch nicht nur von Alarm- und Kriegsrufen, sondern auch einer Vielzahl anderer Botschaften voraus. Mit die wichtigste davon ist die Antwort auf die Frage: «Wer bist du?» Ein Vogelmännchen sollte zum Beispiel wissen, ob eine Zufallsbegegnung zur gleichen Art gehört wie es selbst. Ist das nicht der Fall, dann kann er sie einfach ignorieren – es sei denn, es wäre ein Feind. Ein artgleiches Tier dagegen könnte ein Konkurrent um die gleiche Mahlzeit, den gleichen Brutplatz, das gleiche Revier oder das gleiche Weibchen sein, und jeweils entsprechend muß das Männchen reagieren.

Auch viele Menschen möchten die Artzugehörigkeit eines von ihnen beobachteten Vogels bestimmen können; die Merkmale der Gefiederfärbung und -musterung, die dies möglich machen, finden wir Seite für Seite in unseren Vogelbestimmungsbüchern. Ein Rotkehlchen ist an seiner roten Brust erkennbar, ein Mönchsgrasmückenmännchen an den schwarzen Federn auf seinem Kopf. Die Finken sind einander von der Körperform her sehr ähnlich, haben aber je nach Art unterschiedlich gefärbte Köpfe – beim Buchfinken ist er graublau, beim Kernbeißer braun, beim

Oben links: Buchfink;
oben rechts: Grünling
Unten links: Kernbeißer;
unten rechts: Gimpel

Grünling ist das Gesicht gelblich – und die Flügelränder goldgelb –, und der Gimpel hat einen schwarzen Kopf und Nacken, während Ohrdecken, Kehle und Brust leuchtend rot sind. Beobachtet man, wie ein männlicher Vogel sein Revier für sich beansprucht, so weiß man bald, daß die genannten Farbmuster auch von den Vögeln selbst zu ihrer Identifikation genutzt werden. Das männliche Rotkehlchen wirft sich geradezu in seine rote Brust, die Mönchsgrasmücke richtet ihre schwarzen Kopffederchen auf, und jedes Buchfinkenmännchen bekräftigt seine Besitzansprüche, indem es sich gut sichtbar irgendwo niederläßt, damit seine prächtige Uniform möglichst vorteilhaft zur Geltung kommt.

Der Vergleich mit einer Uniform ist tatsächlich angebracht, war es doch in früheren Zeiten ein absolutes Muß für jeden Soldaten auf dem Schlachtfeld, jederzeit sofort zu erkennen, ob der Mann, der plötzlich vor oder neben ihm auftauchte, Freund oder Feind war. Deshalb gab es früher so bunte, auffällige Uniformen. Aber zumindest von den Angehörigen seiner eigenen Truppe muß jeder Soldat außerdem den Rang kennen. Ist sein Gegenüber ranghöher oder rangniedriger als er selbst? Nimmt der Fremde Befehle entgegen, oder befiehlt er? Das verraten verschiedene Abzeichen an der Uniform – bei den Soldaten wie bei den Vögeln.

Die Männchen des Haussperlings tragen ein schwarzes Lätzchen auf der hellen Brust; es ist von Tier zu Tier unterschiedlich groß. Beim Männchen der Kohlmeise verläuft ein individuell unterschiedlich breiter schwarzer Streifen längs über Brust und Bauch, und die Halsbandschnäppermännchen haben je einen unterschiedlich ausgedehnten weißen Stirnfleck. In all diesen Fällen und vielen weiteren steht die Größe der besonders gefärbten Fläche mit dem Rang des betreffenden Männchens in Beziehung. Je größer das Abzeichen, um so höher der Rang. Und wenn zwei Vögel zum Beispiel über einen guten Futterhappen oder den Besitz eines Reviers in Streit geraten, wird das rangniedere Tier gewöhnlich dem ranghöheren nachgeben.

Warum kämpfen sie nicht? Die Ausdehnung ihrer Abzeichen ist teilweise genetisch bedingt, teilweise durch die Fürsorge, mit der sie aufgezogen worden sind. Ein immer gutgefüttertes junges Haussperlingsmännchen, das – auch dank guter Anlagen als Sohn eines kräftigen Männchens – stark und kräftig geworden ist, wird ein größeres Lätzchen haben als ein schwächliches, unterernährtes Männchen, und eine Kohlmeise im entsprechenden Fall einen breiteren Bruststreifen. Junge Halsbandschnäpper bekommen zum ersten Mal bei der Mauser in ihren Überwinterungsgebieten in Afrika einen weißen Stirnfleck. Dessen Größe hängt davon ab, wie gut sie sich dort ernähren. Bei der Heimkehr nach Europa kann man ihnen ihre Kraft gewissermaßen von der Stirn ablesen. Bei einem mit körperlichen Mitteln ausgefochtenen Kampf würde ein wohlgenährtes Männchen mit großem Stirnfleck wahrscheinlich einen Gegner mit kleinerem Stirnfleck überwältigen. Wenn das ohnehin ziemlich klar ist, kann man sich den Kampf auch ersparen – der erkennbar schwächere Vogel gibt gleich nach.

Die Rangabzeichen müssen nicht ständig zu sehen sein. Die wilden Truthähne der

nordamerikanischen Wälder besitzen außer ihrem auffälligen Gefieder und den merkwürdigen haarartigen Quasten, die ihnen von der Brust herabhängen, ganze Girlanden von Hautsäcken am nackten Hals. Deren Größe variiert von Tier zu Tier. Ein gesunder Hahn hat größere Luftsäcke als einer, der nicht in Bestform ist, den vielleicht eine Infektion oder Innenparasiten plagen, ein alter größere als ein junger. Die Hautsäcke können sehr schnell ihre Farbe wechseln. Gewöhnlich sind sie purpurrot, aber wenn ein Hahn mit einem anderen in Streit gerät, vielleicht über den Zugang zu den Weibchen, dann laufen die Hautsäcke sofort leuchtend scharlachrot an. Dadurch wird der Größenunterschied zwischen den Hautsäcken der beiden Kampfhähne offensichtlich, und der darin unterlegene Hahn tritt sogleich den Rückzug an – und zeigt dem Gegner seine Unterwerfung durch erneuten Farbwechsel der Hautsäcke von Hellrot zu Blaßrosa an, der durch schlagartigen Blutabfluß aus den Hautsäcken bewirkt wird.

Optische Signale unterliegen allerdings einer gravierenden Einschränkung. Sie können im Lebensraum der Vögel nur über relativ kurze Entfernungen übertragen und empfangen werden. Weiter entfernte Empfänger erhalten besser akustisch kodierte Botschaften. Die entsprechenden Signale können mechanisch erzeugt sein: Spechte zum Beispiel senden Klopfsignale aus. Als Resonanzkörper wählen sie hohle Baumstämme oder tote Äste. Fortschrittliche Individuen verwenden mitunter modernere Instrumente – verrostete Eisendächer, Regen- oder Ofenrohre. Jede Art

Oben: Rivalisierende wilde Truthähne imponieren, Ohio

Rechts: Magellanspecht, Patagonien

und sogar jedes Geschlecht hat seinen unverkennbaren Sound. Das deutlichste Unterscheidungsmerkmal scheint die Wiederholungsfrequenz der einzelnen Trommelwirbel zu sein. Ebenfalls wichtig ist die Geschwindigkeit, mit der die einzelnen Trommelschläge eines Wirbels aufeinander folgen. Meist ist sie so hoch, daß wir nicht mehr mitzählen können.

Analysen von Bandaufnahmen zeigen, daß der Buntspecht zwanzigmal pro Sekunde schlägt. Im Vergleich dazu ist die Schlagfolge des Magellanspechtes, der in den Wäldern der Südküste von Feuerland, der äußersten Südspitze von Südamerika, lebt, sehr kurz und einfach. Sie besteht aus nur zwei Schlägen, wobei es genau auf deren Zeitabstand ankommt. Ahmt man die schnelle Schlagfolge korrekt nach, kommt der rotköpfige Vogel wahrscheinlich sehr schnell angeflogen, setzt sich auf einen Baum – vielleicht auf den, auf dem man selbst getrommelt hat – und läßt ärgerlich seine Antwort hören.

Auch andere Vögel erzeugen mechanische Laute, selbst wenn ihnen kein so hoch entwickeltes und spezialisiertes Instrument wie der Spechtschnabel zur Verfügung steht. Der Ara-Kakadu Australiens improvisiert. Er bricht sich einen Stock ab, hält ihn im Schnabel und schlägt damit auf einen hohlen Baum. Andere benutzen ihre Federn zur Lauterzeugung – die afrikanische Baumklapperlerche klatscht ihre Flügel zusammen, während sie sich aus großer Höhe bis auf fünf Meter über dem Boden herunterfallen läßt; der Leierschwanz-Honiganzeiger läßt im Sturzflug die

Links: Ara-Kakadu trommelt an seiner Bruthöhle, Nordaustralien

Oben: Ein Nacktkehlglöckner läßt seinen durchdringenden Ruf erschallen, Brasilien

Signale und Gesänge

Luft durch Schlitze in seinen Flügeln strömen, daß es nur so pfeift; die Bekassine «meckert», indem sie sich mit aufgefächerten Schwanzfedern und extra abgespreizten äußeren Steuerfedern nach unten stürzt.

Das gebräuchlichste Instrument, mit dem die Vögel ihre Identität kundtun, ist jedoch ihre Stimme. Deren Reichweite ist wie die jeden Schalls stark abhängig von der Beschaffenheit der Umgebung. Bäume behindern die Ausbreitung des Schalls und reduzieren die Reichweite der Signale. Blätter – vor allem harte und glänzende, wie sie im tropischen Regenwald häufig sind – reflektieren den Schall wieder und wieder, so daß vor allem ein komplexer Ruf dadurch verwischt und undeutlich wird. Dementsprechend sind die oft durchdringend lauten Rufe der Vögel des Regenwaldes gewöhnlich einfach strukturiert und werden bisweilen endlos wiederholt. Die Glöckner leben in den Wäldern Mittel- und Südamerikas. Der Nacktkehlglöckner ist etwas größer als ein Eichelhäher, hat aber eine sehr viel durchdringendere Stimme. Er wählt seine Rufwarte im höchsten Wipfel der Bäume, so daß seine Rufe möglichst ungehindert in alle Richtungen tragen können; seinen zweisilbigen Ruf läßt er den ganzen Tag über immer wieder hören – eine möglicherweise entnervende Erfahrung für einen schweißtriefenden Forschungsreisenden, der sich langsam durch den Urwald quält und dabei von einem Nacktkehlglöcknerrevier ins nächste gelangt.

Niederfrequenter Schall breitet sich in einer an Hindernissen reichen Umgebung besser aus als hochfrequenter. Aufgrund seiner Größe kann der Glöckner aber keine wirklich tiefen Töne hervorbringen, so wie es zum Beispiel der Rohrdommel möglich ist. Deren Lebensraum sind große Schilfbestände in Europa, und sie läßt sich – auf dem Moor in bis zu fünf Kilometer Entfernung – mit einem tiefen, dumpfen «ü-h-umpf» vernehmen, das zu den weittragendsten Lauten der Vogelwelt zählt.

In einigen Fällen ist die Stimmäußerung eines Vogels das einzige Merkmal, mittels dessen man ihn von einer sehr ähnlichen Art unterscheiden kann, ohne das Tier aus allernächster Nähe zu sehen oder in der Hand zu untersuchen. Zwei kleine Laubsängerarten sind im Sommer bei uns allgemein verbreitet. Sie haben beide einen blaßgelblichen Überaugenstreif; die helle Brust ist ebenfalls andeutungsweise blaßgelblich. Schaut man sehr genau hin, entdeckt man vielleicht, daß die Beine bei einer Art etwas blasser sind als bei der anderen. Sobald die Vögel aber ihr Lied hören lassen, sind sie nicht mehr zu verwechseln. Die Strophe des einen besteht aus einer Folge dünner, aber melodischer, in der Tonhöhe absinkender Pfeiftöne. Das ist der Fitis. Der andere, dessen Beine dunkler, beinahe schwarz sind, singt ein monotones Liedchen, das aus nur zwei verschiedenen Silben besteht, die einfach genug sind, um als Name des Vogels herhalten zu können: Zilpzalp. Daß man es bei diesen Vögeln mit zwei verschiedenen Arten zu tun hat, bemerkte als erster der scharfsinnige Beobachter und Ahnherr der englischen Feldornithologen, der Pfarrer Gilbert White.

Ebenso wie die optischen Signale verraten die Rufe und Gesänge der Vögel nicht nur deren Artzugehörigkeit, sondern auch ihre individuelle Identität. Die meisten

englischen Rotkehlchen bleiben das ganze Jahr über in ihren Revieren (die mitteleuropäischen nur teilweise und nicht in höheren Lagen), und sowohl das Männchen als auch das Weibchen singen. Das Männchen – in geringerem Ausmaß auch das Weibchen – unternimmt regelmäßige Inspektionen seines Reviers und singt dabei von seinen bevorzugten Warten aus. Wenn es sein Lied gesungen hat, hält es den Kopf schräg und lauscht. Gewöhnlich erhält es Antwort aus dem jeweils angrenzenden Nachbarrevier. Es kennt alle seine Nachbarn persönlich und erkennt sie an ihren Liedern. Kommt die Antwort von einer ihm wohlbekannten Stimme, setzt es unbesorgt seine Runde fort. Spielt man ihm aber die Gesangsaufnahme eines völlig fremden Männchens vor, wird es sein eigenes Lied mit größerer Heftigkeit wiederholen und sein rotes Brustgefieder aggressiv aufplustern: die Vorbereitung auf territoriale Auseinandersetzungen mit dem Fremdling. Handelt es sich tatsächlich um einen Eindringling – ein junges Männchen, das zwischen den etablierten Revieren ein weiteres für sich selbst abgrenzen oder ein durch Todesfall frei gewordenes Revier übernehmen will –, dann versuchen sich die beiden Kontrahenten durch eine Art Sangeswettstreit gegenseitig abzuschätzen. Bei sonst gleichen Voraussetzungen wird ein brütender Revierinhaber seinen Stand behaupten können. Falls der Neuankömmling ein kurz zuvor verwaistes Revier übernimmt, dient das Duell dazu, die beiden Nachbarn miteinander bekannt zu machen; sie beruhigen sich bald, die neuen Gegebenheiten sind akzeptiert. Ein völlig neues Revier kann sich ein Neuankömmling aber wahrscheinlich nur auf Kosten eines bereits schwächlichen oder ältlichen ortsansässigen Vogels erstreiten.

Das Stimmrepertoire eines einzelnen Vogels ist zum Teil ererbt, zum Teil von den Eltern erlernt. Das kann im Experiment leicht gezeigt werden. Buchfinkenjunge, die in völligem Schweigen großgezogen werden, bringen es nur auf eine sehr vereinfachte, armselige Version des typischen Buchfinkengesangs. Nur wenn sie während ihrer Aufzucht die Rufe und Gesänge ihrer Eltern hören, werden sie später in der Lage sein, selbst auf arttypische Weise zu singen. Andererseits hat jedes Vogelindividuum sein eigenes, persönliches Lied. Da dieses Lied auch die spätere Sangesweise der Jungvögel beeinflußt, sollte eine ortstreue Gruppe von Buchfinken über viele Generationen hinweg ihren eigenen, charakteristischen Dialekt entwickeln. Das ist auch der Fall. Die Buchfinken in Nordengland singen erkennbar anders als die im Süden. Auch für andere Vogelarten trifft das zu. Die Nachkömmlinge der Amseln, die während des neunzehnten Jahrhunderts nach Australien gebracht wurden, damit die dortigen Siedler die vertrauten Klänge der alten Heimat nicht missen mußten, haben inzwischen einen klar erkennbaren australischen Dialekt entwickelt.

Der Sattelvogel, einer der schwatzhaftesten und gesanglich begabtesten neuseeländischen Singvögel, ist ungefähr starengroß und schwarz mit einem kastanienbraunen Feld über dem Rücken und den vorderen Teilen der Flügel, das bei zusammengelegten Schwingen wie ein dem Tier aufgelegter Sattel wirkt. Von der Schnabelbasis hängen bei den Männchen kleine orangefarbene Hautsäcke herab.

Die Sattelvögel haben lokal sehr unterschiedliche Dialekte mit jeweils vielen in anderen Dialekten unbekannten Phrasen und Motiven entwickelt. Jedes Mitglied einer Dialektgruppe beansprucht ein Revier für sich und behauptet es das ganze Jahr hindurch; es wird durch regelmäßigen Gesang an den Reviergrenzen gegen Eindringlinge verteidigt. Auf diese Reviergesänge antwortet wie bei den Rotkehlchen jeweils der betreffende Reviernachbar.

Junge Sattelvogelmännchen streifen nach dem Flüggewerden möglichst unauffällig durch den Wald, halten sich dabei aber mehr an die untersten Etagen, das Unterholz und den Waldboden, um die Revierinhaber nicht unnötig herauszufordern. Auf ihrer Wanderschaft lernen sie in einem Umkreis von vielen Kilometern die verschiedenen Dialekte kennen. Gewöhnlich verbringen sie die meiste Zeit außerhalb des Dialektgebietes ihrer «Vatersprache». Sie sind auf der Suche nach Witwen.

Ist der Platz eines Männchens durch dessen Tod frei geworden, wird die Vakanz

Oben: Rufender Sattelvogel, Neuseeland

von einem der unsteten Junggesellen gewöhnlich sofort entdeckt, und die Werbung beginnt. Nach Beobachtungen war das bei einem Tier bereits zehn Minuten nach dem Verschwinden des Revierinhabers der Fall. Aber der Junggeselle singt nicht das vom Vater vertraute Lied, sondern den an Ort und Stelle üblichen, der Witwe vertrauten Dialekt. Falls sie den Freier akzeptiert, übernimmt er das Revier. Auf diese Weise wird die Inzucht beim Sattelvogel auf ein Minimum beschränkt.

Neben einfacheren Varianten – einem Stimmfühlungslaut, der vom Partner beantwortet wird, wie es zum Beispiel beim «Ku-witt ku-huu» des Waldkauzes der Fall ist, das dem ungeübten Ohr aus der Entfernung wie der Ruf eines einzigen Vogels vorkommt – gibt es auch echten Paargesang in der Vogelwelt. Wenn ein Paar afrikanischer Bartvögel sein Duett vorträgt, sitzen Männchen und Weibchen dicht beieinander auf einem Zweig. Ihr Gesangseinsatz ist bis auf den Sekundenbruchteil genau berechnet; wenn einer der Vögel innehält, setzt sofort der Gesang des anderen ein. Diese perfekte Einstellung aufeinander scheint sehr viel Übung vorauszusetzen, aber selbst bei nur vorübergehender Abwesenheit des Männchens nimmt ein junges Männchen aus der Familie sofort dessen Platz ein und trägt zusammen mit dem Weibchen eine ähnliche Version des zuvor gesungenen Duetts vor; sehr rasch haben auch die neuen Partner ihre zeitliche Abstimmung perfektioniert.

Es besteht ein Unterschied zwischen einem Ruf und einem Gesang, selbst wenn unter manchen Umständen das eine in das andere übergehen kann. Rufe sind gewöhnlich kurz, einfach und zweckgerichtet – ein gutes Beispiel ist der Luftfeindalarmruf «Siet». Vögel beiderlei Geschlechts rufen, und zwar, ohne daß sie es erst lernen müßten; die Rufe sind angeboren. Gesänge andererseits sind gewöhnlich viel länger, komplexer und werden nur vom Männchen vorgetragen. Sie sind die Domäne vor allem der Singvögel (die zu den Sperlingsvögeln gehören).

In den gemäßigten Klimazonen der Erde, in Europa und Nordamerika, geben die männlichen Singvögel ihre beeindruckendsten Gesangsvorträge im Frühjahr, vor allem in der Morgendämmerung, wenn sie sich zu einem großen Chor vereinen. Die Wälder und Hecken hallen wider vom Gesang ihrer gefiederten Bewohner. Zu dem Konzert tragen so viele verschiedene Arten bei, daß es schwierig sein kann, darin noch einzelne Stimmen auszumachen. Das wirft die Frage auf, warum eigentlich alles zur gleichen Zeit singt. Wäre es nicht effektiver, wenn die Sänger ihre Aktivität auf verschiedene Tageszeiten verteilten? Vielleicht bietet sich ihnen die Morgendämmerung deshalb so sehr zum Gesang an, weil es dann im ersten Licht noch nicht hell genug ist, um auf Insektenjagd zu gehen, und noch zu kalt, als daß die Insekten aus ihren Verstecken hervorgekrochen kämen und sich selbst durch ihre Bewegungen verraten würden. Vielleicht liegt es auch daran, daß die Morgendämmerung im Sommer meist relativ windstill ist, so daß die Lieder der kleinen Sänger nicht ungehört im Wind verwehen.

Möglicherweise spielt es auch eine Rolle, daß sich der Schall am frühen Morgen besonders weit ausbreitet. Die aufgehende Sonne erwärmt die Luft, bevor sie die Erde erreichen und erwärmen kann, so daß eine einige Meter dicke Schicht kalter

Luft sich zwischen dem Boden und den bereits erwärmten Luftschichten darüber befindet. In solchen kalten Luftschichten werden die Schallwellen reflektiert; dadurch vergrößert sich deren Reichweite in Bodennähe enorm. Diese Erscheinung ist aus den Savannen Afrikas bekannt; dort tragen, wie man festgestellt hat, die niederfrequenten Rufe der Elefanten in der Morgendämmerung bis zu fünfmal so weit wie später am Tag. Die gleiche Erscheinung tritt – in schwächerer Form – in den Waldgebieten des Nordens auf; auch dort sind in Bodennähe die Ausbreitungsbedingungen des Schalls in der Morgendämmerung am besten.

Der Grund, aus dem die Männchen in dieser Jahreszeit aus voller Kehle singen, steht dagegen fest. Ihr Gesang enthält die wichtigste Botschaft ihres Lebens. Sie richtet sich an ihre Weibchen und lautet: Komm, sei mein Schatz.

Oben: Ein Drosselrohrsänger stimmt in den morgendlichen Chor ein, Europa

7

PARTNER-VERMITTLUNG

Die Partnersuche ist zwar ein Muß, doch sollte die Auswahl mit Bedacht getroffen werden. Die Qual der Wahl hat gewöhnlich das Weibchen. Zunächst einmal muß sicher festgestellt sein, daß ein möglicher Partner zur gleichen Art gehört wie es selbst. Sonst besteht die Gefahr, wertvolle Zeit mit einem gänzlich ungeeigneten Partner zu verlieren. Das sollte kein allzu großes Problem sein, da sich das in Frage stehende Männchen seinen Rivalen meist schon ausgiebig vorgestellt hat – mit eindeutigen Signalen, was die Artzugehörigkeit betrifft. Bei naheliegenden Verwechslungsmöglichkeiten sorgt das Männchen gewöhnlich dafür, daß es eindeutig erkannt wird. Der Blaufußtölpel brütet an der Westküste Südamerikas und auf den Galapagosinseln an manchen Stellen mit dem Rotfußtölpel an gemeinsamen Brutplätzen. Beide Arten ähneln einander stark – bis auf die Farbe ihrer Füße, wie schon der Name vermuten läßt. Wenn ein Blaufußtölpel um ein Weibchen wirbt, macht er eindeutig klar, was er ist. Er tanzt und hebt dabei mit der Bedachtsamkeit eines Menschen, der Schneeschuhe trägt, seine ultramarinblauen Schwimmfüße.

Als nächstes wird sich das Weibchen darüber Gewißheit verschaffen wollen, ob sein angehender Partner in der Lage ist, ihm die Hilfe zu gewähren, die es zur Aufzucht von Küken benötigt. Das Weibchen des Zaunkönigs erwartet von seinem Männchen, daß es ihm ein Nest zur Verfügung stellt, und ein Männchen baut vielleicht ein Dutzend Nester in verschiedenen Größen, bevor endlich eines dabei ist, mit dem er ein Weibchen davon überzeugen kann, daß er ein brauchbarer Partner ist. Die afrikanischen Maskenweber brüten in Kolonien; die Weibchen bevorzugen Männchen mit einem im kolonieeigenen Nestbaum günstig gelegenen Nest, am besten einem, das von der Spitze eines hohen Astes herabbaumelt und für Schlangen nicht zu erreichen ist. Außerdem soll das Nest stabil gewebt sein, damit es sowohl die Eier als auch später die heranwachsenden Nestlinge trägt. Das Webermännchen muß daher ein ordentlicher Bau- und Webemeister sein. Wenn der Vogel sein Nest fertiggestellt hat, hängt er sich darunter, flattert mit den goldenen Schwingen und macht jedes vorüberfliegende Weibchen auf seinen Bau aufmerksam. Wenn seine

Rechts: Balzender Blaufußtölpel, Galapagosinseln

PARTNERVERMITTLUNG

Arbeit einer möglichen Partnerin zusagt, läßt sie sich mit ihm ein. Ein junges Männchen hat mit dem schlampigen Ergebnis seines ersten Versuchs gegen die viel schneller gebauten und dennoch viel besseren Nester der erfahreneren Männchen kaum eine Chance. Wenn nach vielen Zurückweisungen das frische Grün der in sein Nest verwebten Pflanzenteile erst einmal verwelkt ist, wird kein Weibchen sein Nest noch eines Blickes würdigen. Warum Zeit darauf verschwenden, das Nest eines offensichtlich schon so lange von so vielen zurückgewiesenen Freiers zu inspizieren? Deshalb trennt das Jungmännchen nach einiger Zeit seinen Bau wieder auf, um es an gleicher Stelle nochmals zu versuchen. Nicht selten hat er bereits aus den Fehlern des ersten Versuchs gelernt, aber oft genug bleibt er seine ganze erste Brutsaison hindurch ohne Erfolg und ohne Weibchen.

Pinguine beschränken sich beim Nestbau auf das äußerste Minimum. Der Eselspinguin, der ebenfalls in großen Kolonien lebt, bescheidet sich mit einer flachen Mulde auf einer Kiesfläche der Antarktis. Aber auf einen Kranz von kleinen Kieseln rings um die Nistmulde legen beide Partner großen Wert. Der Freier präsentiert der Umworbenen ein Musterstück – wie um ihr zu sagen, daß sie mit solch feinen Steinen rechnen könne, wenn ihre Wahl auf ihn fiele. Das Endergebnis seiner Bemühungen ist dann ansehnlicher, als man vermuten könnte, da er tatsächlich einander in Größe und Form sehr ähnliche Steinchen aussucht und fein säuberlich aufreiht. Die Adeliepinguine auf dem antarktischen Festland halten es ebenso, nur daß es bei ihnen Eisstückchen genausogut tun müssen wie Kiesel.

Viele Weibchen erwarten, daß die Männchen während der Bebrütung der Eier sie – und nach dem Schlüpfen dann die Jungen – mit Nahrung versorgen. Die Seeschwalbenmännchen beginnen ihre Werbung, indem sie ihre Fähigkeit zur Versorgung der Familie durch das Herbeibringen eines kleinen Fisches als Geschenk für das Weibchen demonstrieren. Das Fischchen halten sie quer im Schnabel. Er macht ihr solche Geschenke noch lange, nachdem er bereits als Gatte angenommen ist, und auch unmittelbar vor jeder Begattung. Während also sein erstes Geschenk mehr zeremoniellen Zwecken dient, sind die folgenden ein wertvoller Beitrag zur Ernährung des Weibchens, solange es seine körperlichen Reserven für die Eier aufbaut.

Das Wanderfalkenweibchen erwartet von seinem Partner ebenfalls einen umfangreichen Beitrag zur Familienversorgung, den er nur als ausgezeichneter Flieger wird leisten können. Also führt er im Luftraum über dem zukünftigen Neststandort eine grandiose Flugkunstschau vor. In Spiralen steigt er hoch hinauf und stürzt sich dann in rasendem Tempo herab. Der Sturzflug wird in einem schönen Bogen abgefangen; manchmal rollt das Tier dabei von einer Seite auf die andere, manchmal fliegt es mit halbgeschlossenen Schwingen einen Looping. Vielleicht beteiligt sich das Weibchen auch an der Vorführung. Dabei kommen die beiden sich manchmal im Hochgeschwindigkeitsflug so nahe, daß sich Brüste oder Schnäbel berühren. Die Tropikvögel geben sich ähnlich atemberaubenden, eleganten Balzflügen hin, segeln im Tandem hin und her, lassen die langen, fadenförmigen Schwänze sich im Wind

Links: Eselspinguine auf ihren Nestmulden, Falklandinseln

Oben: Männchen der Zwergseeschwalbe übergibt seinem Weibchen als Hochzeitsgeschenk einen Fisch, Schweden

kräuseln, und das alles so vollkommen synchron, daß man kaum feststellen kann, wer von ihnen eine bestimmte Bewegung ihres Flugtanzes zuerst beginnt.

Über diese spezifischen Qualifikationen praktischer Art – Geschick beim Nestbau, beim Fischen oder Jagen – hinaus versuchen die Weibchen vieler Arten, sich ein Bild davon zu machen, ob ihr zukünftiger Partner sich guter Gesundheit erfreut und mit einiger Wahrscheinlichkeit starke und kräftige Nachkommen zeugen wird. Falls die Werbung auch Gesangsdarbietungen einschließt, kann deren Qualität geeignete Anhaltspunkte liefern. Das Singen verlangt schließlich einen hohen Energieaufwand und setzt den Sänger der möglichen Aufmerksamkeit seiner Feinde aus, was sich für ein schwächliches Individuum als fatal erweisen könnte. Und wer viel singt, muß im Überfluß zu fressen haben, ist also schon deshalb ein begehrenswerter Partner.

Sie kann auch versuchen, seine Eignung als Gatte seinem Gefieder abzulesen; es gelten dabei die gleichen Kriterien wie die, anhand derer die Männchen unter sich ihre Rangordnung ausmachen – das Leuchten der scharlachroten Brust des Gimpels, die Größe des weißen Stirnflecks beim Halsbandschnäpper, der Kontrast zwischen dem tiefschwarzen Gefieder des Amselmännchens und dem intensiven Gelb seines Schnabels.

Deshalb sind die Männchen im Frühjahr also besonders farbenprächtig und schmuck. Die Weibchen dagegen haben diese Prachtentfaltung nicht nötig; ihr schlichteres Kleid ist dafür sicherer, wenn sie auf den Eiern sitzen, wie es meist ihre Aufgabe ist.

Bei Arten mit äußerlich ähnlichen oder gleichen Geschlechtern finden oft gemeinsame Balztänze zur Partnerwahl statt, zum Beispiel bei den Kranichen. Sie versammeln sich zu etwa einem Dutzend oder mehr Tieren und beginnen ihren Tanz mit Verbeugungen und Sprüngen, schlagen die Flügel und legen zwischen den Luft-

Oben: Balzflug der Grauweihen, Chile *Rechts: Balzende Saruskraniche, Nordindien*
Folgende Doppelseite: Balztanz der Mandschurenkraniche

sprüngen kurze, schnelle Läufe ein. Manchmal picken sie auch etwas auf – eine Feder oder einen Zweig – und werfen es wie ein Spielzeug in die Luft.

Die Lappentaucher führen auf ihren Brutgewässern eine lange Reihe ritualisierter Tänze vor. Meist beginnt die Balz eines Haubentaucherpaares damit, daß beide Tiere aufeinander zu schwimmen, bis sie sich Brust an Brust im Wasser gegenüberliegen; dann schütteln sie, den rotbraunen Kragen und die schwarze Haube gesträubt, schweigend die Köpfe. Im Laufe des Tages folgen weitere Zeremonien. Das Weibchen ruft zum Beispiel mit flach ausgestrecktem Hals und dicht über dem Wasser gehaltenem Schnabel, als suche es das Männchen. Während das Weibchen sich nähert, schwimmt das Männchen knapp unter der Wasseroberfläche auf seine Partnerin zu, taucht genau vor ihr auf und geht in die Geisterpose – erhebt sich also senkrecht aus dem Wasser und hält den Schnabel nach unten gerichtet. Das Weibchen nimmt indessen die sogenannte Katzenpose ein, die ihm eine gewisse Ähnlichkeit mit der ausladenden Erscheinung eines Samurai im No-Theater gibt. Wenn sich im Laufe der nächsten Tage die Paarbeziehung festigt, kommt der Pinguintanz an die Reihe. Die Partner schwimmen auseinander und tauchen langsam unter. Nach einigen Sekunden tauchen beide mit etwas Pflanzenmaterial im Schnabel wieder auf. Feierlich schwimmen sie aufeinander zu, bis sie sich fast berühren, dann recken sie sich Brust an Brust fast ganz aus dem Wasser und schütteln die Köpfe. Der Renntaucher aus dem Westen der USA krönt seine Balz mit einem noch spektakuläreren

Links: Ritualisiertes «Materialpräsentieren» und «Pinguintanz» eines Haubentaucherpaares, England

Oben: Balzritual eines Renntaucherpaares, Nordamerika

PARTNERVERMITTLUNG

Höhepunkt. Statt sich gegenseitig Pflanzenmaterial zu präsentieren, hebt sich das Paar aus dem Wasser und legt dann mit einem einzigen Wirbel der Schwimmfüße einen wilden Lauf über die Wasseroberfläche hin – wie von einem unsichtbaren Boot gezogene Wasserskifahrer –, um am Ende unvermittelt gleichzeitig abzutauchen.

Männchen und Weibchen des Papageientauchers legen zur Balz einen besonderen, bei beiden Geschlechtern gleichen Schmuck an. Während des Frühjahrs überziehen sich ihre Schnäbel mit einer hübschen, gelb, rot und blau gestreiften Hornschicht. Nach der Brutzeit wird dieses kleine Extra wieder abgeworfen.

An ihrer Federpracht erkennen die Weibchen zu Beginn der Brutzeit die Männchen; weitere Anhaltspunkte bieten deren allgemeines Betragen und vor allem die kunstvollen und selbstbewußt vorgetragenen Lieder. Bei manchen Vogelarten gibt es aber auch ganzjährig erkennbare Geschlechtsmerkmale. Beim Männchen des Gelbhaubenkakadus ist das sein im Vergleich zum Weibchen dunkleres Auge. Das Buntspechtmännchen trägt auf dem Nacken einen roten Fleck, der dem Weibchen fehlt. Bei den Kaptäubchen, deren Rufe zu den charakteristischen Klängen eines afrikanischen Abends gehören, hat bei sonst gleicher Färbung nur der Tauber ein schwarzes Gesicht.

Bei anderen Vögeln sind die Unterschiede noch ausgeprägter. Der afrikanische Prachtnektarvogel ist wirklich prächtig, soweit es das Männchen mit seinem kastanienbraunen Bauch und dem schillernden Kopfgefieder angeht; das Weibchen dagegen ist trübgelb und olivgrün gefärbt. Das Königssittichmännchen ist leuchtend

scharlachrot, das Weibchen dagegen grün. Die Geschlechter eines anderen australischen Papageien, des Edelpapageien, sind so verschieden, daß sie von den Ornithologen viele Jahre lang für zwei unterschiedliche Arten gehalten wurden. Dann entdeckte jemand, daß es sich bei einer Gruppe von smaragdgrünen Papageien mit scharlachroten Flügelunterseiten und Flanken um Männchen handelte, während die im gleichen Gebiet lebenden, bis auf die violettblauen Bäuche ganz purpurroten Tiere sämtlich Weibchen waren, und zählte zwei und zwei zusammen.

Die männlichen Fregattvögel zeigen ihr Geschlecht ausschließlich zur Brutzeit durch einen leuchtend gefärbten Kehlsack an. Es sind Seevögel, die über den tropischen Meeren umherstreifen und nur zum Brüten an Land kommen. Dazu wählen sie abgelegene Inseln – etwa die Galapagosinseln, die Raineinsel auf dem Großen Barrierriff, Aldabra (eine Seychelleninsel) und Ascension mitten im Atlantik. Die Männchen wählen einen Nistplatz aus, lassen sich auf ihm nieder und halten Wache – geeignete Plätze sind rar, und ein verlassener Platz geht rasch an ein anderes Männchen verloren. Also sitzt der Nestinhaber fest und muß sich nun anstrengen, durch Aufblasen seines purpurroten Kehlsackes ein Weibchen herbeizulocken. Es dauert einige Minuten, bis er den Kehlsack aufgeblasen hat. Der anschwellende rote Ballon wird größer und größer, bis er straff gespannt und dem Bersten nahe ist. Als genüge dieses unübersehbare Signal noch nicht, macht das Männchen die vorbeifliegenden

Links: Ein Männchen des Edelpapageien füttert seine Partnerin, Nordaustralien

Oben: Ein Bindenfregattvogel balzt vor seiner Partnerin, Galapagosinseln

Weibchen außerdem durch Vibrieren seiner ausgestreckten Flügel und gleichzeitiges lautes Kollern auf sich aufmerksam.

Viele männliche Vögel legen zur Brutzeit ein besonderes Gefieder an. Den verschiedenen weißen Reihern wachsen am Kopf lange weiße, filigrane Federn, die bis auf den Rücken herabhängen und zur Balz aufrichtbar sind. Die Erpel wechseln ihr Gefieder vollständig. Ihre Erscheinung kann sich dabei so sehr ändern, daß man kaum an die Identität der schmucken, farbenfrohen Tiere, die auf dem Wasser balzen, mit den trübbraunen Schwimmvögeln glauben mag, die man vor etwa einem Monat auf dem gleichen See gesehen hat. Mandarin- und Krick-, Stock-, Kragen- und Eidererpel verwandeln sich allesamt in Stutzer mit den ausgefallensten Kleidern. Wenn die Brutzeit nach einem oder zwei Monaten vorüber ist, mausern sie aus ihrem prächtig gefärbten Hochzeitskleid in das Alltagskleid.

Die Balz macht aus Männchen und Weibchen Paare. Manche Vögel suchen sich Jahr für Jahr einen anderen Partner; andere, wie etwa die Schwäne und Albatrosse,

Oben: Balzpose des Silberreihers, Florida

verpaaren sich für ihr ganzes Leben. Manche Paare teilen sich die Aufgaben des Nestbaus und der Jungenaufzucht zu etwa gleichen Teilen; andere gehen schon wieder auseinander, sobald die Bebrütung der Eier beginnt. Es gibt sowohl polygame Männchen als auch Weibchen. Aber neunzig Prozent aller Vogelarten sind zumindest saisonal monogam.

Bei den restlichen zehn Prozent finden wir im Extremfall Arten, bei denen sich die Paarbeziehung auf die wenigen Sekunden der Kopulation beschränkt. Solche Verhältnisse sind nur möglich, wenn es am Brutplatz der fraglichen Art leicht verfügbares Futter in so reicher Menge gibt, daß ein Weibchen seine Jungen ganz allein aufziehen kann. Spezielle Fähigkeiten des Männchens hinsichtlich Nestbau, Revierverteidigung und Ernährung der Familie spielen dann bei der Wahl des Weibchens unter ihren Bewerbern keine Rolle mehr; es bleibt allein das Kriterium eines guten Allgemeinzustandes und voraussichtlich günstiger Erbanlagen. Also tritt hier die Pracht des Gefieders und die Art und Weise, wie es zur Schau gestellt wird, ganz in den Vordergrund.

Das ist durch eine gut durchdachte Versuchsreihe an Hahnschweifwidas, schwarzen Sperlingsverwandten mit roten Schulterabzeichen aus den Feuchtgebieten Ostafrikas, gezeigt worden. Die Männchen sind polygam und halten Reviere im Schilf, in denen ihre Weibchen brüten. Während der Brutzeit tragen die Männchen etwa 30 Zentimeter lange, breite schwarze Schwanzfedern, die sie im Balzflug über ihren eigenen Revieren präsentieren. Für das Experiment wurden einigen Männchen die Schwanzfedern auf die Hälfte gekürzt, bei anderen auf das Anderthalbfache verlängert. Dann wurde festgestellt, mit wie vielen Weibchen die Männchen jeder Gruppe sich verpaart hatten. Bei den Männchen mit gekürzten Schwänzen waren es nur halb so viele wie bei denen mit normaler Schwanzlänge, und die Männchen mit überlangen Schwänzen hatten doppelt so viele Weibchen wie die Vergleichsgruppe mit normal langen Schwänzen.

Zur Zucht nur wenige Individuen zuzulassen, die irgendein körperliches Merkmal zum Extrem ausgebildet haben, und die große Mehrheit auszuschließen, die diesen Standard nicht erreicht, ist eine von menschlichen Tierzüchtern gern angewandte Technik. Die Taubenfreunde bedienten sich ihrer, um aus den Nachkommen der wilden und wenig bemerkenswerten Felsentaube eine große Vielfalt von Rassen zu erzeugen. Sie haben innerhalb weniger Jahrzehnte alle möglichen grotesken und bizarren Formen gezüchtet. Aber die Weibchen vieler Arten in der freien Natur wählen ihre Partner bereits seit Zehn-, wenn nicht Hunderttausenden von Jahren nach deren Aussehen aus. Dabei erzielten sie teilweise so extreme Resultate, daß verschiedene Abstammungslinien schließlich körperlich nicht mehr in der Lage waren, sich miteinander zu verpaaren. Auf diese Weise genetisch isoliert, entstanden daraus neue Arten.

Nirgends hat dieser Mechanismus zu spektakuläreren Ergebnissen geführt als auf Neuguinea, jener riesigen, 1500 Kilometer langen Insel nördlich von Australien. Ihre Wälder und Sümpfe bieten den Vögeln besonders günstige Lebensbedingungen. Wie die meisten tropischen Biotope wimmeln sie von Insekten und weisen einen außerordentlichen Reichtum an fruchttragenden Pflanzen auf, bieten also auf die eine oder andere Weise sehr gute Nahrungsgründe. Außerdem hat die Insel für die dort lebenden Vögel noch einen großen Vorteil: Da sie erdgeschichtlich mit einem Alter von einigen zig Millionen Jahren noch sehr jung ist, fehlten bis zum Erscheinen des Menschen die Säugetiere fast völlig. Es gab lediglich einige Beuteltiere aus dem benachbarten Australien und einige Fledermäuse, aber weder Frucht- und Blattfresser wie die Affen noch Samenfresser wie die Hörnchen – und vor allem keine großen Raubsäuger, keine Katzen oder Wiesel, Waschbären oder Füchse. Ein Vogel bringt sich also nicht notwendigerweise allein dadurch in Gefahr, daß er durch die Balz Aufmerksamkeit auf sich zieht oder durch extravaganten Federschmuck in seiner Bewegungsfreiheit behindert ist. Die Männchen der Paradiesvögel haben von dieser Gelegenheit in einem erstaunlichen Ausmaß Gebrauch gemacht.

Die Paradiesvögel sind relativ nah mit den Krähen verwandt. Eine Art hat tatsächlich eine gewisse Ähnlichkeit mit einer Krähe: der Brillenparadiesvogel. Er lebt im Hochgebirge, im Westen von Neuguinea, wo der Regenwald immer weiter ausdünnt, je höher man kommt, und zuerst zwergwüchsigen Koniferen, dann schließlich mit kleinen Beständen von zwergwüchsigen Baumfarnen durchsetzten Rasenflächen Platz macht. In diesem Lebensraum ist Futter relativ knapp, so daß hier beide Elterntiere gemeinsam für die Jungen sorgen müssen; dementsprechend ist der Brillenparadiesvogel monogam. Die Geschlechtsunterschiede zwischen Männchen und Weibchen sind kaum ausgeprägt, und als einzigen Schmuck tragen die Vögel gelbe Hautsäcke um die Augen und ähnlich gefärbte Abzeichen auf den Flügeln. Davon abgesehen sind sie schwarz und entsprechen in ihrem Äußeren vielleicht ungefähr den Vorfahren der Paradiesvögel, die als erste auf die riesige Insel gekommen sind.

Die übrigen mehr als vierzig Arten der niedriger gelegenen, fruchtbareren Biotope sind rotkehlchen- bis elsterngroß. Weibchen und junge Männchen aller Arten sehen sich bemerkenswert ähnlich. Die meisten haben einen bräunlichen Rücken und eine blaßgefärbte Brust, die quergewellt, gesprenkelt oder in einigen Fällen auch ungezeichnet ist. Die geschlechtsreifen Männchen dagegen unterscheiden sich von Art zu Art durch ihren extravaganten Schmuck. Manche tragen Schmuckfedern an den Seiten, andere auf den Schultern, am Kinn oder auf der Stirn. Einen ziert eine Tiara aus sechs Federschäften, die jeweils in einem schwarzen Scheibchen enden. Ein anderer ist kahl, aber seine Kopfhaut leuchtet in einem grellen Blau. Die Mannigfaltigkeit ihres Schmucks übertrifft jede Phantasie.

Der Breitschwanz-Sichelhopf, der größte von ihnen, ist vollkommen schwarz, trägt aber beidseits auf der Brust einen Fächer aus Federn, deren Ränder blau schillern. Die Balz der in entlegenen Berggebieten heimischen Art ist erst vor kurzem von Wissenschaftlern beobachtet worden; vorher war man auf Vermutungen angewiesen, wie er seine Fächer wohl präsentiert. Es stellte sich heraus, daß der Vogel auf

einem eigens für die Balz benutzten Ast im Zentrum seines Reviers am frühen Morgen die Federn seiner Fächer plötzlich aufstellt, so daß sie seinen Kopf völlig umrahmen. Gleichzeitig breitet er seinen langen, schwarzen Schwanz aus und verwandelt sich in ein finster bedrohliches, dunkles Rechteck, das seine Vogelgestalt nicht mehr erkennen läßt. Dann beginnt er sich hin und her zu wiegen und neigt sich seitwärts bis fast in die Horizontale. Die kleinste Art der Familie, der Königsparadiesvogel, ist rötlich mit cremeweißer Unterseite und zwei langen Federschäften, die unter seinem Schwanz hervorschauen und jeder in einer grünschillernden Scheibe enden. Er balzt, indem er zunächst zwei Hauben auf der Brust aufrichtet, sich dann plötzlich nach vorn fallen läßt und kopfunter mit ausgebreiteten, zitternden Schwingen an seinem Ast hängt. So verharrt er einige Sekunden, dann schließt er die Flügel und schaukelt sich mit Beinbewegungen wie ein Pendel hin und her, so daß seine beiden langen Schwanzfedern von einer Seite zur anderen schwingen. Der Wimpelträger besitzt zwei Schmuckfedern von solch außergewöhnlichem Bau, daß sie bei ihrer ersten Untersuchung durch Ornithologen – bevor man den Vogel selbst kannte – für eine Fälschung gehalten wurden. Sie sitzen auf der Stirn und sind doppelt so lang wie der ganze Vogel. Ihre Federschäfte tragen keine Ästchen und Strahlen, sondern

Oben: Männchen eines Breitschwanz-Sichelhopfes reglos auf dem Höhepunkt seiner Balzzeremonie, Neuguinea

lediglich eine einseitige Reihe kleiner, himmelblauer Plättchen, die so hart und glänzend sind wie Emaille. Er zeigt seine Balz am liebsten auf einer dünnen, durchhängenden Rebe. Dabei wirft er die beiden Schmuckfedern nach vorn und knickt dann immer wieder im Fußgelenk ein; auf diese Weise schaukelt er auf der Rebe immer heftiger hin und her. Er ist also nicht nur mit einem phantastischen Kostüm angetan, sondern dazu noch ein echter Akrobat.

Nicht alle Paradiesvögel zeigen ihre Balz auf Bäumen. In ihrem Lebensraum ist es kein Sicherheitsrisiko, auch auf dem Boden zu balzen. Dazu räumt sich das Männchen auf dem Waldboden eine Tanzfläche frei. Es pflückt von allem Bewuchs ringsum die Blätter ab und räumt alle Zweige und andere Streu beiseite, bis die nackte Erde frei liegt. Stößt man im Wald auf eine dieser Arenen, ist es nicht schwer, festzustellen, ob ihr Baumeister noch in der Nähe und aktiv ist. Man braucht nur ein oder zwei Blätter daraufzulegen und sich dann zu verstecken. Ist der Besitzer des Balzplatzes noch in der Nähe, dann wird man erst einige aufgeregte Rufe hören, bevor der Vogel kurze Zeit später auf seiner Tanzfläche niedergeht, die Blätter mit dem Schnabel aufpickt und mit einer heftigen Bewegung des Kopfes beiseite schleudert.

Die Vorstellungen auf diesen Erdbühnen sind ebenso mannigfaltig wie diejenigen auf den Bäumen. Der Vogel mit dem blauen, kahlen Kopf, der Nacktkopf-Paradiesvogel, klammert sich bei der Balz an das senkrechte Stämmchen einer jungen Pflanze und bläht die Federn seines Brustgefieders zu einem glänzendgrünen Schild auf, der im rechten Winkel zu seinem Körper aufgestellt wird. Der Vogel mit der Tiara, der Strahlenparadiesvogel, scheint auf den ersten Blick zu den nüchterneren Familienmitgliedern zu zählen, denn bis auf eine weiße Marke auf der Stirn ist sein Federkleid ganz schwarz. Aber er zeigt die vielleicht theatralischste Aufführung. Bevor er beginnt, inspiziert er mit großer Sorgfalt seine Balzarena und entfernt jeden Blattschnipsel und jedes Zweiglein, das dort nicht hingehört. Dann läuft er einige Male unter schrillen Rufen blitzschnell über seine Balzfläche. Damit kündigt er seine Vorstellung an, und gewöhnlich erscheinen innerhalb weniger Minuten einige unscheinbar gefärbte Weibchen als Publikum und lassen sich auf einem waagerechten Zweig mit guter Aussicht auf die Arena nieder. Währenddessen inspiziert er noch einmal den Tanzplatz; dieser ist makellos, und um genau darauf besonders hinzuweisen, führt er eine kleine Pantomime auf: Er pickt nicht existierende Blätter auf und wirft sie beiseite.

Dann beginnt sein Tanz. Er stellt sich gewissermaßen auf die Zehen und hält seine langen Schmuckfedern so, daß sie ihn zusammen mit den Schwingen wie eine Art Reifrock umgeben. Er sträubt die Brustfedern, wodurch sich das Licht in ihnen bricht – jetzt sieht man, daß sie doch nicht einfach schwarz sind, sondern in allen möglichen Farben schillern und wie ein glänzender Schild erscheinen, teilweise grünlichblau, teilweise golden. Seinem Publikum zugewandt wiegt er sich von einer Seite auf die andere. Plötzlich hält er inne und erstarrt für einen Augenblick. Dann dreht er seinen Kopf so wild hin und her, daß die langen Strahlen seiner Tiara sich in einen verschwommenen Schleier auflösen. Mit einem Mal macht er einen gewal-

Rechts oben: Nacktkopf-Paradiesvogelmännchen in vollem Prachtstaat, Neuguinea

Rechts unten: Männchen des Strahlenparadiesvogels auf dem Höhepunkt seines Balztanzes, Neuguinea

tigen Luftsprung, landet auf dem Rücken eines der Weibchen aus dem Publikum und begattet es.

Die Paradiesvogelweibchen besuchen die Vorstellungen einer Reihe von Männchen, vergleichen diese vermutlich miteinander und entscheiden sich schließlich für den Vogel, der sie am meisten beeindruckt. Als menschlicher Beobachter kann man sich nicht ganz von dem Eindruck freimachen, daß für das Urteil der Weibchen nicht allein praktische Gesichtspunkte – Tanzathletik und Gefiederpracht als genaue Indikatoren für die Kraft und genetische Überlegenheit des Männchens –, sondern auch ästhetische Aspekte eine Rolle spielen.

Eine andere Gruppe auf Neuguinea beheimateter Vögel läßt diese Vorstellung noch plausibler erscheinen. Die Laubenvögel unterscheiden sich in ihrer geographischen Verbreitung kaum von den Paradiesvögeln, sind aber nicht deren nächste Verwandte. Eine Art ist goldgelb, eine andere gelb und schwarz; recht häufig ist in der Familie aber ein unauffälliges Braun mit nur spärlichem Gelb in der Federhaube. Die Laubenvögel lieben wie die Paradiesvögel eine eindrucksvolle Balz, setzen dabei jedoch nicht auf ihr Gefieder, sondern auf kleine Sammlungen von leuchtendfarbi-

*Oben: Balz des Fadenparadieshopf-
männchens mit aufgerichteter
Halskrause, Neuguinea*

gen Schätzen – Beeren, verschiedenen Schalen, Blütenblättern, selbst Glasstückchen und Plastikresten. Diese stellen sie in besonderen Zweigbauten, den sogenannten Lauben, zur Schau.

Der Zahnlaubenvogel im Regenwald Nordaustraliens macht es sich am einfachsten mit seiner Laube. Er räumt einfach eine Fläche auf dem Waldboden frei, sägt dann die großen Blätter eines bestimmten Baumes mit seinem gezähnten Schnabel ab und breitet sie sorgfältig mit den blassen Seiten nach oben auf seinem Balzplatz aus. Andere, darunter der Seidenlaubenvogel, richten eine einen Meter lange Straße her, die beidseitig von Wänden aus Zweigen begrenzt wird. An jedem Ende legt das Männchen eine Kollektion von Schalen, Knochen und Beeren aus. Die bis auf eine Ausnahme in den Wäldern Neuguineas lebenden Gärtner bauen noch aufwendigere Schatzhäuser. Der Goldhaubengärtner wählt sich ein schlankes, aufrecht wachsendes junges Bäumchen und schichtet darum herum Zweige zu einem Turm auf, der bis zu drei Meter hoch sein kann. Rings um den Turm räumt er einen Rundgang frei, den er mit einem niedrigen, moosverkleideten Wall begrenzt. Dann ruft er mit langen, hellklingenden Rufen Weibchen herbei. Erscheint eines,

Oben: Seidenlaubenvogelmännchen an seiner Laube, Nordaustralien

Folgende Doppelseite: Hüttengärtner trägt Blüten in seine Laube, Neuguinea

dann nimmt er eine Blüte in den Schnabel, tanzt auf dem Gang rings um den Turm herum und schaut neckisch erst von der einen, dann von der anderen Seite hinter der Mittelsäule hervor. Noch kunstvoller ist der Bau des Rothaubengärtners, der die Spitze der Zweigsäule wieder nach unten führt und sich zu einer Art Höhle öffnen läßt.

Die komplexeste Laube und sicherlich überhaupt der bemerkenswerteste Bau eines Vogels ist die Hütte des Hüttengärtners. Die größte, die ich selbst gesehen habe, sah aus wie von einem Menschen gemacht, denn sie war – knapp – groß genug, um hineinzukriechen. Zwei junge Bäume im Zentrum stützten ihr kegelförmiges Dach, das mit getrockneten Orchideenstielen gedeckt war. Der Boden unmittelbar vor der Hütte war mit Moos ausgelegt. Darauf hatte der Besitzer seine Schätze ausgebreitet, säuberlich getrennt nach ihren Merkmalen: schwarze Flügeldecken von Käfern, scharlachrote Beeren, glänzendschwarze Früchte so groß wie Pflaumen, die großen rundlichen Eicheln der in der Nachbarschaft wachsenden Eichen, Stücke eines orangefarbenen Pilzes und – das Leuchtendste in dem Halbdunkel des Waldes – ein großer Haufen orangefarbener, welker Blätter. In einem Umkreis von einem Kilometer war in der Nachbarschaft wenigstens ein halbes Dutzend weiterer Lauben zu finden.

Für die Vorstellung, daß die Lauben und ihr Inhalt für die Laubenvögel die gleiche Funktion haben wie die Schmuckfedern für die Paradiesvögel, spricht der zumindest für die Gärtner feststellbare Zusammenhang, daß die Farbenpracht des Gefieders mit zunehmender Komplexität der Laube abnimmt. Der Goldhaubengärtner, der eine Art Maibaum errichtet, hat eine große, orangefarbene Haube, die sich halb über seinen Rücken hinunterzieht; beim Erbauer der Höhlen, dem Rothaubengärtner, ist die Haube um zwei Drittel kürzer, schlichter gefärbt und nur in aufgerichtetem Zustand sichtbar; der Hüttengärtner schließlich, der gewaltigste Baumeister von allen, ist ein unscheinbar brauner Vogel ohne jegliche Haube.

Man könnte den Eindruck gewinnen, die Partnerwerbung der Laubenvögel sei wesentlich ökonomischer als die der Paradiesvögel. Deren Federschmuck muß jedes Jahr aufs neue aus eigenen Körperreserven gebildet werden und ist beim Flug eher hinderlich. Wenn man andererseits die Laubenvögel an ihren Bauten beobachtet, dann wird klar, daß Besitz und Unterhalt ihrer Lauben und Schätze tatsächlich sehr arbeitsintensiv sind. Der Hüttengärtner arbeitete fast den ganzen Tag über an seiner Laube, brachte neue Schätze herbei, ordnete die vorhandenen neu, so daß sie immer den bestmöglichen Effekt erzielten. Er konnte die Laube auch nicht lange allein lassen, denn sonst hätten die Männchen von den benachbarten Lauben ihm irgendwelche wertvollen Stücke gestohlen. Und manche Arten unterhalten ihre Lauben über einen Zeitraum von bis zu neun Monaten im Jahr. So mag also deren Größe und Pracht tatsächlich ein guter Maßstab für die Energie ihrer Besitzer und demzufolge dafür sein, wie begehrenswert sie als Partner sind. Jedenfalls sehen sich die Weibchen der Laubenvögel Laube für Laube an, so wie die Paradiesvogelweibchen die Tanzplätze ihrer Männchen einen nach dem anderen besuchen – offenbar um

deren Leistungen miteinander vergleichen zu können und sich dann mit dem Architekten der Laube ihrer Wahl zu verpaaren, in der Nähe oder sogar in seiner preisgekrönten Konstruktion.

Bei einer Reihe von Paradiesvogelarten wird den Weibchen die Wahl des Partners durch eine Gruppenbalz mit der Möglichkeit zum direkten Vergleich der Männchen erleichtert. Die Männchen dieser Arten tragen an den Seiten unter den Flügelachseln jeweils ein Büschel leichter Schmuckfedern, die bis gut über den Schwanz reichen. Bei den größeren und kleineren Arten sind sie goldfarben, beim Raggiparadiesvogel scharlachrot. Bis zu zehn Männchen versammeln sich in einem hohen Baum, der vielleicht schon viele Generationen lang zu diesem Zweck benutzt wird. Zu ihrem Balzritual gehört Flügelschlagen, schrilles Rufen und das Aufplustern ihrer herrlichen Schmuckfedern; so geht es – immer wieder von Pausen unterbrochen – den ganzen Tag lang. Die Ankunft eines Weibchens allerdings versetzt die Gesellschaft in eine geradezu ekstatische Raserei. Alle senken den Kopf und richten die Schmuckfedern über dem Rücken zu einer wahren Farbfontäne auf. Aber jeder Vogel bleibt dabei auf seinem eigenen, ihm angestammten Ast des Baumes, den er jeden Tag benutzt. Das Weibchen gesellt sich schließlich einem der Wettbewerber zu.

Eine längere Beobachtung dieser Gruppenbalzrituale zeigt, daß sich fast alle Weibchen, die den Balzplatz besuchen, mit demselben Männchen paaren. Haben sie tatsächlich alle Freier, die unseren Augen fast gleich erscheinen, begutachtet und

Oben: Balz des Raggiparadiesvogels vor einem Weibchen

sich allesamt zielsicher für dasselbe Individuum entschieden? Oder sollte in solchen Gruppen der Platz, den ein Männchen auf dem Baum innehat, die Entscheidung herbeiführen?

Bei einem anderen Paradiesvogel mit Baumbalz ist es sehr wahrscheinlich, daß es sich so verhält. Der Bänderparadiesvogel kommt lediglich auf der indonesischen Insel Halmahera vor. Es ist der westlichste aller Paradiesvögel. Sein Gefieder ist zwar nicht das prächtigste, wahrscheinlich aber das merkwürdigste aller Paradiesvögel. Das Männchen trägt eine schmale, purpurfarbene Krawatte auf der Brust, die normalerweise an den Flanken eng anliegt und bis zum Schwanz reicht. Außerdem besitzt es zwei lange, weiße Federn, die mitten von der Vorderkante jedes Flügels herabbaumeln. Die Männchen versammeln sich in noch größerer Zahl als die Raggiparadiesvögel. Die Art ist so selten und wenig bekannt, daß sie in den hundert Jahren seit ihrer wissenschaftlichen Entdeckung Mitte des neunzehnten Jahrhunderts kein einziges Mal mehr beobachtet wurde. Erst in jüngster Zeit hat man einen ihrer Balzbäume wiederentdeckt. Er befindet sich inmitten eines Waldes, und bei meinem Besuch dort fand ich so viele balzende Männchen vor, daß neben dem Hauptbaum auch die etwas weniger hohen Bäume ringsum benutzt wurden.

Es waren dreißig bis vierzig Tiere. Bei der Balz zwirbelten sie die weißen Wimpel auf ihren Flügeln und richteten ihre Krawatte horizontal auf, so daß sie zwischen Purpur und Grün changierend glänzte. Die Männchen am Rande dieser großen Versammlung zogen die Aufmerksamkeit durch Balzflüge auf sich, schossen unter schnellem Flügelschlagen senkrecht in die Luft, schwebten ein paar Sekunden auf dem Höhepunkt ihres Sprungs mit steif ausgestreckten Schwingen und ließen sich dann wieder hinabsinken, um ihre zänkischen Balzrituale mit den anderen Männchen wieder aufzunehmen. Es war nicht leicht auszumachen, ob Weibchen anwesend waren oder nicht, denn es ließ sich – wie bei so vielen Paradiesvögeln – nicht sicher sagen, ob ein Vogel ohne Schmuckfedern ein Weibchen oder ein noch nicht geschlechtsreifes männliches Tier war. Aber selbst wenn es sich größtenteils um Weibchen gehandelt hätte, schien es kaum glaublich, daß auch nur eines von ihnen in der Lage sein sollte, die einzelnen Männchen in der Menge der balzenden Tiere ausreichend zu begutachten, um eine Entscheidung zwischen ihnen zu treffen. Auch hier jedoch fanden alle Begattungen auf ein und demselben Ast und, wie es schien, mit demselben Männchen statt. Wenn tatsächlich der Balzplatz, der einem Männchen zustehende Ast, für die Wahl des Weibchens den Ausschlag gibt, dann soll die Extravaganz der männlichen Schmuckfedern weniger den Schönheitssinn der Weibchen ansprechen als vielmehr den anderen Männchen imponieren.

Auch die Männchen einiger anderer Vogelfamilien balzen auf diese Weise, entweder in einer großen Gruppe oder einzeln auf so nahe beieinanderliegenden Balzplätzen, daß die Weibchen Vergleichsmöglichkeiten haben. Die Männchen des Kampfläufers etwa, eines Schnepfenvogels, tragen Schmuckfedern an Hals und

Kopf, die eine Art Kragen bilden und sich vor allem in der Farbe von Männchen zu Männchen sehr unterscheiden; manche sind schwarzweiß, manche rötlich mit schwarzen Tupfen. Zu etwa einem Dutzend versammeln sie sich auf einer freien Fläche und halten dort ihre Parade ab; die kleineren Weibchen in ihrem nüchternen, unauffälligen Gefieder sind auch mit von der Partie, um sich ihre Partner auszuwählen.

Der Grasläufer brütet im Norden Kanadas. Sein Gefieder ist etwas schlichter; er beeindruckt die Weibchen durch Präsentieren der weißen Unterflügel. Wenn ein

Oben: Grasläufermännchen balzt vor Weibchen, Alaska

Weibchen am Balzplatz erscheint, öffnet ein Männchen eine seiner Schwingen. Erregt es dadurch die Aufmerksamkeit des Weibchens, dann wartet seine Partnerin ihm gegenüberstehend auf eine Wiederholung. Vielleicht öffnet der männliche Vogel noch einmal eine Schwinge, aber in besonderer Erregung breitet er plötzlich beide Flügel aus, während sich mehrere Weibchen vor ihm zusammendrängen. Ein anderes Männchen steht vielleicht daneben und gibt sich ebenfalls größte Mühe, wird aber ignoriert – ihm fehlt «das gewisse Etwas».

In einigen Vogelfamilien ist diese Art von Polygamie besonders verbreitet, in Europa und Asien zum Beispiel bei den Fasanen und den nahe mit ihnen verwandten Rauhfußhühnern. Der Pfau gehört auch zu dieser Gruppe; er trägt vielleicht von allen Vögeln den auffälligsten Schmuck, aber es gibt andere, die ihm an Außerge-

Links: Hahn und Henne des Argusfasans, Südostasien

Oben: Argusfasanenhahn in Balzpositur

wöhnlichkeit und Pracht kaum nachstehen. Dem Bulwerfasan hängen ultramarinblaue Hautsäcke von beiden Seiten des Gesichts herab. In erregtem Zustand füllen sich sowohl die oberen Hälften der Hautsäcke über dem Auge als auch die unteren mit Blut und stehen nach hinten beziehungsweise nach vorn vom Kopf ab; zusammen sind sie bestimmt doppelt so lang wie der Kopf. Der Argusfasan besitzt übermäßig verlängerte Armschwingen, die er zu einem senkrechten Fächer aufstellt. Im Angelpunkt dieses Fächers scheint sein Auge auf. Der Beifußhahn spreizt seinen Schwanz, so daß die spitzen Federn wie eine Sonne mit Strahlenkranz hinter ihm stehen, senkt die zusammengelegten Schwingen und bläst den großen, vor seiner Brust baumelnden Luftsack auf. Während dieser anschwillt, zeigen sich darauf zwei nackte, olivgrüne Hautflecken, und schließlich ist der Kopf des Tieres fast zur Gänze dahinter verschwunden.

In geradezu spektakulärem Maße zeigen in Südamerika die Schmuckvögel prächtige und skurrile Balzkostüme. Die Männchen der Schirmvögel besitzen lang herabbaumelnde, befiederte Kehlsäcke, je nach Art rot oder schwarz, und einen schwarzen Federbusch auf dem Kopf, der zu allen Seiten gleich lang übersteht und herunterhängt, so daß er eher einer schlecht sitzenden Perücke ähnelt als einem Schirm. Aus den Baumwipfeln erschallen ihre tiefen, flötenartigen Rufe. Ebenfalls in der höchsten Etage des Waldes balzt in Gruppen der Kapuzinervogel mit sei-

Links oben: Felsenhähne auf dem Gemeinschaftsbalzplatz, Guyana
Links unten: Zwei balzende Männchen des Kapuzinervogels, Brasilien

Oben: Nacktkehl-Schirmvogel, Costa Rica

nem rostfarbenen Rumpfgefieder, schwarzen Schwingen, schwarzem Schwanz und nacktem Kopf. Er reckt sich auf seinem Ast, bis er nahezu senkrecht steht, und stülpt dann zu beiden Seiten des Schwanzes je einen kleinen, kugelförmigen, cremefarbenen Hautsack aus. Dann läßt er einen völlig überraschenden Ruf hören, der vage an das Brüllen eines Kalbes erinnert.

Die leuchtendsten Farben der ganzen Familie weist der Felsenhahn auf – das Männchen ist blendend rot oder orange und trägt auf dem Kopf eine Federkokarde, die fast bis zur Schwanzspitze reicht. Während die Männchen auf die Ankunft eines Weibchens warten, sitzen sie krähend und schimpfend in etwa drei Meter Höhe im Unterholz des Waldes. Sobald aber eines erscheint, lassen sie sich allesamt zu Boden plumpsen, jeder auf sein eigenes Fleckchen Erde, plustern sich dort auf und vollführen kleine, elastische Sprünge. Das etwas trüber gefärbte, teilweise graue Weibchen zeigt seine Wahl an, indem es sich hinter einem der Männchen niederläßt und es einmal mit dem Schnabel scharf sticht. Einige Sekunden lang verharrt dieses regungslos, als könne es sein Glück kaum fassen. Dann dreht es sich plötzlich um und bespringt das Weibchen zu einer raschen Kopulation.

Im allgemeinen ist der Gesang eines Vogels um so einfacher und unauffälliger, je aufwendiger sein Federkleid ist. Kein Vogel scheint es nötig zu haben, in beides zugleich zu investieren. So pompös das Gefieder der Fasane und Paradiesvögel ist, so rauh und einfach sind ihre Rufe. Eine Ausnahme von dieser Regel bildet der Graurücken-Leierschwanz aus Australien. Die Schwanzfedern des Männchens sind verlängerte, ätherische Gebilde – nur die beiden äußeren, schön leierförmig geschwungenen haben eine festere Fahne. Jedes Männchen hat seinen eigenen Balzhügel, auf dem es tanzt und der von den Weibchen turnusmäßig besucht wird. Bei der Balz legt das Männchen den Schwanz über den Rücken nach vorn und fächert ihn dabei auf eindrucksvollste Weise auf. Gleichzeitig singt es, und zwar eines der längsten, melodiösesten und kompliziertesten aller Lieder in der Vogelwelt. In die Kaskaden von Trillern, Tremoli und Pfeiftönen werden die Lieder fast aller Vögel seiner Nachbarschaft eingeflochten. Selbst ein blutiger Anfänger in Sachen Vogelstimmen wird die Genauigkeit bemerken, mit der das Leierschwanzmännchen die Kookaburras nachahmt, und ein erfahrener Vogelkenner wird die Lieder von über einem Dutzend weiterer Vögel im Gesang der Leierschwänze wiederfinden. Grenzt das Revier eines Männchens an menschliche Siedlungen, läßt es auch typische Lautfolgen aus diesem Bereich in sein Lied einfließen. Es läßt zum Beispiel genaue Nachahmungen der Betriebsgeräusche von Punktschweißmaschinen, Alarmsirenen und Kamerageräusche hören. Die Leierschwanzweibchen scheinen in ästhetischer Hinsicht unersättlich zu sein. Wie verwöhnte Opernbesucher, für die der Tenor sowohl von schlanker, athletischer Gestalt als auch von berauschender Stimmkraft sein muß, versuchen sie, einen Partner zu finden, den man genausogern anschaut, wie man ihm zuhört.

Die meisten Polygamisten in der Vogelwelt sind Männchen, aber bei einigen wenigen Arten ist es umgekehrt, und das Weibchen hat mehrere Geschlechtspart-

Links: Balzendes Männchen des
Braunrücken-Leierschwanzes mit über
Rücken und Kopf gelegten Schwanzfedern, Australien

ner. Das Odinshühnchen, ein kleiner Schnepfenvogel, ist ein Bodenbrüter der arktischen Tundra, also offenen Geländes. Seine Eier sind eine leichte Beute für alle möglichen Räuber. Die Weibchen vieler anderer Arten legen nach einem Gelegeverlust einfach nach. So hält es auch das Odinshühnchen, nur daß dessen Weibchen sich dieses Verhalten gewissermaßen zur Regel gemacht hat. Es überläßt nach der Verpaarung dem Männchen die Bebrütung der Eier und sucht sich einen neuen Partner, mit dem es ebenso verfährt. In einer Saison kann es so bis zu vier Partner mit Gelegen versorgen. Da eine gute Tarnung für jeden brütenden Vogel günstig ist, überrascht es nicht weiter, daß man beim Männchen des Odinshühnchens trübe Farben findet. Das Weibchen ist größer, hat einen schön leuchtend roten Hals, balzt und zeigt Revierverhalten, spielt also ganz die Rolle, die sonst dem Männchen zukommt.

Die Weibchen der amerikanischen Jassanas beanspruchen auf den Seen und Tümpeln ihres Lebensraumes jeweils große Reviere für sich und haben bis zu drei Männchen, deren jedes innerhalb ihres Reviers ein Nest baut. Das Weibchen verbringt mit jedem Männchen einige Tage – es macht seinem jeweiligen Partner den Hof, bevor es ihn mit einem Gelege versorgt und danach möglicherweise nie mehr wieder aufsucht. Allerdings wacht die Vogeldame auch weiterhin über ihr Revier und vertreibt eifersüchtig alle Eindringlinge. Warum es bei den Jassanas, Odinshühnchen und deren nächsten Verwandten zu einer solchen Verkehrung der Geschlechterrollen gekommen ist, ist eine noch offene Frage.

Die komplizierten Rituale des Hofierens und der Paarbildung sind nur das Vorspiel zum entscheidenden Akt der Kopulation. Er wird für ein Ereignis von seiner Bedeutung in bemerkenswert kurzer Zeit vollzogen. In der Tat bezweifeln viele direkte Beobachter einer Kopulation verständlicherweise, ob überhaupt etwas dergleichen passiert ist. Das Männchen klammert sich hastig und unbeholfen auf dem Rücken des Weibchens fest, sie knickt den Schwanz zu einer Seite, er zur anderen, die beiden Geschlechtsöffnungen werden für vielleicht eine Sekunde aufeinandergepreßt, und das Männchen fällt herunter – *finito*.

Die Vogelmännchen besitzen bis auf wenige Ausnahmen keine äußeren Geschlechtsorgane, die sie in das Weibchen einführen können, um ihr Sperma dort sicher zu deponieren. Vielleicht gingen entsprechende Organe im Zuge der Gewichtsreduktion bei den Vogelvorfahren verloren. Jedenfalls wäre es ohnehin schwierig, auf einem Ast stehend mit einem anderen Individuum auf dem Rücken längere Zeit das Gleichgewicht zu halten. Selbst auf dem Boden könnte eine zeitaufwendigere Begattung gefährlich werden, da die meisten Vögel dort nur allzu viele Feinde haben und immer bereit sein müssen, die Flucht zu ergreifen. Unter diesen Umständen mag es für ein Paar besser sein, sich körperlich nicht so eng zu verbinden, daß die Trennung in einem Sekundenbruchteil zu schwierig oder gar unmöglich wird. Jedenfalls wird das Sperma während des kooperativen Geschlechtsaktes augenblicklich vom Männchen auf das Weibchen übertragen. Die Vögel haben nur einen einzigen hinteren Ausgang, die Kloakenöffnung. Die Kloake ist der letzte,

Rechts: Männchen der Heckenbraunelle pickt dem Weibchen vor der Kopulation in die Kloake, England

Partnervermittlung

erweiterte Abschnitt des Enddarms, in den auch die Samen- beziehungsweise Eileiter münden. Sowohl das Männchen als auch das Weibchen können die Kloakenöffnung etwas vorstülpen, was sie während der Kopulation auch tun.

Einige wenige Vögel sind offenbar nicht auf die extreme Kürze des Geschlechtsaktes angewiesen. Bei den Vögeln, die sich am Boden begatten und dabei nicht stehen müssen, entfällt das Gleichgewichtsproblem größtenteils oder ganz – und in der Tat besitzen die Strauße, die Störche und die Hokkos eine Verlängerung der unteren Kloakenwand, die als Penis fungiert. Beim Strauß ist sie leuchtend rot und bis zu 30 Zentimeter lang. Die Enten haben ein spezielles Problem. Sie begatten sich auf dem Wasser, und wenn der Erpel die Ente besteigt, wird diese mehr oder weniger unter Wasser gedrückt. Unter diesen Umständen könnte das Sperma sehr leicht fortgespült werden. Deshalb besitzen auch die Männchen der Enten wie die der Strauße ein Organ, um das Sperma tiefer in den Leib des Weibchens zu injizieren.

Der Transfer von Sperma stellt allerdings nicht unbedingt sicher, daß deren Spender der Vater der von der Empfängerin ausgebrüteten Küken sein wird. Es dauert immer eine gewisse Zeit, bis die Spermien die Eileiter hinaufgewandert sind und eines davon das Ei befruchtet. Bei einigen Spezies bedarf es dazu nicht mehr als einer halben Stunde. Bei anderen leben die Spermien noch Tage oder sogar Wochen im Eileiter weiter und befruchten mehrere der von den Eierstöcken nacheinander produzierten Eier in Folge. Daher versuchen viele Männchen dafür zu sorgen, daß keiner ihrer Rivalen sich mit ihrem Weibchen einlassen kann, nachdem sie es begattet haben. Ein altes englisches Sprichwort besagt, daß man im Frühjahr nie eine Elster allein sieht. Sieht man eine, dann ist stets auch eine andere in der Nähe – und

vielleicht sogar eine dritte. Das Elstermännchen hält sich nach der Kopulation dicht bei seinem Weibchen. Viele andere Vögel verhalten sich ebenso. Nähert sich dem Paar ein anderes Männchen, wird der Ehegatte sein Bestes tun, um es zu vertreiben.

Bei den Heckenbraunellen werden die ehelichen Verhältnisse flexibel gehandhabt – abhängig von den Verhältnissen im Revier. Falls Futter im Überfluß vorhanden ist, so daß ein Weibchen seine Jungen ohne Hilfe aufziehen kann, hält sich ein kräftiges Männchen vielleicht zwei oder drei Weibchen, denen es jeweils ein eigenes Nest baut. Handelt es sich aber um ein ärmliches Revier, dann benötigt ein Weibchen möglicherweise mehr Hilfe bei der Aufzucht ihrer Jungen, als ein Männchen allein ihr bieten kann. In diesem Falle gelingt es ihr vielleicht, sich der Hilfe eines zweiten Männchens zu versichern. Der Senior, der das Revier ursprünglich für sich abgesteckt hat, tritt nach außen hin weiter als Ehegatte in Erscheinung, befleißigt sich eines auffälligen Gesangs, um seine Reviergrenzen zu verteidigen, und paart sich häufig ganz öffentlich mit dem Weibchen. Das zweite Männchen ist sehr viel zurückhaltender. Der Revierinhaber duldet es, weil es hilft, die Jungen zu ernähren, aber das Weibchen belohnt es auf seine Weise. Wenn es der Bewachung durch das ältere Männchen entgehen kann, paart es sich in den Büschen außer Sichtweite des älteren heimlich mit dem jüngeren Männchen.

Der Revierinhaber bewacht sein Weibchen, so gut er kann. Außerdem wendet er noch eine zweite Strategie an, um die Wahrscheinlichkeit zu reduzieren, daß seine Partnerin nicht von ihm befruchtete Eier legt. Er beginnt das Begattungsritual, indem er das Weibchen verfolgt und sich dann neben es setzt. Wenn ihn das Weibchen gewähren läßt, duckt es sich, schüttelt die Körperfedern und zittert mit den Flügeln, während das Männchen es erregt umkreist. Dann hebt das Weibchen den Schwanz und zeigt seinen Kloakenausgang, der wie eine kleine, rosafarbene Perle aussieht. Das Männchen pickt einmal heftig hinein. Die Öffnung beginnt zu pochen und möglicherweise ein winziges, weißes Tröpfchen auszuscheiden, welches das Männchen aufmerksam inspiziert. Es ist Sperma von einer vorhergegangenen Kopulation. Erst wenn es herausgetropft ist, besteigt der Vogel seine Partnerin.

Die Untreue zwischen verpaarten Männchen und Weibchen erreicht bei den farbenfrohesten Vögeln Australiens, den Prachtstaffelschwänzen, ein noch viel extremeres Ausmaß. In der Buschsteppe, dem Lebensraum der Staffelschwänze, gibt es nicht nur wenig Nahrung, sondern auch kaum Nistplätze. Die Jungvögel bleiben meist dort, wo sie großgezogen wurden, und übernehmen beim Tod eines ihrer Elterntiere deren Nistplatz. Daher sind die Staffelschwanzpaare fast immer nahe miteinander verwandt – Vater und Tochter, Bruder und Schwester, Mutter und Sohn. Inzucht bringt gemeinhin die Gefahr genetischer Verarmung mit sich; die Staffelschwänze verringern diese Gefahr jedoch, indem sie ihre Paarbindung sehr locker handhaben. Sowohl das Männchen als auch das Weibchen kopulieren meist ebenfalls mit anderen Partnern. Ein tatenlustiges Männchen besucht regelmäßig andere Reviere, balzt dort und zeigt sein leuchtendes Gefieder. Manchmal nimmt der Vogel dabei, als reiche sein prachtvolles Kleid nicht aus, auch noch eine Blüte in den

Schnabel. Aber solche Blumengeschenke erhalten nur die fremden Weibchen, niemals seine permanente Partnerin, mit der zusammen er sein Nest unterhält. Mit diesen kleinen Tricks treibt er es mit bis zu zehn verschiedenen Weibchen in einer Brutsaison. Seine Partnerin hält es ebenso und hat bis zu sechs verschiedene Freier; von ihrem Brutpartner läßt sie sich nur so oft begatten, wie es nötig ist, damit er bei der Stange bleibt und für die Versorgung der Jungen im Nest sorgt. Von denen ist aber vielleicht in Wirklichkeit nicht ein einziges sein eigenes. Bei den Staffelschwänzen ist aus der Partnerbindung eine Art sozialer Konvention geworden.

Beim Seggenrohrsänger hat sie sich ganz aufgelöst; dessen Weibchen gehen von ihren allein gebauten Nestern aus auf Männchensuche. Haben sie den Richtigen gefunden, kommt es zur Begattung, die bis zu einer halben Stunde dauert. Dabei wird das Weibchen sieben oder acht Mal besamt – so will sich das Männchen künftige Vaterschaft sichern. Das Weibchen legt innerhalb der nächsten Stunden ein Ei. Anderntags macht es sich erneut auf die Suche… bis das Gelege von bis zu sechs – höchstwahrscheinlich von verschiedenen Männchen befruchteten – Eiern komplett ist.

Beide Elternteile haben einen weiten Weg hinter sich, wenn endlich befruchtete Eier im Nest liegen. Aber die wahren Schwierigkeiten stehen erst noch bevor.

Oben: Männchen des Prachtstaffelschwanzes, Australien

8

Das anspruchsvolle Ei

Nicht nur die Säugetiere bringen lebende Junge zur Welt, sondern auch Vertreter anderer Wirbeltierklassen, etwa einige kleine Eidechsen und Schlangen, einige Frösche und Salamander, verschiedene Haie und die Guppys. Nur die Klasse Vögel hat nie die Fähigkeit zur Lebendgeburt entwickelt. Alle Vögel legen Eier.

Der Grund dafür ist offensichtlich: Schon ein einziger Embryo, der über Tage oder Wochen im Leib der Mutter heranreifte, würde das Flugvermögen ernsthaft beeinträchtigen – von Sechslingen oder noch größeren Würfen ganz zu schweigen. Auch die Last eines einzigen Eis muß ein Vogelweibchen so schnell wie möglich loswerden.

Auf dem Weg vom Eierstock durch den Eileiter wird dem Ei der Dotter mitgegeben, der alle nötigen Nährstoffe für die Entwicklung eines Embryos zum Küken enthält. Die Befruchtung erfolgt durch ein einziges Spermium. Es kann zu einer Sendung gehören, die das Weibchen erst Stunden zuvor von einem aufmerksamen Männchen erhalten hat, oder zu einer Massenlieferung von mehreren Millionen Stück, die bereits vor Tagen oder Wochen eintraf, seither in Ausstülpungen des Eileiters gelagert wurde und schon zur Befruchtung mehrerer Eier gedient hat.

Der Embryo benötigt für seine Entwicklung auch Wasser; es ist im Eiweiß enthalten, das sich um das Eigelb hüllt. In Häute eingeschlossen wandert das Gebilde den Eileiter herab, bis es einen von einer kalkabsondernden Drüse umgebenen Abschnitt passiert. Dort erhält es seine Schale. Weitere Drüsen, die am Weg liegen, schmücken die Schale mit Tupfern von meist aus Blut oder Galle gebildeten Pigmenten. Wenn sich das Ei auf seinem Weg durch den Eileiter dreht, wie es etwa bei den Trottellummen der Fall ist, werden die Tupfer zu unregelmäßigen Linien und Kritzeleien verschmiert. Schließlich wird das fertige Ei durch eine Muskelkontraktion in die Außenwelt befördert.

Von da an ist es gefährdet. Die Schale darf nicht allzu fest sein, denn das Küken muß sie ja selbst aufschlagen können. Und porös muß sie auch sein, damit das Küken im Ei Sauerstoff ein- und Kohlendioxid ausatmen kann. Daher sind alle Eier

Rechts: Flußregenpfeifer auf Gelege, England

relativ zerbrechlich. Da sie außerdem sehr nährstoffreich sind, üben sie eine große Anziehungskraft auf hungrige Diebe aus.

Die Eier des Flußregenpfeifers werden ungeschützt auf einen Kiesstrand gelegt. Der Vogel hat kaum eine Alternative, denn sein Lebensraum an der Küste, wo er sein Futter findet, bietet wenig Deckung und keine Möglichkeit, die Eier zu verstecken. Aber der Regenpfeifer hat einen Ausweg gefunden: Seine Eier sind so gefärbt, daß ein Dieb sie nicht als Eier erkennt, selbst wenn er sie sieht. Sie sind braun, mit dunkleren Punkten und Klecksen, und verschmelzen praktisch mit ihrer Umgebung. An einem Ende laufen sie spitz zu, so daß der Vogel sein Gelege von vier Eiern dicht zusammenlegen und mit dem Körper ganz bedecken kann. Auch die Elterntiere sind in ihrer Färbung gut an die Umgebung angepaßt; Eier und Vogel sind für Feinde gleichermaßen unsichtbar. Als Hauptgefahr droht den Eiern des Flußregenpfeifers nicht etwa die Entdeckung durch Diebe, sondern das Zertretenwerden durch jemanden, der sie *nicht* entdeckt hat.

Rußseeschwalben legen ihre Eier ebenfalls auf freie Flächen – aber ausschließlich auf erst in jüngerer Zeit entstandenen Sandinseln, die noch kein Landraubtier erreicht hat. Die Seeschwalben brüten auch nicht allein wie die Regenpfeifer. Ihre Nahrungsgründe liegen nicht im Übergangsbereich von Land und Meer, sondern auf der offenen See und sind daher ebenso weit und grenzenlos, wie geeignete Brutplätze klein und rar sind. Also brüten sie in großer Zahl auf ihren Inseln. Auf Bird Island (Seychellen) bilden über eine halbe Million Paare eine von unglaublichem Lärm erfüllte Kolonie. Von der Unauffälligkeit, mit der der Flußregenpfeifer geseg-

Das anspruchsvolle Ei

net ist, kann bei ihnen keine Rede sein, und jedes Tarnkleid wäre an die Rußseeschwalben verschwendet. Sie haben das typische leuchtend weiße Gefieder vieler Seevögel, zu dem in ihrem Fall ein schwarzer Rücken und eine glänzendschwarze Kappe gehören. Sie sitzen in ihrer Kolonie gerade weit genug voneinander entfernt, um außer Reichweite der dolchscharfen Schnäbel ihrer Nachbarn zu bleiben. Aber warum? Auf der Insel wäre durchaus Platz genug, um etwas mehr Abstand zu halten oder sich eine weniger umtriebige Ecke als Brutplatz auszusuchen.

Die Eier der Seeschwalben sind eben auch auf ihrer Insel nicht völlig sicher. Zwar können landgebundene Diebe die Kolonie nicht erreichen, geflügelte aber sehr wohl. Sowohl die große Zahl der Nachbarn als auch deren räumliche Nähe bedeuten Sicherheit vor Angriffen aus der Luft. An einem isolierten Brutplatz ist man der Aufmerksamkeit des Feindes allein ausgeliefert, in der Masse fällt man nicht weiter auf. Und die Nachbarn werden helfen, einen Eindringling zu vertreiben. Trotzdem stellen die Kuhreiher eine ständige Gefahr für die Kolonie dar. In deren Mitte wagen sie sich freilich nicht, aber am Rand, wo noch allerhand Nistplätze unbesetzt geblie-

ben sind, suchen sie sich einen Weg zwischen den besetzten Nestern und halten Ausschau nach einem Ei, das – aus welchen Gründen auch immer – gerade nicht bewacht wird. Mit einem raschen Schnabelhieb wird die Schale zerbrochen, und das nahrhafte Eigelb ergießt sich über den Sand. Wenn der Reiher Glück hat, hat er sogar ein fast schlüpfbereites Küken befreit – ein noch leckererer Happen.

Die Feenseeschwalbe wagt es nicht, ihr einziges Ei auf die nackte Erde zu legen. Sie bebrütet es auf einem Baum, tut dies aber ebenfalls, ohne ein Nest dafür zu bauen. Das Ei wird auf einen Ast gelegt, manchmal an einer Gabelung, manchmal in eine günstig gelegene, flache Mulde. Die Fähigkeit der Seeschwalbe, auf ihrem Ei zu sitzen, ohne es hinunterzustoßen, grenzt an ein Wunder. Andere dagegen können es nur allzuleicht hinabwerfen. Kleine, sperlingsähnliche Weber nutzen jede Gelegenheit, ein solches Ei mit dem Schnabel von seinem Platz auf dem Ast herunterzurollen, damit sie am Boden das Eigelb auflecken können.

Steile Uferfelsen können ebenso guten Schutz vor Landraubtieren bieten wie kleine Inseln. Die gewaltigen, bis 300 Meter hohen Felskliffs der Äußeren Hebriden und der Orkneyinseln werden von Millionen von Seevögeln bewohnt, die auf den schmalen Kanten und Simsen ihre Eier legen. Die Eier der Trottellummen und Tordalken sind noch ausgeprägter birnenförmig als die der Regenpfeifer; werden sie angestoßen, rollen sie nicht weit, sondern beschreiben kurze, kreisförmige Bahnen.

Links: Kolonie der Rußseeschwalbe, Seychellen

Oben: Feenseeschwalbe mit Ei, Seychellen
Folgende Doppelseite: Dreizehenmöwen und Trottellummen auf einem Brutfelsen, Shetlandinseln

Das anspruchsvolle Ei

Das ist angesichts des prekären Brutplatzes sicherlich ein nicht zu unterschätzender Vorteil, vor allem, da beide Arten nur je ein Ei bebrüten. Die Brutfelsen können – außer durch Menschen, wenn sie sich von oben abseilen, wie es manchmal geschieht – nur fliegend erreicht werden. Und so wie manche Vögel zum Eierlegen herkommen, kommen andere zum Eierstehlen. Mantelmöwen streichen an den Kliffs entlang. Wenn einer der Brutvögel die Nerven verliert und verängstigt das Weite sucht, ist sein Ei verloren.

Ein ganz besonderer Felsstandort scheint allerdings auch aus der Luft nicht erreichbar zu sein. Wie sollte ein Vogel die senkrechten Felswände hinter dem dichten Vorhang eines großen Wasserfalls anfliegen können? Das schaffen weder Habichte noch Reiher, weder Möwen noch Krähen. Man sollte annehmen, daß jeder Vogel, der einen solch tollkühnen Versuch unternimmt, von dem tonnenweise herabstürzenden Wasser brutal aus der Luft gehämmert wird. Aber der südamerikanische Rußsegler ist so klein und fliegt so schnell, daß er wie ein Pfeil durch die Wassermassen schießt und auf den Felssimsen dahinter in völliger Sicherheit brüten kann.

Die Segler haben es allerdings generell immer schwer, Nistmaterial zu beschaffen. Sie gehen niemals freiwillig auf den Boden, sondern fangen aus der Luft Federchen, trockene Grasfasern und anderes geeignetes Treibgut, das sie an einer versteckten Stelle mit ihrem klebrigen Speichel festkleistern. Feder um Feder, Schicht um Schicht bauen sie ein kleines, napfförmiges Nest.

Auf Borneo nisten mehrere der zur Familie der Segler gehörenden Salanganenarten in Höhlen. Die in der Nähe des Höhleneingangs im Zwielicht bauenden Tiere benutzen einen hohen Anteil von Federchen bei ihrer Konstruktion, aber tiefer in der Höhle, wo völlige Dunkelheit herrscht, wird nur mit Speichel gebaut; entsprechend sind die fertigen Nester cremig weiß. Es handelt sich hierbei um die berühmten, in der chinesischen Küche so sehr geschätzten «Schwalbennester». Auf ihren Eigengeschmack gründen kann sich ihr Ruhm nicht – die Nester müssen zusammen mit anderen Zutaten zubereitet werden, damit sie überhaupt nach etwas schmecken.

Der Palmsegler, ein größerer Vetter der Salanganen, baut sein Nest ebenfalls mit Hilfe seines Speichels. Als Neststandort wählt er die Unterseiten herabhängender Palmwedel und – seit jüngerer Zeit – senkrechte Flächen menschlicher Bauten wie beispielsweise Brücken. Der Vogel klebt zuerst ein kleines Polster aus Speichel und Federn auf die senkrechte Fläche. Wenn es groß genug ist, erhält es einen kleinen Sims am unteren Rand. Jede Nacht verbringt das Paar, mit den winzigen Füßen an das Polster geklammert, an seinem Bau, wo es sich auch behutsam begattet. Wenn das Weibchen legen will, läßt es sich in senkrechter Körperhaltung auf dem oberen Teil des Polsters nieder. Das Ei wird so gelegt, daß sein zugespitzter Pol den Sims erreicht. Ist es heraus, hält sie es mit dem Schwanz in Position und schiebt sich nach unten, wobei sie das Ei erst mit dem Bauch, dann mit der Brust gegen das Polster drückt. Anschließend überzieht sie unter wiegenden Bewegungen ihres ganzen Kör-

Links: Ein Tordalk mit seinem Ei   *Oben: Rußsegler brüten hinter einem Wasserfall, Iguazu (Argentinien)*

pers das Ei mit Speichel, bis es auf dem Blatt festklebt. Mit diesem bemerkenswerten Ergebnis noch nicht zufrieden, wiederholt sie gewöhnlich das Kunststück und legt ein zweites Ei neben das erste.

Löcher sind offensichtlich gute Plätze, um Eier in Sicherheit zu bringen, und viele Vögel sind mit Schnäbeln ausgestattet, die sich gut zum Ausschachten von Löchern eignen. Die Spechte meißeln mit der gleichen Technik Höhlen ins Holz, mit der sie auch im Holz versteckte Insekten freilegen; Eisvögel hacken mit ihren dolchartigen Schnäbeln in den Lehm von Steilufern; Papageien können mit ihren Krummschnäbeln verfaultes Holz herausreißen; selbst Bienenfresser mit ihren schlanken, zerbrechlich wirkenden Schnäbeln stürzen sich schnabelvoran in ein sandiges Kliff, und zwar so lange, bis sie dort eine ausreichend tiefe Höhlung gehackt haben, um darin landen und aus dem Stand weitergraben zu können. Die Meister der Gräber und Aushöhler sollten, so möchte man annehmen, die höhlenbrütenden Tukane und Nashornvögel mit ihren riesigen Schnäbeln sein. Aber diese Schnäbel sind keine massiven Horngebilde, sondern Wabenstrukturen; es fehlt ihnen die ausreichende Festigkeit und Härte, um damit Löcher gleich welcher Art zu meißeln. Diese Vögel sind auf natürliche oder von anderen angelegte Höhlen angewiesen.

Ein Nashornvogelweibchen ist sehr wählerisch, was den Nistplatz angeht. Eine Baumhöhle muß schon einigermaßen geräumig sein, wenn sie ihm zusagen soll. Außerdem muß sie eine Art Kamin haben, in den es sich bei Angriffen flüchten kann. Hat der Vogel eine passende Höhle gefunden, verbessert er sie sogleich, indem er alle Spalten und kleineren Löcher darin zukleistert. Das dazu verwendete Material unterscheidet sich von Art zu Art. Die afrikanischen Nashornvögel nehmen Lehm, der Rhinozerosvogel aus Borneo benutzt Harz, und die größte Spezies, der Doppelhornvogel, verwendet meistens abgeknabberte Rinde, Sägemehl und wiederausgewürgte Nahrung. Nachdem alle Nebeneingänge versiegelt sind, wendet das Weibchen seine Aufmerksamkeit dem Haupteingang zu. Von innen heraus beplackt es dessen Seitenränder, bis er nicht mehr rundlich, sondern schlitzförmig ist. Das Männchen versorgt es indessen mit Nahrung und Baumaterial. Bald ist der Ausgang so eng, daß das Weibchen selbst nicht mehr hinauskann. Aber es kommt auch kein Räuber mehr hinein.

Die Eier der Nashornvögel sind wie die fast aller Höhlenbrüter weiß. In der Dunkelheit der Höhle sind Farben und Muster sinnlos; möglichst hell, also am besten weiß, sollten die Eier natürlich sein, damit der brütende Vogel sie selbst noch sehen und so selbstverursachte Beschädigungen vermeiden kann. Die Eier sind auch viel rundlicher als die der Regenpfeifer und Trottellummen. Die der Kugel möglichst stark angenäherte Form bietet manchen Vorteil: Sie hält höherem Druck stand, verliert dank kleinerer Oberfläche weniger Wärme und ist leichter zu drehen – letzteres ist notwendig, damit die Eihäute nicht verkleben und das Ei von allen Seiten gleichmäßig gewärmt wird.

In ihrem selbstgebauten Gefängnis harren die Nashornvogelweibchen über drei Monate lang aus, bis die Jungen geschlüpft und flügge sind. Erst dann brechen sie

Rechts: Weibchen des Rhinozerosvogels an seiner Bruthöhle, Malaysia

DAS ANSPRUCHSVOLLE EI

den zugemauerten Höhleneingang auf – manchmal unter Mithilfe der Männchen – und verlassen den Brutplatz.

Um eine Mulde in Sand- oder Kiesgrund zu scharren oder eine Höhle zu graben, ist keine besondere Kunstfertigkeit vonnöten. Aus Zweigen, Haaren, Blättern oder Seide eine Wiege zu bauen erfordert sehr viel mehr Feingefühl, und es grenzt an ein Wunder, daß ein Vogel, ein Wesen ohne Hände oder Finger, dieses Kunststück fertigbringt. Selbst der Bau einer einfachen Nestgrundlage aus Zweigen verlangt beachtliches Urteilsvermögen hinsichtlich der Plazierung der einzelnen Zweige. Das merkt man schnell, wenn man es einmal selbst auf einem Ast oder in dem Gewirr einer Hecke versucht. Und doch muß der Vogel das mit einer Art Zange als einzigem Werkzeug zuwege bringen. Die Saatkrähe fügt einige hundert Zweige zusammen und bildet daraus einen tiefen Napf, den sie mit Gras, Blättern und Haaren auskleidet; der Teichrohrsänger flicht einen kleinen Napf aus Gras und von Schilfblättern abgerissenen Streifen; Adler benutzen den gleichen Horst wieder und wieder, packen aber jedes Jahr neue Lagen von Ästen und Zweigen auf die alten, so daß ein Horst schließlich meterhoch sein kann.

Der braune, in Afrika heimische Hammerkopf baut eines der größten Einzelnester der Vogelwelt. Es wiegt bis zu einem Zentner, mißt von der Basis bis zu dem gewölbten Dach zwei Meter und besteht aus etwa 8000 Einzelteilen. Wenn den Hammerkopf die Bauleidenschaft überkommt, hat er Verwendung für alles Unbelebte, sofern er es nur schleppen kann – schwere Knüppel, Zweige, Ried, Blätter, Federn, Knochen, Fell- und Plastikfetzen. Als Neststandort entscheidet er sich gewöhnlich für die Gabelung eines Baumes, der oft in Flußnähe steht. Beide Geschlechter beteiligen sich an dem Projekt und widmen ihm am Morgen und am Nachmittag einige Stunden harter Arbeit. In etwa einer Woche haben sie eine ansehnliche Nestgrundlage gebaut. Dann ziehen sie die Wände hoch, lassen aber auf einer Seite eine kleine Lücke, die später zum Eingang wird. Für die Dachkonstruktion werden Stöcke senkrecht in die Wände gesteckt und leicht nach innen geneigt, so daß sich waagerechte «Sparren» damit verweben lassen. Anschließend häufen die Vögel auf das Dach große Mengen Baumaterial, bis es vielleicht einen Meter dick und stark genug ist, um einen Mann zu tragen. Schließlich werden der Eingangstunnel und die Nestkammer selbst mit Lehm verputzt. Der ganze Bau ist normalerweise in nicht mehr als sechs Wochen vollendet. Seine gewaltigen Ausmaße scheinen über die Bedürfnisse des Erbauers weit hinauszugehen. Vielleicht soll er für die Artgenossen ringsum ein Zeichen setzen und weithin bekanntmachen, daß das umliegende Land in guter Hand ist. Das wäre dann allerdings ein reichlich aufwendiges Verfahren, um eine so einfache Botschaft zu verbreiten.

Das Aufeinanderschichten von Stöcken und anderen Gegenständen zu einer haltbaren Konstruktion ist aber durchaus nicht die ausgefeilteste Nestbaumethode in der Vogelwelt. Die Kolibris verwenden zum Bau ihrer winzigen Nester die klebrigen Seidenfäden von Spinnweben; manchmal fliegen sie mit einem solchen Seidenfaden im Schnabel immer wieder um ihr halbfertiges Nest und wickeln es damit ein. Die

Rechts: Ein Hammerkopf auf seinem gewaltigen Horst, südliches Afrika

Schwanzmeise dekoriert gewöhnlich die Außenseite ihres oben geschlossenen Nestes mit Flechten und füllt es innen mit über 2000 winzigen Daunenfedern.

Manche Vögel bauen mit Lehm und benutzen ihren Schnabel nicht als Zange, sondern als Tragemulde und Putzkelle. Sie verschaffen sich ihr Baumaterial an den Rändern von Tümpeln und Pfützen. Manchmal vermischen sie es wohlbedacht mit ein wenig Stroh, manchmal mit ihrem eigenen Speichel. Die Bautechnik der Lehmbauer ähnelt eher der eines Maurers als der eines Töpfers, denn sie geben jede Schnabelladung Lehm als separates Klötzchen auf die in Arbeit befindliche Nestwand. Wenn sie eine Lage rundum aufgebracht haben, lassen sie sie erst trocknen, bevor sie mit der nächsten beginnen. Die Rauch- und Mehlschwalben sind wahre Meister dieser Kunst; an Wänden und unter Dachtraufen bauen sie ihre Nester, die sie nur mit einigen Federchen und etwas trockenem Gras auskleiden. Der seltene westafrikanische Gelbkopf-Felshüpfer baut ein ähnliches, allerdings gut 30 Zentimeter breites Nest unter überhängenden Felsflächen.

Der geschickteste Lehmbaumeister ist der in Paraguay und Argentinien beheimatete Rosttöpfer. Er verbringt jedes Jahr mehrere Monate damit, eine überdachte Kammer zu bauen, die den traditionell in seinem Verbreitungsgebiet benutzten Öfen ähnelt. Mit großer Sorgfalt mischt er Stroh und oft Kuhdung unter sein Baumaterial, das unter der südamerikanischen Sonne steinhart wird. Kein Schnabel und keine Kralle kann die Wände seines Baus durchdringen. Auch hineingreifen kann niemand, denn dem Eingang direkt gegenüber verläuft innen eine zusätzliche

Links: Langschwanzeremit in seinem Nest aus Spinnenseide, Venezuela

Oben: Gelbkopf-Felshüpfer auf seinem Lehmnest, Guinea

Wand, die sich über die halbe Breite der Nestkammer erstreckt. Sie stellt nicht nur für Diebe ein Hindernis dar, sondern dämmt möglicherweise auch den Windzug. Das Nest wird zwar mit dem Eingang zur überwiegend windabgewandten Seite hin angelegt, aber ohne die zusätzliche Trennwand wäre es im Innern doch recht zugig. Die Vögel setzen solches Vertrauen in die Sicherheit ihrer fertigen Nester, daß sie sich nicht die geringste Mühe geben, sie zu verbergen. Da sie gewöhnlich jedes Jahr ein neues Nest bauen, die alten aber unglaublich dauerhaft sind, trägt in manchen Gegenden Südamerikas jeder zweite Zaunpfahl und Telegraphenmast einen älteren oder neueren Bau des Töpfervogels.

Für den Schneidervogel Indiens ist der Schnabel eine Nadel. Als Faden dienen ihm Spinnenseide, Baumwolle aus Samen und Fasern aus Rinde. Er sucht sich an irgendeinem Baum zwei noch wachsende Blätter aus und bringt sie in Position, bis sie übereinanderliegen. Dann bohrt er ein Loch durch die Ränder beider Blätter und zieht den Schnabel mit einem Faden hindurch. Das Ende des Stiches verknotet er so dick, daß der Faden nicht mehr herausrutschen kann; dann wird das andere Ende auf gleiche

Oben: Ein Rosttöpferpaar beim Nestbau, Brasilien

Weise verknotet, bis die beiden Blätter fest verbunden sind. Um aus zwei Blättern – oder einem in sich zusammengerollten Blatt – einen Napf zu bilden, ist vielleicht ein halbes Dutzend solcher Verknüpfungen nötig. Dann wird der zarte Becher mit Grasduchten gefüllt. Auf anderen Kontinenten haben auch andere Zweigsänger – zu die-

Oben: Ein indischer Rotstirn-Schneidervogel am Nest

ser Familie gehört der Schneidervogel – die Kunst des Nähens kultiviert. In Australien ist es der Goldkopf-Zistensänger, in Afrika die Meckergrasmücke. Diese beiden sind zwar nicht so berühmt wie der Schneidervogel, aber deshalb nicht weniger geschickt.

Die elegantesten Nester sind indes die gewebten. Zu ihrer Herstellung wird aus dem Vogelschnabel ein Weberschiffchen, das ein schmales, von einem Blatt abgetrenntes Band oder eine derbere Faser, etwa die Mittelrippe eines Blattes, abwechselnd über und unter andere Streifen zieht. Das aber ist nicht die einzige zum Bau dieser Nester erforderliche Kunstfertigkeit. Der Baumeister muß abschätzen können, wie straff jeder Streifen verwebt werden muß, und er muß sich die Form des fertigen Nests vorstellen können, damit er weiß, wo die Wände einwärts gebogen und wo sie nach außen ausgebuchtet werden sollten. Bei den meisten Vogelarten übernehmen die Weibchen den größten Teil der Bauarbeiten, und so verhält es sich auch bei den südamerikanischen Vögeln, die sich die Webkunst angeeignet haben – den Trupialen, Stirnvögeln und Kassiken.

Ein Stirnvogelweibchen beginnt seine Arbeit, indem es einen langen Blattstreifen um den herabhängenden Zweig eines Baumes wickelt. Es hält den Streifen dabei vielleicht mit einem Fuß auf dem Zweig fest und führt das freie Ende mit dem Schnabel. Zuletzt wird das kurze Ende des Streifens unter eine der Wicklungen gesteckt und damit gesichert – ein einfacher Knoten. Dann führt der Vogel das lange Ende locker zu dem ersten Knoten zurück, so daß ein festes Auge entsteht. Das gleiche wird mit einer ganzen Reihe weiterer Streifen an der gleichen Stelle gemacht, bis aus den Augen ein Bogen geworden ist, der später den Nesteingang bilden wird. Davon ausgehend werden von innen die Wände gewebt; dabei hängt das Weibchen kopfunter und führt mit dem Schnabel eine Faser unter die andere, ergreift dann das freie Ende und zieht es sorgfältig fest, so daß das Gewebe gleichmäßig und fest wird. Zuerst entsteht eine vom Eingang abwärts führende Röhre. Wenn der Stirnvogel die Baustelle verläßt, um neues Material herbeizuschaffen, fliegt er nicht etwa direkt aus der noch offenen Röhre auf, sondern klettert erst einmal hübsch ordentlich durch den bereits fertigen Eingang hinaus. Wenn die Röhre eine gewisse Länge erreicht hat, erweitert die Baumeisterin sie, so daß sie schließlich keulenförmig verläuft. Erst wenn etwa zwei Meter Länge erreicht sind, neigt sie die Wände nach innen und schließt das Nest.

In Afrika gehören die hervorragendsten Webkünstler alle zur Unterfamilie Weber der Familie Webervögel. Bei ihnen bauen meist die Männchen. Sie sind sehr artenreich: Bei Masken- und Cabanisweber spielt die Webkunst für die erfolgreiche Werbung um ein Weibchen eine große Rolle. Die Weißstirnweber bauen ein besonders ordentliches Nest ausschließlich aus Fasern eines bestimmten Grases, das sie an den Rändern des seitlichen Eingangs sogar zu einer Webkante ineinanderstecken. Die Siedelweber schließlich schichten eigentlich mehr auf, als daß sie weben. Ihre gigantische Nestanlage wird das ganze Jahr hindurch von bis zu hundert Familien bewohnt.

Sie sind in den Wüsten Südwestafrikas zu Hause. Ihre gemeinschaftlichen Nest-

Rechts: Weißstirnweber beim Nestbau, Tansania

anlagen sind solide Massen von grobem, trockenem Gras, die ein Jahrhundert alt werden und bis zu einigen Tonnen wiegen können. Manchmal werden sie so massig und schwer, daß der sie tragende Ast unter dem Gewicht bricht und der ganze Bau zu Boden stürzt. Die Vögel leben in Tunneln, die sich zur Unterseite der Anlage hin öffnen. Einige davon führen zu Nestkammern, andere sind Sackgassen, in denen die Vögel vielleicht schlafen. Die Oberseite des Baus ist mit einer Schicht sehr grober Stengel bedeckt. Alle Bewohner beteiligen sich an Bau und Unterhalt der Gemeinschaftsanlage, die ja auch allen zugute kommt.

Solch eine Anlage ist nur in einer Wüste mit sehr geringen Niederschlägen haltbar. Von schweren Regenfällen durchnäßt würde sie bald verrotten und auseinanderfallen. An ihrem Standort hingegen hält sie nicht nur, sondern bietet ihren Bewohnern auch einen gewissen Schutz vor den extremen klimatischen Bedingungen. Tagsüber schirmt sie die Vögel darin gegen die schlimmste Hitze ab, und nachts, wenn in der Wüste die Temperaturen bis unter den Nullpunkt absinken, hält die Nestanlage einen beträchtlichen Teil der tagsüber aufgespeicherten Wärme zurück.

Ganz gleich, wie kunstfertig gebaut, wie kühn entworfen oder wie sorgfältig an den dünnen Ast eines hohen Baums gehängt es auch sein mag: Kaum ein Nest schützt völlig vor dem Zugriff aller Räuber. Die Stirnvögel verschaffen sich eine zusätzliche Wache, indem sie ihr Nest in unmittelbarer Nachbarschaft von Wespennestern bauen, die wie papierne, umgekehrte Pilze von den Bäumen hängen. Die Wespen haben kräftige, giftbewehrte Stachel und halten sicherlich jeden ungeschützten Menschen fern. Wenn die Stirnvögel mit dem Nestbau beginnen, werden sie vielleicht selbst von den Wespen attackiert, aber nach etwa einem Tag haben sich die Insekten an ihre sehr geschäftigen neuen Nachbarn gewöhnt und ignorieren sie. Sie greifen aber sofort an, wenn ein Opossum oder eine Schlange «ihren» Ast entlangschleichen und sich den herabhängenden Nestern nähern oder wenn ein Tukan angeflogen kommt. Nur ein sehr hungriger und tapferer Dieb wird sich von ihnen nicht in die Flucht schlagen lassen. Wie die Insekten zwischen friedlichen Nachbarn und unerwünschten Eindringlingen zu unterscheiden wissen, ist nicht ganz klar; bekannt ist aber, daß die Stirnvögel und auch andere Vögel, die diese Nachbarschaften eingehen, einen starken, muffigen Geruch verströmen, der sonst in der Vogelwelt nicht vorkommt und auch ihren nächsten Verwandten fehlt. Die Insekten ziehen aus der Nachbarschaft möglicherweise ebenfalls einen Nutzen. Sowohl der Karakara aus der Familie der Falken als auch der Tamandua, der kleine Ameisenbär, suchen regelmäßig Wespennester heim, und wenn einer von ihnen in der Nähe einer Stirnvogelkolonie auftaucht, greifen die Vögel ungestüm an und helfen so ihren eigenen Gehilfen.

Der in den Wüsten Australiens heimische Haubengudilang macht sich zum Schutz seines Nestes ebenfalls Insekten zunutze, verfährt mit ihnen aber weniger freundschaftlich. Er umgibt den Rand seines Nestes mit einem Kranz von Raupen, deren Haare zu unangenehmen Stacheln umgebildet sind. Damit sie nicht das Weite suchen, lähmt er sie mit einem kräftigen Biß. Obwohl die Küken des Haubengudi-

Das anspruchsvolle Ei

langs diese Raupen später zu fressen bekommen, scheint es sich doch um mehr als einen Vorratsspeicher zu handeln. Sonst wäre es nicht recht erklärbar, daß der Vogel die Raupen schon sammelt, lange bevor er sie braucht. Wahrscheinlich sollen sie also tatsächlich unerwünschte Eindringlinge fernhalten.

Stachelhaarige Raupen sind lästig, und Wespen stechen; beide Abwehrstrategien sind also grundehrlich. Manche Vögel schützen ihr Nest aber auch durch Täuschung. Würgerkrähen sind dreiste und aggressive Bewohner der australischen Buschsteppe, die regelmäßig auf Eierdiebstahl gehen. Sie zerstören neun von zehn Nestern des Prachtstaffelschwanzes. Diese Opfer haben sich keine Abwehrstrategie zu eigen gemacht, sondern beginnen ihr Brutgeschäft mit solcher Entschlossen-

heit jedes Mal wieder aufs neue, daß sie trotz des Aderlasses genug Nachkommen großziehen, um ihren Bestand zu wahren. Der Gelbbürzel-Dornschnabel dagegen, ein unscheinbar gefärbter Vogel vergleichbarer Größe, verteidigt sein Nest auf überaus geschickte Weise. Wenn er sein kleines Kuppelnest fertiggestellt hat, setzt er gleich noch ein weiteres, aber diesmal ein offenes Napfnest, darauf. Es ist eine Attrappe. Einer umherstreifenden Würgerkrähe fällt es vielleicht auf, aber sie wird auch sofort sehen, daß es leer ist, und weiterziehen. Dank dieser Vorsorge hat der Dornschnabel weit weniger unter Nestplünderungen zu leiden als der Staffelschwanz.

Die australische Regenbogenpitta hat einen anderen Feind und verteidigt sich mit einer anderen Art der Täuschung. Sie lebt im feuchteren, tropischen Teil des Kontinents. Dort fallen in den Wäldern viele Gelege den Baumschlangen zum Opfer. Die Schlangen finden den Weg zu den Nestern – die sich offenbar durch einen spezifischen Duft auszeichnen – mit Hilfe ihres Geruchssinnes. Jedenfalls sammelt etwa die Hälfte der Pittas regelmäßig den Kot kleiner Känguruhs und schafft ihn in ihr Nest, um dieses geruchlich zu tarnen.

Das in der Vogelwelt verbreitetste Täuschungsmanöver besteht aber darin, daß sich ein Altvogel selbst als Köder anbietet und dem Feind vorgaukelt, eine weit bessere Mahlzeit darzustellen als ein Nest voller Eier oder Jungvögel. Dieser Trick ist vor allem bei den Bodenbrütern mit ihren besonders gefährdeten Nestern gängig, und die wahren Meister der Kunst sind die Regenpfeifer, zum Beispiel der nordamerikanische Keilschwanz- oder der europäische Flußregenpfeifer. Nähert man sich dem Nest einer dieser Arten, ganz gleich, ob mit oder ohne Absicht, wird es vom brütenden Vogel – meist unauffällig – sofort verlassen. Erst in einiger Entfernung vom Nest macht er plötzlich auf sich aufmerksam, indem er laut rufend einen oder beide Flügel hinter sich herschleift, als sei er schwer verkrüppelt. Ein Fuchs oder ein Hermelin läßt sich durch den Anblick der scheinbar leichten Beute vielleicht vom Nest ablenken. Und auch ein Mensch, der diese Taktik nicht kennt, fällt unweigerlich darauf herein. Der Vogel läßt einen immer wieder ziemlich nahe an sich herankommen; die Entfernung zum Nest wird derweil immer größer. Erscheint sie ihm ausreichend, schwingt sich der gerade noch schwerverletzte Vogel plötzlich in die Luft und läßt einen genasführten Störenfried zurück. In relativ einförmigem, offenem Gelände ist es dann so gut wie unmöglich, die Stelle wiederzufinden, an der das Täuschungsmanöver begann.

Der «gebrochene Flügel» ist nicht die einzige Pantomime der Bodenbrüter. Jede Art gibt ihre eigene Vorstellung, die jeweils gut auf ihre speziellen Feinde abgestimmt ist. Die Version der Strandläufer in der arktischen Tundra ist den Vorlieben des dort gefährlichsten Eierdiebes, des Polarfuchses, angepaßt. Der Strandläufer schleppt sich jämmerlich piepsend vom Nest weg und läuft dann geduckt mit gesträubtem Rückengefieder, weit gefächertem und auf den Boden gedrücktem Schwanz und hängenden Flügeln in der Nähe umher. Schließlich schlägt er einen Zickzackkurs ein und hält alle paar Meter an, um sich zu vergewissern, daß der

Links: Gelbbürzel-Dornschnabel beim Füttern seiner Jungen; über dem Nest eine zusätzliche Nestattrappe, Australien

Oben: Ablenkungsmanöver des Keilschwanz-Regenpfeifers mit scheinbar gebrochenem Flügel

Fuchs ihn bemerkt hat und ihm folgt. Seine Ähnlichkeit mit einem Lemming oder einem anderen kleinen Nager ist bemerkenswert – und diese Tiere bilden den Grundstock der Kost des Polarfuchses. Die Grünschwanz-Grundammer in Nevada läuft mit hocherhobenem Schwanz fort – sie imitiert ein Streifenhörnchen, die Lieblingsspeise der ortsansässigen Kojoten. Bei all diesen Vorstellungen setzt der Altvogel sein Leben nur scheinbar aufs Spiel; die unbezahlbare Fähigkeit der Vögel, einfach davonzufliegen, rettet sie jedes Mal aufs neue.

Eier müssen nicht nur bewacht, sie müssen vor allem bebrütet werden. Die normale Körpertemperatur der Vögel liegt etwas über unserer; das hängt möglicherweise mit der Notwendigkeit zusammen, für Flugleistungen schnell größere Mengen mechanischer Energie freizusetzen. Der Embryo in seiner Eihülle benötigt für seine Entwicklung nicht so hohe Temperaturen, muß aber dennoch warm gehalten werden. Ein Temperatursturz von einigen Grad im Ei kann tödlich für ihn sein, falls seine Entwicklung schon begonnen hat. Er selbst hat keinen Einfluß auf die Temperatur des Eis; für die richtig bemessene Wärmezufuhr müssen die Elternvögel sorgen.

Für Vögel, die in kalten Teilen der Welt brüten, ist diese Aufgabe besonders aufwendig. Die nordeuropäisch-arktische Schnee-Eule brütet am Boden und legt bis zu einem Dutzend Eier. Sobald das erste davon im Nest liegt, beginnt das Weibchen zu brüten – es läßt das Ei nicht erst abkühlen, wie es die Vögel gemäßigter und warmer Klimazonen tun. Das dicke, dichte Gefieder des Vogels hält diesen in der Kälte schön warm, aber seine Effizienz als Wärmeisolator steht der Abgabe von Körperwärme an das Ei im Wege. Deshalb fallen dem Weibchen jedes Jahr unmittelbar vor Ablage des ersten Eis auf einem Hautflecken des Bauches alle Dunenfedern aus. Im Flug wird dieser kahle Flecken – wenn auch nur dünn – von den dazu ausreichend langen Federn seiner unmittelbaren Umgebung bedeckt, so daß er normalerweise nicht sichtbar ist. Zum Brüten hebt das Weibchen einfach diese längeren Nachbarfedern und schiebt sich das ganze Gelege unter den nackten Hautfleck. In der Haut dort haben sich inzwischen zusätzliche Adern gebildet, um eine besonders gute Durchblutung zu gewährleisten. Wenn der Vogel damit die Eier wärmt, erreichen diese bis auf etwa ein Grad die Körpertemperatur des Muttertieres – wenigstens an der gewärmten Seite. Die untenliegende Seite der Eier ist bis zu neun Grad kühler. Die Eule wendet die Eier regelmäßig, damit diese von allen Seiten gleichmäßig erwärmt werden, aber das kleine Zellpaketchen darin, das auf der Oberfläche des Eigelbs sitzt und sich zum Küken entwickeln soll, bleibt der Wärmequelle immer am nächsten. Im frischen Ei kann sich nämlich das Eigelb frei drehen, und dessen embryotragende Hälfte ist leichter als die andere. Die Eule geht jetzt nicht mehr vom Nest, bis in vier oder fünf Wochen die Jungen schlüpfen. Alle paar Stunden kommt ihr Gatte und bringt Futter – schließlich hat sie eine für beide eminent wichtige Aufgabe übernommen.

Um die Wärmeabgabe der Eier an die Umgebung möglichst klein zu halten, kleiden Enten und Gänse ihre Nestmulden mit kleinen Federchen aus, die sie sich selbst von der Brust zupfen. Die Dunenfedern der Eiderenten sind so fein, daß sie schon seit Jahrhunderten als Füllung von Federbetten begehrt sind und fleißig gesammelt werden. Die Tölpel halten ihre Eier mit den großen Schwimmfüßen warm; sie stehen auf ihren Eiern. Die Weißbauchtölpel haben zwei Eier; sie stellen einen Fuß auf jedes und hocken sich dann so hin, daß ihr Gewicht auf dem dem Nestboden aufliegenden Laufgelenken liegt. Der Baßtölpel dagegen legt nur ein Ei und stellt sich mit beiden Füßen darauf – vielleicht hat es deswegen eine für seine Größe besonders dicke Schale.

Die Großfußhühner stecken ihre Eier in Brutanlagen. Es sind haushuhngroße Vögel des tropischen Australien und der Inseln des westlichen Pazifiks. Wie die Haushühner verbringen sie die meiste Zeit auf dem Boden; sie scharren im Laub nach Samen, Früchten und kleinen Erdbewohnern wie Schnecken oder Würmern. Die Art, die der Familie ihren Namen gegeben hat, das Großfußhuhn, bereitet sein Brutgeschäft mit dem gleichen Scharren vor – nur daß es zu diesem Zweck fast auf der Stelle scharrt. Mehrere Tiere arbeiten zusammen und werfen einen gewaltigen Haufen auf, dessen Höhe bis zu fünf Meter und dessen Durchmesser bis zu zwölf Meter betragen kann. Der Haufen besteht zu einem großen Teil aus Pflanzenmaterial. Wenn es sich zersetzt, steigt die Temperatur in dem Hügel an. Die Weibchen, die vorher mitgeholfen haben, den Hügel zusammenzuscharren, graben nun Löcher hinein und deponieren jeweils ein Ei in einem dieser Löcher – teilweise mehr als einen Meter tief. Nach jeder Eiablage wird das betreffende Loch gefüllt; anschlie-

ßend wird der Hügel sich selbst überlassen. Die Temperatur, bei der die Eier lagern, liegt gewöhnlich bemerkenswert beständig bei 35 bis 39 Grad Celsius. Sechs bis neun Wochen später – die genaue Zeit hängt von der Bruttemperatur in dem Meiler ab – schlüpfen die Jungen aus dem Ei. Sie haben bereits große Füße – ganz die Eltern – und bahnen sich damit durch den Bruthügel einen Weg ans Licht. Es dauert keine vierundzwanzig Stunden, bis sie fliegen können.

Allerdings sind die Großfußhühner flexibel genug, um sich auf unterschiedlich günstige Umstände einzustellen. Andere Populationen der Art, die an der Küste leben, bauen keine Bruthügel im Wald, sondern graben sich Löcher in den heißen Sand des Strandes. Eine andere Population auf Inseln des Bismarckarchipels hat landeinwärts Gebiete entdeckt, wo die Erde durch vulkanische Aktivitäten warm gehalten wird, und vergräbt ihre Eier dort. Andere Vertreter der Familie, etwa das Buschhuhn und das Thermometerhuhn, überlassen ihren Bruthügel nicht sich selbst, sondern überwachen ihn gewissenhaft. Der Thermometerhahn steckt den Kopf in den Hügel und überprüft die Temperatur mit der Zunge, der Buschhahn mit dem ganzen Kopf und Hals. Ist der Hügel zu kalt, schaffen sie noch zusätzliches Pflanzenmaterial herbei und packen es obenauf. Ist er zu warm, scharren sie die obersten Schichten herunter.

Überhitzung ist für ein sich bereits entwickelndes Ei ebenso schädlich wie Unterkühlung; die Vögel, die in wirklich heißen Klimazonen brüten, müssen ihre Eier irgendwie vor zu großer Hitze, vor allem vor direkter Sonneneinstrahlung schützen. Der nächstliegende Gedanke ist der, sich selbst als Schutzschild anzubieten – die

Oben: Buschhuhn arbeitet an seinem Bruthaufen, Nordaustralien

eigene Körperwärme wirkt sich ja, sofern keine Brutflecke vorhanden sind, praktisch nicht auf das Ei aus. In diesem Falle muß der Altvogel jedoch selbst die Hitze ertragen. Er kann seine Erwärmung durch die Sonne in Grenzen halten, wenn er ihr möglichst wenig Fläche bietet, also immer zur Sonne hin gerichtet sitzt. Die Blaufußtölpel, die auf den Galapagosinseln auf blanker, schwarzer Lava brüten, drehen sich während des Tages langsam mit der Sonne. Da sie auch auf dem Nest Kot ausscheiden, ist ihre Bewegung durch einen Halbkreis weißer Flecke auf dem schwarzen Stein gut ablesbar – eine Art natürliche Sonnenuhr.

Wenn es noch heißer wird, besteht die Lösung des Hitzeproblems vielleicht darin, sich so hinzustellen, daß sich das Ei im Körperschatten befindet und gleichzeitig jedem noch so kleinen kühlenden Luftzug ausgesetzt ist. Das ist das Verfahren des Krokodilwächters, der aber noch ein übriges tut. Er streut Sand über seine Eier, fliegt dann zum nächsten Fluß oder Teich und kommt mit etwas Wasser im Schnabel zurück, mit dem er den Sand besprengt. Die Verdunstung des Wassers entzieht den Eiern Wärme, kühlt sie also ab. Der Schuhschnabel kann in seinem gewaltigen Schnabel noch mehr Wasser herbeischaffen; er begießt seine Eier regelrecht.

Alles in allem verlangt es dem Vogel sehr viel ab, wenn er sein Gelege durch Weben, Mauern oder Graben eines Nestes vor Räubern zu schützen und dann viele Tage lang bei der richtigen Temperatur zu halten versucht. Am Ende dieser Mühen steht ihm dann die noch viel größere Aufgabe bevor, seine Jungen zu beschützen und zu ernähren. Es ist daher kaum eine Überraschung, daß sich einzelne Vögel vor diesen Arbeiten drücken, wenn das ohne allzu große Gefahr für das Überleben ihrer Nachkommen möglich ist.

Aber allein der Versuch führt schon zu Rivalitäten – selbst zwischen Männchen und Weibchen. Die Beutelmeise bewohnt weite Gebiete Ost- und Südeuropas. Das Männchen erringt die Zuneigung eines Weibchens durch den Bau des beutelförmigen, hängenden Nestes, dem die Art ihren Namen verdankt. Sobald es die Außenwände gewebt hat, beginnt es – mit ständig hin- und hergewendetem Kopf am Nest hängend – zu rufen. Wie bei den afrikanischen Webern besuchen die Weibchen reihum die Nester hoffnungsvoller Kandidaten in der Nachbarschaft und vergleichen deren Arbeit. «Sie» zieht fast immer ein größeres Nest einem kleineren vor; hat sie sich entschieden, läßt sie sich auf dem neuen Zuhause nieder, im Schnabel etwas Wolle für die Auskleidung des Nestes. Ihre Vorliebe für große Nester hat einen praktischen Grund: In ein großes Nest paßt eine dickere Auspolsterung. Die wiederum hält die Eier während ihrer Abwesenheit besser warm, so daß sie ein größeres Nest länger allein lassen kann. Das wiederum bedeutet mehr Zeit für die Nahrungssuche.

Von nun an übernimmt sie den weiteren Nestbau. Sie legt einen abwärts gerichteten Eingangstunnel an und schafft zusätzliche Wolle oder dergleichen zur Innenausstattung herbei. Sobald das Nest fertig ist, läßt sie sich von dem Männchen begatten und beginnt zu legen. Aber nun werden aus den Partnern Konkurrenten. Wenn «sie» ihn zwingen kann, die Bebrütung der Eier und Versorgung der Jungen zu

übernehmen, kann sie sich aus dem Staub machen und andernorts eine zweite Familie gründen. Und «er» könnte es genauso machen, wenn er nur sicher sein könnte, daß die von ihm befruchteten Eier gut betreut werden.

Sechs Eier hat das Gelege normalerweise. Sobald er merkt, daß sie ihr Gelege komplett hat, wird er sie nach Möglichkeit verlassen und ein neues Nest für das nächste Weibchen bauen. Am Anfang der Brutsaison gelingt das vielen Männchen auch. Aber das Weibchen ist nicht auf den Kopf gefallen. Nachdem es zwei Eier gelegt hat, besorgt es sich weiteres Polstermaterial und bedeckt sie damit. Das Männchen begattet das Weibchen weiter; dieses legt weitere Eier und verbirgt sie wiederum unter weiteren Polsterlagen. Erst wenn das Gelege komplett ist, legt der Muttervogel die Eier obenauf – brutfertig – und verschwindet. Das Männchen findet bei seiner Rückkehr zum Nest das vollständige Gelege vor und beginnt mit der Brut. Das Weibchen taucht wahrscheinlich nie wieder auf. Wenn das Männchen das Gelege aufgibt, ist seine ganze Investition verloren – um ein neues Nest zu bauen, ist es schon zu spät. Also muß es wohl oder übel die Brut allein großziehen. Das Weibchen hat währenddessen vielleicht schon ein anderes Männchen mit bereits halbfertigem Nest gefunden, kann noch einmal legen und so in dieser Saison doppelt so viele Nachkommen haben, als es sonst möglich gewesen wäre.

Die amerikanische Rotkopfente hat einen noch einfacheren Weg gefunden, die Zahl ihrer Nachkommen zu mehren. Ihren Eheherrn kann sie kaum dazu bewegen, sich um die Brut zu kümmern, denn wie die meisten Erpel ist er polygam und betei-

Links: Beutelmeise am Nest, Europa   *Oben: Weibchen der Riesentafelente auf ihren Eiern, Nordamerika*

ligt sich grundsätzlich nicht an Brut und Jungenaufzucht. Statt dessen bedient sie sich ihrer Nachbarinnen: Bevor sie in ihr eigenes Nest legt, schiebt sie verstohlen einer anderen Rotkopfente eines ihrer Eier unter. Sie ist dabei nicht allzu wählerisch. An ihrem Brutgewässer nisten oft auch Riesentafelenten, die gewöhnlich mit der Brut etwas früher beginnen. Die Rotkopfente drängt die bereits brütende Riesentafelente frech beiseite, duckt sich und hat in Sekundenschnelle ein Ei gelegt. Auch wenn die Nestbesitzerin in der Nähe geblieben ist, kann sie das Fremdei oft nicht von den übrigen unterscheiden. Gelingt es ihr freilich, wird es hinausgeworfen. Manche Rotkopfenten legen bis zu drei Viertel ihrer Eier in fremde Nester.

Auf den ersten Blick erscheint ihr Tun ziemlich sinnlos, zumindest was die Eiablage in fremde Nester von Artgenossinnen angeht. Sie hat in fremde Nester gelegt, aber andere werden ebenso in ihr Nest gelegt haben. Dennoch könnte dieses Verhalten vorteilhaft sein. Die Rotkopfenten brüten nämlich auf großen Nestbauten, die in Ufernähe auf festem Grund stehen, oft im Schilf verborgen, aber nichts-

Oben: Ein Kuckuck entfernt das Ei eines Teichrohrsängers, um es durch ein eigenes zu ersetzen

Rechts: Der Kuckucksnestling wirft das letzte Rohrsängerei aus dem Nest, Großbritannien

destoweniger sehr leicht angreifbar. Waschbären und andere Diebe können sie ohne große Schwierigkeiten plündern. Es kann also ein Vorteil sein, seine Eier auf viele Nester zu verteilen, weil dadurch die Gefahr von Totalverlusten verringert wird. Das Risiko wird sozialisiert.

Die Kuckucke legen ihre Eier in Nester anderer Vogelarten. Unser wohlbekannter europäischer Kuckuck mit seinem eingängigen Ruf ist nur einer von vielen Vertretern der Familie; Kuckucke kommen auf allen Kontinenten außer Antarktika vor. Es gibt insgesamt 136 verschiedene Arten. 45 davon sind Brutparasiten, die ihre Eier in die Nester fremder Arten legen.

Manche Vögel sind wahrhaft leicht zu betrügen. Der australische Graufächerschwanz ist ein kleiner Insektenfresser, dessen Weibchen zwei kleine Eier in das ordentliche, napfförmige Nest legt. Sie sind blaß gelbbraun mit zarten rötlichen Flecken. Der Bronzekuckuck hat im Nu sein eigenes Ei dazugelegt, wenn das Fächerschwanzweibchen nur kurz auf Futtersuche geht. Das fremde Ei ist viel größer als die beiden arteigenen, und es ist auch anders gefärbt: weiß mit einem breiten purpurrötlichen Band. Schon ein flüchtiger Blick genügt, um den Unterschied zu erkennen. Dazu sollte eigentlich auch das Fächerschwanzweibchen in der Lage sein, möchte man denken. Aber dem ist nicht so. Vielleicht gehören die Fächerschwänze noch nicht lange genug zu den Wirtsvögeln der Kuckucke, um ihrem Gelege die gebührende Aufmerksamkeit zu schenken. Dann ist es unwahrscheinlich, daß sich daran nicht bald etwas ändert. Die jungen Kuckucke sind so fordernd und gefräßig, daß die eigenen Nachkommen der Fächerschwänze deren Gesellschaft nur selten überleben. Nur diejenigen Fächerschwänze, die den Betrug irgendwann bemerken und Abwehrmaßnahmen ergreifen, werden es noch schaffen, eigene Junge großzuziehen. So wird sich ein angeborenes Mißtrauen in der betroffenen Fächerschwanzpopulation immer weiter verbreiten, weil die Tiere, die es vererben, höhere Fortpflanzungsraten erzielen werden als die übrigen. Wenn die Kuckucke dann weiter bei dieser Art parasitieren wollen, müssen sie in Zukunft bei ihrem Betrug größere Raffinesse an den Tag legen.

Diese Verfeinerung ihrer Taktik wird wahrscheinlich in der Tarnung ihrer Eier bestehen. Der afrikanische Goldkuckuck hat dieses Stadium bereits erreicht. Die gleiche Populationsdynamik, die die Abwehrstrategie in einer Population verbreitet, verhilft auch der verfeinerten Angriffstechnik zum Durchbruch und bringt Kuckucke hervor, deren Eier denen ihrer Wirte immer ähnlicher sehen. Nun parasitieren die Goldkuckucke bei verschiedenen Vogelarten. Sie legen ihre Eier in die Nester des Oryxwebers, der Spiegelwida und verschiedener anderer Weber. Aber die Eier des Oryxwebers sind blau, die der Spiegelwida grob gefleckt, die der anderen Weber weiß mit Sprenkelung. Ein einziges Kuckucksweibchen kann nur Eier einer Farbe legen. Also geht es nur an die Nester der Arten, zu deren Eier seine eigenen passen. Das hat zur Herausbildung verschiedener Stämme von Goldkuckucken geführt, die jeweils auf einen besonderen Wirt spezialisiert sind.

Eines seiner Opfer hat sich allerdings seinerseits revanchiert. Der Maskenweber

Rechts oben: Goldkuckuck
Rechts unten: Kolonie von
Cabaniswebern, Südafrika

lebt in kleinen Kolonien von vielleicht einem Dutzend Tieren. Die Weibchen legen nicht genau gleichfarbige Eier; bei manchen sind sie blau, bei anderen tragen sie verschiedenfarbige Flecken. Die Weibchen des Goldkuckucks streichen um die Kolonie herum und lauern auf eine Gelegenheit, in ein unbewachtes Nest zu legen. Die Webernester sind kugelförmig mit nur einem schmalen, seitlichen Eingang, so daß der Kuckuck die Farbe der darinliegenden Eier nicht erkennen kann. Die Mannigfaltigkeit der Eier in der Kolonie ist so groß, daß die Wahrscheinlichkeit, ein Nest mit genau passenden Eiern zu erwischen, für ein Kuckucksweibchen stark vermindert ist. So werden viele Kuckuckseier umsonst gelegt – der Maskenweber hat zurückgeschlagen.

Auch der Cabanisweber gehört zu den Wirtsvögeln des Goldkuckucks. Er unterscheidet sich äußerlich nur wenig von seinem Vetter, dem Maskenweber, ist aber ein wenig kleiner als dieser und deutlich kleiner als der Goldkuckuck. Darauf beruht seine Verteidigung.

Der Cabanisweber baut ein solideres Nest als der Maskenweber; ein nach unten gerichteter Stutzen bildet den Eingang. Die Eier dieser Art sind alle gleichfarbig, und die Weibchen einer Fortpflanzungslinie der Goldkuckucke legen genau gleichfarbige Eier. Aber als wir filmen wollten, wie ein Goldkuckuck in ein Cabaniswebernest eindringt, hatten wir wiederholt keinen Erfolg. Mehrere Kuckucksweibchen lungerten in der Nähe der Weberkolonie herum, und immer wieder flog eines ein Webernest an. Aber nicht ein einziges Mal gelangte ein Kuckucksweibchen hinein – trotz eifriger Bemühungen. Später hörten wir, daß in den Eingängen mehrerer Nester feststeckende und in ihrer Zwangslage verendete Kuckucksweibchen gefunden worden waren. Anscheinend haben die Cabanisweber innerhalb der letzten Jahre die Eingänge zu ihren Nestern immer enger gebaut, bis daraus wahre Kuckucksfallen geworden waren. Sie scheinen also in der vielleicht definitiv letzten Runde ihrer Auseinandersetzung mit dem Kuckuck die Oberhand gewonnen zu haben.

Die Kuckucke sind nicht die einzigen Vögel, die sich um ihre elterlichen Pflichten drücken. Kuhstärlinge sind Brutparasiten etwa bei Tropenammern, Witwen beuten die elterliche Fürsorge der Prachtfinken aus, und Honiganzeiger legen ihre Eier in Brillenvogel- und Zweigsängernester. Warum sie das tun, ist leicht begreiflich, denn mit dem Schlüpfen der Jungen beginnt im Leben der Eltern die härteste und anstrengendste Zeit.

9
ELTERNSORGEN

Manchmal spricht ein Ei zum anderen. Das Ei eines Bodenbrüters, etwa einer Wachtel, beginnt in der Behaglichkeit seines Nestes unter einem Busch leise Klicklaute von sich zu geben, wenn sich die Zeit zu schlüpfen nähert. Das Küken in dem Ei hat seinen Schnabel in die Luftkammer zwischen innerer und äußerer Schalenhaut am stumpfen Pol des Eis geschoben und tut seine ersten Atemzüge. Seine Klicks kommen in sehr rascher Folge – über hundert pro Sekunde – und werden von den Küken in den vielleicht einem Dutzend übrigen Eiern des Geleges wahrgenommen. Diejenigen von ihnen, die schon weiter entwickelt sind und kurz vor dem Schlüpfen stehen, drosseln nun ihr Entwicklungstempo. Sie klicken selbst auch, aber lange nicht so flott – sechzigmal pro Sekunde oder weniger. Die Küken, die bisher das Schlußlicht bildeten, werden zu einer Beschleunigung ihrer Entwicklung veranlaßt. Die Nachrichten, die im Gelege kursieren, führen zu einer Angleichung des Entwicklungsstandes der Eier, so daß schließlich alle Küken, obwohl die Wachtel die Eier jeweils im Abstand von vierundzwanzig Stunden über einen Zeitraum von zwei Wochen hinweg gelegt hat, etwa gleichzeitig ausschlüpfen. Das ist für ihr weiteres Überleben ausschlaggebend.

Das Nest – anfangs noch wohlverborgen – könnte nämlich inzwischen ziemlich auffällig geworden sein. Die Wege des Weibchens zum und vom Nest haben in der Vegetation ringsum möglicherweise einen bereits erkennbaren Pfad hinterlassen. Die mit den Schlüpfakten einhergehende Unruhe und die frischen weißen Innenflächen der aufgebrochenen, verlassenen Eier können leicht die Aufmerksamkeit eines scharfäugigen Räubers erregen – selbst wenn die aufmerksamen Eltern die Schalen so bald wie möglich fortschaffen. Deshalb wäre es zu gefährlich, wenn sich das Schlüpfen über mehrere Tage hinzöge.

Es ist nicht leicht, aus einem Ei herauszukommen. Der gerade erst gebildete Schnabel des ungeschlüpften Kükens ist weich und läßt sich noch nicht als Hammer einsetzen. Dazu wären die Verhältnisse im Ei ohnehin zu beengt. Das Küken kann nicht mehr tun, als seinen Schnabel fest gegen die Schale zu pressen. Um seine

Kraft – die es einem besonderen, nur zu diesem Zweck gebildeten Nackenmuskel verdankt – auf eine möglichst kleine Fläche konzentrieren zu können, ist sein Oberschnabel mit einem kleinen, nach oben weisenden Dorn versehen, dem Eizahn. Meist befindet er sich nicht ganz an der Schnabelspitze, sondern etwas nach hinten

Oben: Virginiawachtel am Nest, Nordamerika

versetzt. Das Küken zieht also den Kopf nach hinten und preßt den Eizahn gegen die Schale, stößt sich dabei manchmal auch mit den Füßen ab und wird schließlich mit einem Riß in der Schale belohnt, bevor diese ganz zerbricht und das Küken freigibt.

Wachteleier enthalten wie die Eier aller Bodenbrüter ein großzügig bemessenes Eigelb; mit diesen Nahrungsreserven kann das Küken bereits im Ei seinen Entwicklungsweg fast vollständig hinter sich bringen. Um ihm dazu die nötige Zeit zu geben, haben die Alttiere die Eier relativ lange bebrütet. Deshalb sind die Jungen, wenn sie nun ihre ersten Schritte tun, alles andere als hilflos. Ihre Augen haben sich bereits geöffnet, und sie tragen ein fertiges Kleid von Nestdunen, das nur noch trocknen muß, um sie warm halten zu können. Bis dahin ist auch die selbständige Temperaturregulation ihres Körpers in Gang gekommen. Es fehlt ihnen allerdings noch die Brustmuskulatur und das Fluggefieder. Aber ihre Beine sind kräftig genug, um damit schon rennen zu können. Im winzigen Magen haben sie noch eine gute Portion Eigelb – bei manchen Arten bis zu einem Drittel des ursprünglich vorhandenen –, mit dem sie etwa einen Tag auskommen. Vielleicht eine Stunde nach dem Aufbruch des ersten Eis ist die ganze Schar von Wachtelküken abmarschbereit; die Mutter verläßt das Nest und geht mit ihrer Truppe auf Nahrungssuche.

Frühreif, wie die Küken der Bodenbrüter sind, bedürfen sie doch des Schutzes vor Auskühlung im Regen und vor Überwärmung in der Sonne. Die Elterntiere sorgen deshalb noch für sie, soweit das notwendig ist, nehmen sie unter ihre Fittiche und hudern sie. Bei Gefahr stößt ein Elterntier einen Warnruf aus, und die Jungen bleiben entweder reglos sitzen oder huschen unter das Gefieder der Eltern.

Die Wachtelhenne hilft ihren Jungen, Futter zu suchen, scharrt mit den Füßen und legt, wenn sie dabei etwas Eßbares findet, dieses vor eines der Küken hin und zeigt mit dem Schnabel darauf – genau wie die Henne des Haushuhnes. Ebenso halten es die Straußen- und viele Fasanenhennen. Die Küken der Kraniche und Guans sind etwas weniger selbständig und müssen gefüttert werden; ihre Mütter reichen ihnen die Häppchen direkt in den Schnabel. Frisch geschlüpfte Küken der Kiwis und vieler Vögel der Meeresküste dagegen sind schon jetzt in der Lage, allein und ohne jede Hilfe Futter zu finden. Aber bei keinem Bodenbrüter dauert es allzu lange, bis die Jungen sich selbst ihr Futter suchen.

Auch die Wasservögel verlassen mit ihren Jungen so bald wie möglich die Nester. Die Jassanas picken sich die frisch geschlüpften Küken von den umhertreibenden Flößen, die ihre Nester sind, stecken sie sich unter die Flügel – manchmal schauen noch einige herabbaumelnde Beinpaare heraus – und stolzieren über die großen Schwimmblätter der Wasserpflanzen davon, auf der Suche nach guten Futterplätzen mit reichem Insektenangebot. Die Lappentaucher, die ebenfalls auf Schwimmnestern brüten, bieten ihren Küken einen angemesseneren Transport. Die Küken klettern einem der Elterntiere auf den Rücken. Sind sie an Bord, hebt der Altvogel die Schwingen ein ganz klein wenig an – als Reling für die Jungen, über die sie neugierig in die Welt hinausblicken können, ohne gleich herunterzufallen – und segelt

Folgende Doppelseite: Transport von Haubentaucherküken auf dem Rücken der Alttiere und Verfütterung von Federn an die Küken, Europa

mit ihnen los. Das Alttier füttert die Jungen auf seinem Rücken, indem es den Kopf mit einem leckeren Häppchen im Schnabel nach hinten wendet. Aber als erstes bekommen die Küken kein Futter, sondern winzige Federchen zu fressen, die der Taucher sich entweder an der Brust auszupft oder von der Wasseroberfläche sammelt. Jedes Küken verzehrt eine beträchtliche Anzahl davon. Sie bilden zum Teil einen verfilzten Stopfen in der Öffnung, die vom Magen zum Darm überleitet; so wird wirksam verhindert, daß spitze Fischgräten oder unverdauliche, scharfkantige Insektenteile den Magen passieren und die zarten Wände der Gedärme verletzen. Andere Federchen werden im Magen selbst die spitzen Gräten abpolstern, bis diese von den Magensäften aufgelöst sind. Das Federnfressen werden die Taucherküken zeitlebens beibehalten, aber in diesem frühen Entwicklungsstadium scheint eine solche Vorsichtsmaßnahme besonders wichtig zu sein.

Die Zwergbinsenralle, die nur oberflächlich eine gewisse Ähnlichkeit mit den Tauchern hat, verfügt über ein in der Vogelwelt einmaliges Transportsystem für ihre Jungen: Das Männchen besitzt unter jedem Flügel eine satteltaschenähnliche Hauttasche. Nachdem seine Jungen in einem erstaunlich frühen Entwicklungsstadium – anders als alle anderen Wasservogelküken blind und praktisch nackt – nach nur etwa elf Tagen Brutdauer geschlüpft sind, bewältigen sie irgendwie (Genaueres ist dazu nicht bekannt) den schwierigen Weg in die Flankentaschen des Männchens. Dieses kann mit seiner lebenden Fracht sogar fliegen!

Oben: Jassanaküken auf Seerosenblättern

Rechts: Zwergbinsenralle, Guatemala

Elternsorgen

Enten- und Gänseküken sind noch selbständiger als der Nachwuchs der Fasanen und Wachteln. Auf Grönland brüten die Nonnengänse auf den Plateaus hoher, binnenländischer Felsen, wo sie vor Füchsen sicher sein können. Wenn die Jungen geschlüpft sind, fliegen die Alttiere zum Fuß des Felsens hinunter und locken sie. Und die Gössel kommen, rutschen und überschlagen sich, fallen senkrechte Abstürze hinab, bis sie schließlich wunderbarerweise heil unten bei ihren Eltern angekommen sind und hinter diesen her zum nächsten Wasserlauf eilen. Die Küken der Sturzbachente in den Hochlagen der Anden verlassen das Nest auf noch dramatischere, scheinbar selbstmörderische Weise. Die winzigen Flauschbällchen stürzen sich einfach vom Nest und tauchen sofort in die reißende Strömung ein. Innerhalb von Sekunden schnellen sie wieder an die Oberfläche und paddeln mit äußerster Kraft mit den kleinen Schwimmfüßchen. Durch ihr wasserabstoßendes Dunenkleid sind sie so gut wie unsinkbar. Wie durch ein Wunder schaffen sie es, nicht stromabwärts abgetrieben zu werden. Sie können sogar auf der Gischt schwimmen, so leicht sind sie. Einen Wirbel der dahinstürzenden Wassermassen nach dem anderen erkunden sie, bis ihnen schließlich der Strudelbereich hinter einem Felsen eine Ruhemöglichkeit bietet. Jedenfalls bleiben sie brav auf dem Gewässerabschnitt, den ihre Eltern als Revier abgesteckt haben.

Derart selbständige Jungvögel müssen von Anfang an in der Lage sein, Eßbares von nicht Eßbarem zu unterscheiden. Für ihre Verteidigung gegen Feinde können

sie allerdings nicht selbst sorgen; die Bewachung der Kükenschar und ihr Schutz vor Räubern ist in diesem Fall Aufgabe des Muttertieres. Aber die Jungen müssen, so gut es geht, in deren Nähe bleiben und sofort kommen, falls die Mutter ruft. Die Mutter-Kind-Bindung formt sich schon früh und ist unwiderruflich – mit Folgen, die das ganze Leben des Nachwuchses hindurch spürbar sein können. Die Bindung ist vielleicht schon vor dem Schlüpfen angelegt worden; das Küken kann bereits im Ei Laute aus der Außenwelt wahrnehmen und hat die Stimme der Mutter möglicherweise schon in diesem frühen Entwicklungsstadium kennengelernt. Endgültig gefestigt wird die Kenntnis der Stimmen der Eltern in der Zeit unmittelbar nach dem Schlüpfen, wenn sich die Küken auch deren Gestalt einprägen. Das kann von wenigen Stunden bis hin zu einigen Tagen dauern. Stimme und Gestalt der Eltern oder eines Elternteiles bleiben lebenslang in Erinnerung und werden sich, wenn es soweit ist, auch deutlich auf die Partnerwahl des Vogels auswirken.

Die Festigkeit des eben geknüpften Bandes wird sogleich auf die Probe gestellt. Die Eltern haben es nach der Brutzeit sehr eilig, in ihre Nahrungsgründe zu gelangen. Sie treten also sofort einen möglicherweise langen Weg an, und zwar zu Fuß, weil die Jungen ja noch nicht fliegen können. Sie stapfen hinter ihren Alten her, geführt vom Klang der vertrauten Stimme und dem Anblick der elterlichen Beine. Die Familienverbände der Brandgänse, die in verlassenen Kaninchenbauten oder Baumhöhlen gebrütet haben, watscheln zielsicher zum nächsten Gewässer, das zu ihrer Ernährung ausreicht. Dort versammeln sie sich in großen Scharen. Die Küken sind

Oben: Sturzbachente mit Jungem, Chile

durch die Angriffe von Möwen gefährdet, die aus der Luft herabstoßen und jedes Küken packen, das sie erwischen können. Die wachhabenden Alttiere verteidigen die Jungen grimmig und jagen die Möwen energisch davon. Darauf verstehen sie sich so gut, daß zwei Alttiere einen ganzen Kindergarten von Küken ausreichend schützen können. Wenn immer mehr Familien eintreffen, ist auch stets für die Wachablösung gesorgt.

Solange nur für ihre Sicherheit gesorgt wird, können Brandgansküken sich selbst versorgen. Junge Seeschwalben, Flamingos und Königspinguine, die auch in größeren Gruppen gehütet werden, können das nicht. Deshalb müssen die Eltern dieser Küken regelmäßig kommen und Futter bringen. In dieser Situation wird die feste Prägung auf die elterliche Stimme für den Nachwuchs lebenswichtig. Nach menschlichem Ermessen ist es unmöglich, im unablässigen Lärm einer Königspinguinkolonie die Stimme eines einzelnen Vogels auszumachen – geschweige denn zu erkennen. Aber Versuche mit individuellen Markierungen haben gezeigt, daß weder die Alttiere noch die Jungen Schwierigkeiten haben, einander zu erkennen. Das bedeutet natürlich nicht, daß ein Küken nicht einmal woanders sein Glück versuchen würde. Ein mit wohlgefülltem Kropf zur Kinderkrippe zurückkehrender Altvogel wird allseits von Jungvögeln bedrängt; verzweifelt schreien, jammern und stoßen sie mit ihren Schnäbeln, um das Alttier dazu zu bewegen, einen Fisch oder vielleicht zwei herzugeben. Aber das Alttier kennt sein eigenes Junges genau und schafft es fast immer, das Futter an die richtige Adresse zu liefern.

Oben: Brandgans mit großer Kinderstube, England

Die Straußenküken werden von den Alttieren ebenfalls zu großen Herden zusammengefaßt, aber unter ganz anderem Vorzeichen. Die alten Strauße scheinen allesamt auf die Betreuung möglichst vieler Junger geradezu erpicht zu sein. Wenn zwei Paare mit Nachwuchs aufeinandertreffen, bricht darüber meist Streit aus. Schließlich vertreibt ein Paar das andere und verleibt dessen Küken seiner eigenen Herde ein. Da das in einer Brutsaison mehrmals nacheinander geschehen kann, haben die selbstbewußtesten und entschlossensten Elternpaare Herden von bis zu einigen hundert Jungtieren. Dieses merkwürdige Verhalten kommt aber vielleicht allen Küken zugute: In der großen Herde können die Jungenverluste relativ geringer gehalten werden als im ursprünglichen Familienverband.

Von den Küken aller Bodenbrüter ist das des Großfußhuhns am ehesten selbständig. Seine Brutzeit ist mit sechzig bis achtzig Tagen relativ lang. Das Ei ist in seinem Bruthügel auch nicht den gleichen mechanischen Belastungen ausgesetzt wie normal bebrütete Eier und hat dementsprechend nur eine dünne, vom Küken leicht zu öffnende Schale. Aber danach wird es gleich ernst für das Küken: Es muß sich durch etwa einen halben Meter Erde und Pflanzenteile graben. Dazu legt es sich auf den Rücken, scharrt über sich etwas Material frei und windet sich gleichzeitig so, daß ihm die gelockerte Masse unter den Rücken rutscht und es sukzessive langsam höhersteigt. Kurze Phasen hektischer Aktivität wechseln ab mit längeren Erholungspausen. Den Brennstoff für seine Grabtätigkeit liefert der Rest des Eidotters, den es noch im Magen hat. Das Küken braucht mehrere Tage, bis es ans Licht kommt, aber bis dahin hat es seine Entwicklung zu einem völlig selbständi-

Oben: Straußenpaar mit Jungen, Kenia

Rechts: Das unterirdisch ausgebrütete Küken eines Großfußhuhns kommt ans Tageslicht, Australien

gen Individuum abgeschlossen. Auch sein Federkleid ist komplett; es kann sofort losfliegen.

Baum- und Höhlenbrüter haben es nicht nötig, ihre Nester so überstürzt zu räumen wie die Bodenbrüter, da sich ihre Kinderstube ja an einem weit sichereren Platz befindet. Dementsprechend können ihre Küken bereits in einem viel früheren Entwicklungsstadium schlüpfen. Sie sind dann noch nackt und blind. Auch die Beine sind erst schwach entwickelt; stehen können sie darauf nicht. Überhaupt sehen sie durchaus nicht aus wie Vögel, sondern erinnern eher an Larven. Ihre am weitesten entwickelten Organe sind der Darm, der Kaumagen und die Leber, denn es kommt für sie zunächst einmal darauf an, Nahrung aufzunehmen und zu verarbeiten. Der frühe Schlüpftermin hat das Weibchen von der Notwendigkeit entbunden, dem Ei einen großen Dotter mitzugeben, und die Küken haben auch kaum noch etwas davon im Magen zurückbehalten. Aber jetzt können ihre Eltern sie direkt ernähren, und so wachsen sie viel schneller, als es den selbständigen Küken der Bodenbrüter möglich ist.

Manche Eltern versorgen ihre Nestlinge mit speziell vorverdautem Futter. Beim Pelikan ist das eine Art Fischsuppe, bei den Sturmtauchern eine ölige Flüssigkeit, die Plankton und kleine Fische zur Grundlage hat. Die Tauben – sowohl Weibchen

als auch Männchen – sondern in ihrem Kropf die sogenannte Kropfmilch ab, eine käsige Masse aus abgelösten, stark fett- und eiweißhaltigen Zellen der jetzt stark wuchernden Kropfwände, die den Jungen zusammen mit dem eingeweichten Kropfinhalt verfüttert wird. Auch die Flamingos haben ein solches Kropfsekret; bei ihnen ist es durch rote Blutkörperchen rot gefärbt. Aber die meisten Vögel versorgen ihre Jungen mit der gleichen Kost, von der sie sich selbst ernähren; bei den Allesfressern mag das Spektrum allerdings etwas zugunsten eiweißreicherer Nahrung verschoben sein.

Die Jungen betteln um Futter. Junge Silbermöwen in ihrer Mulde am Boden richten ihre Schnäbel auf den roten Flecken am Schnabel der Altvögel. Selbst Drosselnestlinge, die noch nicht einmal die Augen geöffnet haben, recken auf die geringste Erschütterung hin, die sie glauben macht, ihre Eltern seien mit Futter eingetroffen, unvermittelt die Hälse und reißen die Schnäbel auf. Ihr in diesem Entwicklungsstadium bei aufgesperrtem Schnabel leuchtendgelber Rachen weist ihre Eltern deutlich darauf hin, wo das angeschleppte Futter hingehört. Die Schnabelränder der Nestlinge sind außerordentlich empfindlich; schon bei der leichtesten Berührung richtet sich der Jungvogel auf und beginnt zu sperren. Vielleicht ist das für die Höhlenbrüter besonders wichtig. Zu ihnen gehört die Gouldamadine. Sie ist einer der farbenprächtigsten Vertreter ihrer Familie und möglicherweise für Farben besonders empfänglich. Das machen sich ihre Nestlinge zunutze; sie haben in den Mundwinkeln große, grün und blau irisierende Wülste, die das spärlich in die Nisthöhle fallende Licht so effektiv reflektieren, daß sie wie von innen beleuchtet wirken.

Die bunten Rachenfärbungen sagen den Alttieren aber nicht nur, wo die hungrigen Mäuler sind, sondern können auch Hinweise darauf enthalten, welche Küken ihrer Brut gerade etwas bekommen haben und welche bereits länger auf einen Brocken warten. Die Rachen der Bluthänflingsküken sind rot; die Farbe wird von den Blutgefäßen dicht unter der Haut des Mundraumes hervorgerufen. Wenn ein Küken gerade etwas bekommen hat, wird das meiste Blut dieser Gefäße zum Magen geleitet, um dort die verdauten Nährstoffe aufzunehmen. Die Rachen der noch hungrigen Jungen sind daher sehr viel stärker gerötet als die der kurz zuvor gefütterten, und man hat experimentell nachweisen können, daß die Eltern sich bei der Zuteilung des Futters nach diesen Farbunterschieden richten.

Die Küken der Brutschmarotzer müssen sich dem bei ihren Wirtsvögeln gebräuchlichen System optischer Signale anpassen, wenn sie nicht verhungern wollen. Das frisch geschlüpfte, einem Astrilden untergeschobene Küken einer afrikanischen Witwe ist auf den ersten Blick als artfremder Eindringling zu erkennen, denn im Ge-

Links: Küken des Rosapelikans langt mit dem Schnabel weit in den Rachen eines Altvogels hinein

Oben: Bluthänflingmännchen füttert seine Jungen, Europa

gensatz zu den nackten, pinkfarbenen Astrildennestlingen trägt es ein malvenfarbenes Dunenkleid. Aber diesen Unterschied nehmen die alten Astrilden gar nicht zur Kenntnis. Sobald einer von ihnen auf dem Nest landet, recken sich ihm die Jungen mit aufgesperrtem Rachen entgegen – und dann sehen sie praktisch alle gleich aus, denn die Schnabelwülste und der Rachenfleck der jungen Witwe gleichen denjenigen der jungen Astrilden völlig. Der Rotachsel-Kuhstärling hat seine Mimikry auf für ihn nützliche Weise noch weiter entwickelt. Er legt seine Eier in die Nester verschiedener Arten, darunter auch nichtparasitische Kuhstärlinge. Aber all seine Wirte haben Nestlinge mit einfarbig rotem Rachen. Das Küken des Rotachsel-Kuhstärlings hat nicht nur ebenfalls einen roten Rachen, sondern zeigt ein viel leuchtenderes Rot als seine Ziehgeschwister, und zwar im Gegensatz zu diesen ständig – auch wenn es eben erst Futter bekommen hat. Infolgedessen wird es von den Zieheltern stets vor deren eigener Brut versorgt.

Meister der gerechten Nahrungsverteilung an die Brut sind die verschiedenen australischen Rosella-Sittiche. Sie brüten schon ab dem ersten Ei, und die Jungen schlüpfen über einen Zeitraum von mindestens acht Tagen. Trotz des gewaltigen Größenunterschiedes zwischen den einzelnen Nestlingen füttern die Eltern so gleichmäßig, daß alle beim Flüggewerden etwa gleich groß und gleich schwer sind.

Auch die Küken des Bläßhuhns werden von den Alttieren gleich behandelt, aber manche von ihnen sind damit nicht zufrieden. Wenn eines zu vorlaut und zu gierig wird, die Geschwister möglicherweise zu verdrängen versucht, packt es eines der Alttiere und bestraft es durch heftiges Schütteln. Vielleicht wird es sogar ganz unter Wasser getaucht und flieht schließlich in seiner Verzweiflung ins Schilf, während die Eltern seine Geschwister füttern. Viele dieser mißhandelten Küken kehren nie mehr zurück. Das kommt so regelmäßig vor, daß die meisten Gelege des Bläßhuhns schnell von sieben auf drei Junge reduziert werden.

Das amerikanische Indianerbläßhuhn hält es anders. Seine Küken tragen neben einem intensiv scharlachroten Hautflecken einen strahlend orangefarbenen Schopf von Dunenfedern. Wenn sie um Futter betteln, präsentieren sie ihren prächtigen Kopfschmuck und nicken vor ihren Eltern wie wild mit dem Kopf. Die Küken mit den leuchtendsten Schmuckfedern werden zuerst gefüttert. Es sind wahrscheinlich die kräftigsten und vitalsten der Geschwister und haben folglich die größten Chancen zu überleben. Es ist daher besser, ihnen so viel zu fressen zu geben, wie sie nötig haben, als mit dem vorhandenen Futter alle Tiere gleichmäßig unzureichend zu versorgen. Die Folge ist, daß auch die Familien des Indianerbläßhuhns rasch schrumpfen.

Diese Strategie der differenzierten Fütterung haben sich in der Vogelwelt sehr unterschiedliche Gruppen von Vögeln zu eigen gemacht. Alle Tölpel verfahren – wenn auch in unterschiedlichem Ausmaß – danach. Aus den zwei bis drei Eiern des Blaufußtölpels schlüpfen die Küken in etwa vier Tagen Abstand. Infolgedessen herrschen deutliche Größenunterschiede zwischen ihnen. In Jahren mit gutem Fischvorkommen können die Eltern vielleicht alle drei satt bekommen, aber wenn Fisch

Rechts oben: Ein Bläßhuhn bestraft ein Junges, Europa

Rechts unten: Indianerbläßhuhn bei der Fütterung eines Jungen

knapp ist, kommt das jüngste Küken zu kurz. Die älteren werden immer kräftiger, das jüngste schwächer. Schließlich wird es aus dem Nest gedrängt und geht zugrunde. Das erscheint unnötig grausam, aber die Tölpel haben zum Zeitpunkt der Eiablage keinerlei Anhaltspunkt dafür, wie reich die Fischbestände in den nächsten Wochen sein werden. Legen sie nur ein Ei und stellt sich dann heraus, daß reichlich Fisch vorhanden ist, dann haben sie die Möglichkeit versäumt, in der betreffenden Brutzeit zwei oder drei Nachkommen großzuziehen. Ein zweites und ein drittes Ei sind für diese Chance kein zu hoher Einsatz.

Die meisten Greifvögel legen ebenfalls mehr Eier, als sie Junge großziehen können, füttern bevorzugt den ältesten Nestling und lassen zu, daß dieser seinem jüngeren Geschwister so erbarmungslos zusetzt, daß es zugrunde geht. Der Sieger frißt dann für gewöhnlich den Unterlegenen auf, womit die Nahrung, die die Eltern in das zweite Ei und die Ernährung des zweiten Nestlings investiert haben, nicht ganz verloren ist. Der Goldschopfpinguin praktiziert eine merkwürdige Variante dieses Verfahrens. Sein Gelege besteht aus zwei Eiern, aber das erste ist kleiner als das zweite, das Küken daraus schlüpft später und überlebt nur selten. Warum hier die Rollen zwischen erstem und zweitem Ei beziehungsweise Nestling vertauscht sind, ist ungewiß. Vielleicht liegt es daran, daß die Eier und Nestlinge des Goldschopfpinguins zu Anfang der Brutsaison, wenn die Kolonie sich noch im Aufbau befindet, größeren Gefahren ausgesetzt sind. Es kommt dann oft zu bösartigen Streite-

Oben: Ein Blaufußtölpel füttert sein stärkeres Küken, während das schwächere verhungert, Galapagosinseln

Rechts: Eine Höhlenweihe stiehlt einen Jungvogel aus einem Webernest

reien zwischen den Alttieren, und die ständig um die Kolonie herumstreichenden Skuas haben beste Möglichkeiten, Eier und Jungtiere zu erbeuten. So geht etwa die Hälfte der erstgelegten Eier verloren.

Auch wo die Küken mehr oder weniger gleichzeitig schlüpfen, kämpfen sie untereinander ums Überleben. Die Nestlinge des Malaienspints verfügen dafür sogar über eine spezielle Waffe. Zuerst sitzen bis zu siebzehn von ihnen im Nest. Jeder hat einen scharfen, nach unten gebogenen Haken an der Schnabelspitze, mit dem er in der Dunkelheit der Nisthöhle auf seine noch nackten Geschwister einhackt. Wahrscheinlich verwundet er zwei oder drei davon so schwer, daß sie eingehen. Das Gemetzel geht etwa zwei Wochen lang so weiter; bis dahin haben die – selten mehr als drei – Überlebenden die ersten Federn bekommen, die sie vor Verletzungen durch ihre Geschwister schützen. Von da an sitzen sie in bester Freundschaft beieinander.

Die Hauptgefahr droht den meisten Nestlingen aber nicht von ihren Geschwistern, sondern von Freßfeinden. In Europa plündern die Elstern regelmäßig die Nester von Blaumeisen und anderen Gartenvögeln. In Südamerika sind die Tukane jederzeit erpicht, ihre Fruchtdiät mit einem kleinen, wehrlosen Vogel zu bereichern, wenn sie denn eines habhaft werden können. Die afrikanische Höhlenweihe verfügt sogar über spezielle Anpassungen an die Nesträuberei: Ihre Beine sind ungewöhnlich lang, und der Lauf ist im Gelenk zum Unterschenkel etwas nach hinten beweglich, so daß sie recht tief auch in gutgeschützte Nester greifen kann.

Viele Schlangen sind wahre Kletterkünstler, und kaum ein Baumnest ist vor ihnen

sicher. Auf dem Boden sind die Küken eine begehrte Beute von Ratten und Hermelinen, Katzen und Eichhörnchen, Füchsen und Waschbären. Es ist daher von großer Wichtigkeit, daß die Vögel ihre Nester so versteckt wie nur möglich anlegen.

Die Vogeleltern können aber noch weitere Maßnahmen zur Geheimhaltung der Nestposition ergreifen. Viele Küken geben in ihren ersten Tagen Kot in kleinen, von gallertigen Hüllen umgebenen Ballen ab. Oft fressen die Altiere diese Ausscheidungen, und manche scheinen sie fast zu genießen. Sicherlich enthalten sie noch Nährstoffe, die vom robusteren Verdauungssystem der Altvögel ausgenutzt werden können. Jedenfalls stupsen die Altiere die Küken unmittelbar nach dem Füttern oft ins

Oben: Eine Natter verschlingt einen Zweigsängernestling, Kalifornien

Rechts: Eine Blaumeise nimmt den Kotballen eines Nestlings entgegen, Großbritannien

Hinterteil, animieren sie so zur Kotausscheidung und nehmen die kleinen, weißen Säcke entgegen, sobald sie zum Vorschein kommen. Die Ausscheidungen älterer Küken werden nicht mehr gefressen, sondern im Schnabel weggebracht und in einiger Entfernung vom Nest fallen gelassen. Die Leierschwänze gehen keinerlei Risiko ein. Wenn sich in zumutbarer Entfernung ein Wasserlauf findet, wird der Kot darin versenkt, ansonsten vergraben. Die Tagschläferjungen sind ebenso gut getarnt wie ihre Eltern, würden aber schnell entdeckt, wenn ihr Rastplatz von Kot weiß gefärbt wäre. Sie sind in der Lage, ihren Kot mehrere Meter weit aus dem After zu spritzen. Die Höhlenbrüter sind in der Regel ebenfalls Kotspritzer. Eisvögel und Nashornvögel bringen ihr Hinterteil am Höhleneingang in Position, heben den Schwanz und spritzen den Kot, der verräterische weiße Spuren hinterläßt, so weit wie möglich von ihrem Nistbaum oder dem Steilufer weg. Diese Entsorgung der Ausscheidun-

gen ist nicht nur als Schutzmaßnahme, sondern auch aus hygienischen Gründen geboten.

Je älter die Nestlinge werden, um so größere Anforderungen stellen sie an ihre Eltern. In den Tropen besteht für den Nachwuchs der Kraniche und Störche, die auf ihren Knüppelnestern der prallen Sonne ausgesetzt sind, die große Gefahr einer Überhitzung. Manche Alttiere schlagen sich daher die Bäuche voll Wasser, das sie dann über ihren Jungen als kühlende Dusche auswürgen. Die Reiher lösen das Problem auf weniger hygienische Weise: Sie entleeren ihre Därme über den Nestlingen.

Die Hauptforderung der Jungvögel ist und bleibt aber die Versorgung mit Futter. Der Appetit der Küken scheint unersättlich. Eine Kohlmeise liefert wohl neunhundertmal am Tag eine Schnabelfüllung Insekten am Nest ab. Die Zieheltern stopfen einen jungen Kuckuck – erbarmungslos angetrieben von dessen riesigem gelbem Rachen – so emsig mit Futter, daß er sein Gewicht in drei Wochen verfünfzigfacht. Andererseits sind die Ernährung und der Schutz einer Brut keine erdrückenden Lasten, wenn sich beide Eltern die Arbeit teilen. Und wo günstige Umstände herrschen, schafft es auch ein Altvogel allein – gewöhnlich das Weibchen. Das Männchen kümmert sich in diesen Fällen nicht weiter um seinen Nachwuchs und widmet sich lieber der Balz, so wie es bei Paradiesvögeln, Fasanen, Schnurrvögeln und anderen Polygamisten der Fall ist.

Oben: Ein Weißstorch kühlt seine Jungen mit einem Guß ausgewürgten Wassers, Nordeuropa

Rechts: Ein Schuhschnabel spendet seinem Jungen Schatten, Sambia

ELTERNSORGEN

Aber nicht alle Vögel leben im Überfluß. Bei manchen ist der Lebensraum so karg, daß sie die Brut nur mit zusätzlicher Hilfe durchfüttern können. Oft sind es Nachkommen aus früheren Bruten, die dann helfen.

Solche Hilfe ist von seiten der Helfer keine reine Selbstlosigkeit. Vielleicht gibt es in der Umgebung keinen Platz mehr, um ein eigenes Revier abzustecken. Versucht man es trotzdem, muß man mit dem erbitterten Widerstand der Alteingesessenen rechnen. Da bleibt man doch besser gleich daheim, wo man gern gesehen ist – was sicherlich der Fall ist, wenn die Eltern verzweifelt nach Futter für die neue Brut suchen. Außerdem trägt man so zum Erhalt der Gene bei, die man ja selbst mit den jüngeren Geschwistern teilt – das ist nicht so gut, als brütete man selbst, aber besser als nichts. Hinzu kommt, daß irgendwann eines der Alttiere eingehen wird, und dann hat man beste Voraussetzungen, sich mit dem Überlebenden zu paaren und das Familienerbe zu übernehmen. Dieses Verhaltensmuster, das erst in jüngerer Zeit entdeckt wurde, ist, wie man inzwischen weiß, weit verbreitet.

So hält es der Graudroßling in den Wüsten Arabiens und der Weißstirnspint in Afrika, der von Jahr zu Jahr sehr unterschiedliche Verhältnisse vorfindet und jederzeit auf eine plötzlich eintretende Nahrungsverknappung gefaßt sein muß. In den

Eukalyptuswäldern Australiens ist diese Verhaltensweise bei fast der Hälfte aller Vogelarten gang und gäbe. Das erscheint auf den ersten Blick merkwürdig, da diese Wälder gar nicht besonders karg wirken. Vielleicht hängt es mit dem dort herrschenden, im Jahresgang sehr gleichmäßigen Klima zusammen. Es fehlt das plötzliche Aufleben der Pflanzen- und Tierwelt im Frühjahr, die ungeheure Flut von Insekten, die zu dieser Zeit über die Wälder der Nordhalbkugel hereinbricht. Es gibt kein plötzliches Anschwellen des Nahrungsangebotes. Die Vögel haben keinerlei Schwierigkeiten, sich selbst zu ernähren, aber wenn sie nach der Brut plötzlich vier oder fünf Mäuler zusätzlich zu stopfen haben, wird es in der Tat schwierig, für alle genug zu finden. Die Kookaburras, die in diesen lichten Wäldern leben, ernähren sich von Schlangen, Eidechsen und kleinen Nagern. Wenn ihre Jungen flügge sind, bleiben sie bei den Eltern und beteiligen sich nicht nur an der Aufzucht der nächsten Brut, sondern auch an der Verteidigung des Reviers. Dazu dienen in erster Linie ihre Rufe – das hysterische Gelächter, für das diese Vögel bekannt sind. Je lauter das Lachen, um so nachdrücklicher hält es die Konkurrenz auf Distanz, und so lachen die Jungen mit ihren Eltern zusammen im Chor.

Auch die Drosselkrähen sind in den Eukalyptuswäldern zu Hause. Sie werden erst im Alter von vier Jahren geschlechtsreif und bleiben bis dahin oft bei den Eltern. Ihre Hauptnahrung sind in der Erde lebende Larven, deren Entdeckung eini-

Oben: Eine Familie von Graudroßlingen bei der gemeinsamen Gefiederpflege, Israel

Rechts: Drosselkrähe am Nest (oben) und beim Füttern eines gerade flüggen Jungvogels (unten), Australien

gen Aufwand erfordert. Es müssen dazu bis 20 Zentimeter tiefe Löcher in die Erde gegraben werden. Ältere, erfahrene Vögel haben ein gutes Auge dafür, wo die Suche aussichtsreich ist, aber jüngere Vögel graben oft vergebens. Infolgedessen sind sie auf Fütterung durch die Eltern angewiesen, bis sie etwa acht Monate alt sind.

Angesichts des knappen und nur schwer zu beschaffenden Futters führt die Brut bei den Drosselkrähen unweigerlich zu einer Krise. Das Gelege besteht normalerweise aus vier Eiern. Nur mit zusätzlicher Hilfe hat ein Paar überhaupt die Chance, Junge großzuziehen. Mit zwei Hilfskräften reicht es vielleicht gerade für ein einziges Küken. Um vier satt zu bekommen, sind mindestens acht Helfer nötig. Eine so große Schar ist vielleicht auch in der Lage, das Revier auszudehnen. Die Familienbande, ein Paar mit bis zu einem Dutzend noch nicht geschlechtsreifer Nachkömmlinge, fällt in das Revier eines Nachbarn ein und zerstört dessen Nest – die Eier und Jungen werden hinausgeworfen, der schöne Lehmnapf in Stücke gehackt. Damit sind die Feindseligkeiten aber noch nicht zu Ende. Auch wenn sich zwei Familien mit gerade flügge gewordenen Jungen begegnen, wird gedroht und gezankt. Während aber einige Alttiere streiten, betätigen sich andere als Entführer. Sie locken eines der gerade flügge gewordenen Jungen des feindlichen Clans mit Futterhappen von dessen Familie weg. Hat die Entführung Erfolg, dann nimmt das Opfer binnen etwa einer halben Stunde die früheren Feinde als neue Familie an. Schon etwa einen Monat ältere Jungtiere lassen sich allerdings nicht mehr entführen. Glückt das Manöver, hat die Familie einen weiteren Helfer zur Aufzucht der eigenen Jungvögel.

Zu Ende der Nestlingszeit wachsen den Küken zum ersten Mal voll ausgebildete Federn. Sie ersetzen die bei den meisten Küken als erstes Kleid vorhandenen Nestdunen. Jede Feder sitzt in einer kleinen Hauttasche. Zuerst handelt es sich nur um einen weichen, von einer Scheide umschlossenen Zapfen, der sehr schnell wächst. Blutgefäße und lebende Zellen im Kern dieses Zapfens bilden sich nach Abschluß der Federentwicklung zurück – sterben ab oder wandern in die Haut zurück. Der Schaft mit den Federästen und -strahlen auf beiden Seiten wird hart; die Feder ist jetzt ebenso unbelebt wie ein Zehennagel.

Die meisten Jungvögel haben in diesem Stadium noch nicht das Gewicht des erwachsenen Vogels erreicht; das wird erst etliche Wochen nach dem Verlassen des Nestes der Fall sein. Bei einem Fünftel aller Vogelarten ist es jedoch genau umgekehrt: Die Nestlinge sind zum Schluß schwerer als die Alttiere. Ein gerade flügge gewordener Rosapelikan wiegt tatsächlich bei gleicher Größe fast vierzig Prozent mehr als ein Alttier. Das hängt mit dem höheren Wasseranteil in wachsendem Gewebe zusammen. Bei einigen wenigen Familien – zu denen die Albatrosse, Papageien, Eulen und Eisvögel gehören – ist noch ein weiterer Grund für das hohe Nestlingsgewicht zu nennen: die gute Ernährung, die dem Nestling die Anlage von Fettreserven gestattet hat.

Der Nestling, der in seinem neuen, noch unerprobten Fluggefieder auf einer Felskante sitzt, aus seiner Nesthöhle lugt oder hoch auf einem Baum auf seinem Nest hockt, muß nun seinen ersten Schritt in die Unabhängigkeit tun. Viele bedürfen kei-

Rechts: Nestling des Rubinkehlkolibris erprobt auf dem Nestrand stehend die Flügel, Nordamerika

Elternsorgen

ner großen Überredung, um das Nest zu verlassen, das inzwischen unter schwerer Überbelegung leidet. Diejenigen unter ihnen, die wie die Amsel, die Drosseln und das Rotkehlchen ihre Nahrung im Erdreich oder im Laub suchen müssen, flattern schwerfällig zu Boden oder verharren unentschlossen im Geäst und betteln weiter ihre Eltern an. Sie fliegen noch nicht besonders schnell und geschickt auf, so daß viele von ihnen ihren Feinden, zum Beispiel den Katzen, zum Opfer fallen.

Liegen die Nistplätze hoch in Bäumen oder Felsen, müssen die Jungvögel halbwegs ausreichende Flugfertigkeiten aufweisen, soll ihr erster Start nicht mit einer Katastrophe enden. Junge Adler verbringen jeden Tag viele Stunden damit, die Flügel zu schlagen und im Nest herumzuhüpfen, um ihre Brustmuskeln zu stärken und sicherlich auch ein gewisses Gefühl für das Fliegen zu entwickeln. Kolibriküken trainieren ebenfalls, halten sich dabei aber vorsorglich am Nestrand fest, damit sie vom Geschwirr ihrer Schwingen nicht ungewollt nach oben gerissen werden.

Manche Jungvögel sind so zögerlich, daß sie eigens zum Abflug überredet werden müssen. Sturmtauchereltern stellen einfach nach sechzig Tagen die bis dahin großzügige Fütterung ihrer Jungen im Nest ein. Nach sechs Tagen ohne Nahrung treten die Nestlinge, die inzwischen von ihrer körpereigenen Fettreserve zehren, jeweils für kurze Zeit vor die Bruthöhle und üben sich im Gebrauch der Schwingen; in der Höhle selbst ist es dazu zu eng. Erst nach zwölf Fastentagen haben sie genug Selbstvertrauen – oder genug Hunger –, um die Flügel auszubreiten und sich in die Lüfte zu schwingen.

Die Wanderfalkeneltern setzen eher auf Zuckerbrot denn auf Peitsche; sie drohen nicht mit Hunger, sondern locken mit Aussicht auf Nahrung. Meist übernimmt das Weibchen diese Aufgabe. Statt frisch geschlagene Beute zum Horst zu bringen, setzt es sich damit in einen nahen Baum und ruft seine drei oder vier Jungen. Wenn es deren Aufmerksamkeit errungen hat, fliegt es unter ständigem Rufen mit der Beute von Baum zu Baum. Und schließlich stürzt sich eines der Jungen wagemutig in die Tiefe. Mit schnellen, aber noch etwas ungelenken Flügelschlägen schleppt sich das Tier der lockend dargebotenen Beute entgegen, mit der es dann auch belohnt wird.

Das aber war nur die erste Lektion. Jedes Junge bezieht nun eine eigene Sitzwarte, auf der es gefüttert wird. Je kräftiger und selbstbewußter die Tiere werden, um so schwerer macht ihre Mutter es ihnen mit dem Futter. Sie hält ihre Beute fest und bringt die Jungen dazu, diese im Flug zu übernehmen. Wenn sich das Junge ihr in der Luft nähert, wirft sie sich auf den Rücken, so daß es die Beute mit den Fängen packen kann. Dann kommt als nächstes das Auffangen von Beute in der Luft. Sie fliegt so vor einem Jungen her, daß dieses die Möglichkeit hat, die Beute durch einen gezielten Stoß zu ergreifen, wenn die Mutter sie fallen läßt. Stößt das Junge daneben, fangen sie oder ihr Partner, der den Unterricht vielleicht aufmerksam verfolgt, die Beute auf, bevor sie auf dem Boden aufschlägt. Dann darf es das Junge noch einmal versuchen.

So erlangen schließlich die Jungen aller Vogelarten ihre Selbständigkeit. Alle Mühe der Eltern bei der Partnerwahl, dem Nestbau und den schier endlosen Tagen des Brütens und Fütterns sind am Ende belohnt worden. Eine neue Vogelgeneration hat sich in die Lüfte erhoben.

10

GRENZGÄNGER

Keine andere Klasse der Wirbeltiere hat die Erde so lückenlos besiedelt wie die Vögel. Die Amphibien mit ihrer feuchten Haut können sich nicht allzuweit vom Wasser entfernen. Die Reptilien haben diese Beschränkung hinter sich gelassen und sind größtenteils ganz terrestrisch geworden; es fehlt ihnen aber die Fähigkeit, ihre Körperwärme selbst zu erzeugen, so daß sie in dauerkalten Gebieten nicht überleben können. Die warmblütigen Säugetiere mit ihrem gut isolierenden Fell sind auch in Schnee und Eis heimisch geworden, und einige haben sogar die Meere erobert. Aber auch sie sind an ihre Grenzen gestoßen: Aus eigener Kraft können sie keine entlegenen ozeanischen Inseln besiedeln. Selbst dem Menschen sind solche Inseln erst zugänglich, seit er vor einigen tausend Jahren zum ersten Mal hochseetüchtige Boote baute. Die Vögel aber haben seit langem all diese Grenzen überwunden und die entlegensten Orte erreicht. Sie ertragen die extremste Kälte, weil ihre gleichbleibend hohe Körpertemperatur von ihrem Gefieder wirksam konserviert wird. Einige Vögel sind hervorragende Schwimmer und Taucher, die Tiefen von bis zu 300 Metern erreichen. Und dank ihres ausgezeichneten Flugvermögens stoßen sie bis an die Grenze der Troposphäre vor.

Aber auf eines sind die Vögel ebenso wie alle anderen Tiere angewiesen: auf Wasser in flüssiger Form. Ohne Wasser können sie ihre Nahrung nicht verdauen, die daraus aufgenommenen Nährstoffe nicht in Umlauf bringen und die giftigen Stoffwechselprodukte nicht ausscheiden. Bei manchen Fisch- und Fruchtfressern unter den Vögeln sind schon ausreichende Wassermengen in der Nahrung enthalten, aber die Vögel in trockeneren Gebieten finden meist nur wasserarmes Futter. Ohne zusätzliche Wasserversorgung können sie nicht existieren.

Die Wüsten Afrikas und des Nahen Ostens sind über weite Gebiete so trocken, daß ihnen jede dauerhafte Vegetation fehlt. Es gibt nichts als Fels, Steine und Sanddünen. Zwar kommt es auch dort zu Niederschlägen, aber nur sehr selten und sporadisch. Wenn es allerdings einmal regnet, erwacht die Wüste zum Leben. Samen, die vielleicht schon Jahrzehnte im Sand liegen, beginnen plötzlich zu keimen. Die winzigen Triebe wachsen außerordentlich schnell. Binnen etwa einer Woche blühen die Pflanzen, um danach in der Trockenheit rasch dahinzuwelken. Bis es soweit ist, haben sie allerdings Tausende von Samen ausgestreut, die bei vielen Arten nur staubkorngroß sind. Und diese Samen sind die Nahrung des Namaflughuhns.

Flughühner sind keine Hühner; sie haben von der Größe und dem Typus her eine gewisse Ähnlichkeit mit Tauben, stehen aber den Wat-, Möwen- und Alkenvögeln verwandtschaftlich am nächsten. Von den winzigen Samen, die es verzehrt, braucht ein Namaflughuhn wohl gut 8000 am Tag – das sind zusammen kaum anderthalb Gramm. Es nimmt die Samen mit schnellen Pickbewegungen auf, arbeitet sich wie eine rasende Nähmaschine durch den Sand und kann mehrere Samen in der Sekunde verzehren. Da die Samen sehr trocken sind und die Flughühner nicht mit dem lebensnotwendigen Wasser versorgen können, müssen die Tiere alle zwei oder drei Tage – bei besonders heißem Wetter auch täglich – mit Fressen aussetzen und zu einer Tränke fliegen. Wasserstellen gibt es nicht viele, aber die Vögel nehmen Flugstrecken von bis zu 80 Kilometern dorthin in Kauf.

Die sporadische Verteilung der Regenfälle und damit der anschließend gebildeten Samen in der Wüste bringt es mit sich, daß das Namaflughuhn meist keine festen Brutplätze oder Reviere beziehen kann. Es ist ein ewiger Nomade, der durch die glühenden Weiten streift und, wenn die Zeit gekommen ist, brütet, wo immer es

sich gerade befindet. Die Weibchen legen ihre Eier – gewöhnlich sind es drei – in eine flache Mulde im Sand. Gleich nach dem Schlüpfen verlassen die Küken das Nest und nehmen selbst die Suche nach Samen auf. Auch sie müssen trinken, können jedoch noch nicht fliegen. Das Wasser muß ihnen gebracht werden, eine Aufgabe, die das Männchen übernimmt.

Die Eltern einiger anderer Vogelarten bringen ihren Nestlingen Wasser im Kropf; das Flughuhnmännchen dagegen benötigt alles Wasser, das in seinen Kropf geht, für sich selbst. Es transportiert das Wasser auf andere, in der Vogelwelt einmalige Weise: in seinem Brust- und Bauchgefieder. Bevor das Tier ans Wasserloch geht, reibt es Brust und Bauch in Sand und Staub, um alle Reste von wasserabweisendem Sekret der Bürzeldrüse von den Federn zu entfernen. Dann trinkt es gierig, um den eigenen Durst zu stillen und den Kropf zu füllen. Danach watet es weiter ins Wasser, hebt Schwanz und Schwingen, damit diese nicht ebenfalls durchnäßt werden, und schüttelt sich, bis sein Brust- und Bauchgefieder völlig durchtränkt ist. Die dichte Matte feiner Federfilamente der körpernächsten Federchen saugt das Wasser auf wie ein Schwamm. Das Tier bleibt vielleicht einige Minuten im Wasser und genießt sein kühlendes Bad, aber gewöhnlich herrscht bei der gewaltigen Zahl von Flughühnern, die jeden Tag von allen Seiten her an die Wasserstelle kommen, am Ufer ein solches Gedränge, daß der Vogel seinen Platz nicht lange behaupten kann und sich wieder auf den Heimweg macht.

Seine Wasserfracht im Körpergefieder ist gegen Verdunstung nur unzureichend geschützt; nach Flugstrecken von deutlich mehr als 30 Kilometern ist nicht mehr viel davon übrig. Wenn das Männchen schließlich in der Nähe der Jungen landet, die sich bei ihrer Futtersuche etwas verteilt haben, kommen sie eilig herbeigelaufen. Das Alttier richtet sich auf, so daß die Jungvögel aus seinem Gefieder trinken können. Nachdem es von seiner Ladung befreit ist, trocknet es sein Gefieder, indem es noch einmal Brust und Bauch im Sand reibt. Zwei Monate lang schafft es so Tag für Tag Wasser heran, bis die Jungen nach ihrer ersten Mauser selbst zur Tränke fliegen können.

Für die Vögel der Landschaften des ostafrikanischen Grabens sollte es eigentlich kein Problem sein, Wasser zu finden, reiht sich doch über die ganze Länge des Grabens See an See. Aber diese Seen zeichnen sich durch ihren übermäßigen Salzgehalt aus. Die Gewässer, die in der Regenzeit die Bruchränder des Grabens hinabfließen und sich in die Seen ergießen, waschen auf ihrem Weg über vulkanische Aschen und Lava Salz aus, das schließlich in die Seen gelangt und sich dort anreichert. Sinkt deren Wasserspiegel in der Trockenzeit, steigt der Salzgehalt, bis er weit über dem von Meereswasser liegt. An einem dieser Seen, dem Magadisee, besteht sogar das Ufer aus einer dicken Salzschicht. Dieser See erhält sein Salz allerdings nicht nur durch seine Zuflüsse, sondern auch aus dem vulkanisch aktiven Untergrund, der ihn mit heißen, sulfat- und karbonatreichen Quellen speist. Wenn das heiße Wasser die Oberfläche des Sees erreicht, haben seine Salze sich bereits zu Kristallen verfestigt und bilden eine glänzendhelle Breischicht, die in der gleißenden Sonne wabert.

Links: Namaflughühner an einer Wasserstelle, Südafrika

Folgende Doppelseite: Zwergflamingos am Bogoriasee, Kenia

Alle Salzseen des Grabens werden zu bestimmten Zeiten von Flamingos aufgesucht, die zusammen mit einigen anderen Vogelarten die in diesen Seen und deren Umgebung vorhandene Nahrung nutzen. Den lebensfeindlichen Bedingungen des Magadisees ist allerdings außer den Flamingos kaum eine andere Spezies gewachsen. Fische gibt es im See bloß an dessen Südende in der direkten Umgebung einiger Quellen, wo das Wasser zwar sehr heiß, aber etwas weniger salzig ist.

Nur einige Algen und die Salinenkrebschen finden im Wasser des Sees ausreichende Lebensvoraussetzungen vor, und da sie praktisch keiner sonstigen Konkurrenz ausgesetzt sind, besiedeln sie den Magadisee in ungeheuren Mengen, die sich wiederum die Flamingos zunutze machen. Sie sind am See durch zwei Arten vertreten, den fast anderthalb Meter großen Rosaflamingo und den nur halb so großen Zwergflamingo, der dort aber ungleich zahlreicher anzutreffen ist. Beide Tiere haben Häute zwischen den Zehen, so daß ihr Gewicht sich auf eine relativ große Fläche verteilt und sie durch den Schlamm stolzieren können, ohne allzu tief einzusinken. Ihre Beine und Füße sind mit Schuppen besetzt; die ätzenden Salze können ihnen nichts anhaben. Der Rosaflamingo nimmt seine Nahrung – Krebschen und Würmer – auf, indem er den Kopf und oft auch den Hals ziemlich tief ins Wasser taucht und so voranschreitet; dabei durchpflügt er gewissermaßen den Schlamm. Aber der eigentliche Spezialist für diese lebensfeindliche Umgebung ist der Zwergflamingo.

Er lebt vorwiegend von den Blaualgen. Diese mikroskopisch kleinen Lebewesen schwimmen in der obersten Wasserschicht, und der Zwergflamingo erntet sie mit einem der kompliziertest strukturierten Schnäbel der Vogelwelt. Zur Nahrungsaufnahme senkt er den langen Hals und hält den Schnabel – Oberschnabel nach unten, Spitze nach hinten – knapp unter die Wasseroberfläche, wo sich die Algen in höchster Konzentration finden. Der Unterschnabel ist knollig verdickt und enthält eine luftgefüllte Wabenstruktur, die ihn über Wasser hält, so daß kaum Muskelarbeit nötig ist, um den Schnabel im Wasser in der richtigen Position zu halten. Der Knick in der Schnabelmitte, der dem Flamingo sein römisches Profil verleiht, ist von besonderer Bedeutung. Wenn ein gerader Schnabel geöffnet wird, klafft er an der Spitze viel weiter auseinander als an der Basis. Der geknickte Schnabel des Flamingos dagegen klafft bei leichter Öffnung auf der ganzen Länge ungefähr gleich weit auseinander. Es besteht daher für den Vogel nicht die Gefahr, unbeabsichtigt zu große Objekte aus dem Wasser aufzunehmen. Die Schnabelränder tragen innen haarige Lamellen; die Zunge fungiert mit extrem schnellen Bewegungen als Pumpe. Wenn der Flamingo die Zunge zurückzieht, werden die Lamellen umgelegt und Wasser wird eingesaugt. Mit dem erneuten Vorstoßen der Zunge richten sich die Lamellen wieder auf, das Wasser wird ausgestoßen und Algen sowie Krebschen bleiben an den behaarten Lamellen hängen. Nach hinten gerichtete Stacheln auf Zunge und Gaumen leiten die Nahrung in den Rachen. Alles ist darauf eingestellt, die Nahrung nur mit einem minimalen Rest der Salzlake aufzunehmen. Mit etwa zwanzig Pumpstößen pro Sekunde kann ein Zwergflamingo am Tag zwanzig Liter Wasser durchseihen und daraus sechzig Gramm Nahrung gewinnen.

Wenn es in der Trockenzeit immer heißer wird, sinkt der Wasserstand des Sees, seine Oberfläche schrumpft – und mit ihr die Nahrungsgründe der Flamingos. Die Vögel geraten langsam in die Reichweite landlebender Raubtiere, vor allem der Schakale und Hyänen, aber auch der Löwen. Der riesige Vogelschwarm zeigt jetzt neue Verhaltensweisen. Die Flamingos beginnen mit den ersten Schritten ihrer Brautwerbung; sie bilden Züge, paradieren mit kasernenhofverdächtiger Präzision aneinander vorbei und lassen dabei die Köpfe hin- und herschnellen. Sie grüßen einander, indem sie die Flügel ausbreiten und sich gegenseitig das Rot ihres Gefieders zeigen, das jetzt seine höchste Intensität erreicht. Und dann ist plötzlich, über Nacht, der ganze gewaltige Schwarm verschwunden. Das geschieht nicht in jedem Jahr, und es ist auch nicht genau voraussagbar, wann es in einem gegebenen Jahr soweit ist. Das Ereignis betrifft nicht nur die Flamingos des Magadisees; der gesamte Bestand aller Salzseen des ostafrikanischen Grabens verschwindet gleichzeitig. Die Flamingos haben sich an ihre Brutplätze zurückgezogen.

Über viele Jahre hinweg war es ein Rätsel, wo diese Brutplätze eigentlich lagen.

Oben: Zwerg- und Rosaflamingos auf ihren Schlammnestern, Kenia

Erst 1954 entdeckte man, daß die Flamingos sich an den aus menschlicher Sicht furchtbarsten aller dieser Seen, den Natronsee, zurückziehen. Wie der Magadisee wird auch er von unterirdischen Quellen gespeist, und eine Schicht erhärteten Salzes bildet seine Ufer. Aber er ist um ein Vielfaches größer als der Magadisee, etwa 16 Kilometer breit und über 60 Kilometer lang. Die Algen sind dort in solchen Mengen vorhanden, daß sie rosa Flecken auf dem Salz bilden. In der Trockenzeit erreicht die Wasseroberfläche eine Temperatur von 65 Grad Celsius, aber der See bleibt dennoch so groß, daß die Salzschlickflächen seines Zentrums nicht in die Reichweite vierbeiniger Räuber gelangen.

Die Flamingos – drei Millionen Paare – versammeln sich in großen Scharen auf Untiefen, die so weit vom Ufer entfernt sind, daß man sie von dort kaum noch sehen kann. Sie häufen kleine, oben leicht eingesenkte Schlammhügel auf, in deren Einsenkung sie ihr einziges Ei legen. Der Bau muß hoch genug sein, um die Eier vor jeder Gischt zu schützen, die der Wind über die Wasseroberfläche treibt. Sonst würde die Salzkruste, die unweigerlich auf dem Ei zurückbliebe, das Küken darin ersticken. Nach dem Schlüpfen füttern die Eltern das Junge ebenso wie die Tauben mit ihrem Kropfsekret, das sie dem Jungvogel in den geöffneten Schnabel tropfen lassen. Wenn in der Folgezeit der Wasserspiegel weiter sinkt, werden die Nistplätze möglicherweise wieder für Landraubtiere zugänglich – aber mittlerweile sind die Jungvögel stark genug, um die Nester zu verlassen. In langen Kolonnen marschie-

Oben: Schreiseeadler mit jungem Zwergflamingo, Nakurusee, Kenia

Rechts: Kolonie der Goldschopfpinguine auf den Crozetinseln, südlicher Indischer Ozean

ren sie über das Salz, auf der Suche nach tieferem Wasser und sicheren Nahrungsgründen. In Jahren mit geringen Niederschlagsmengen sind die Untiefen, die sie durchqueren, nur wenige Zentimeter tief, und der Salzgehalt steigt so stark an, daß sich schwere Ringe von Salz um ihre Beine legen. Das zusätzliche Gewicht kann die Jungvögel derart belasten und erschöpfen, daß sie schließlich stürzen und in der Salzlake zugrunde gehen. In solchen Jahren geht manchmal eine ganze Generation von Küken verloren. Das ist der Preis für die Besiedlung eines der heißesten Plätze auf Erden.

Die kältesten Brutplätze der Erde liegen auf Antarktika. Pinguine auf einer Eisscholle sind geradezu zum Symbol für Kälte geworden. Die in den hohen südlichen Breiten nistenden Pinguinarten müssen sich mit wahrhaft trostlosen Verhältnissen abfinden. Südgeorgien liegt knapp außerhalb des südlichen Polarkreises, so daß dort im Winter die Sonne nicht ganz vom Himmel verschwindet. Gleichwohl: Die zerklüfteten Berge der Insel sind von großen Gletschern bedeckt, die zäh ins Meer fließen, und die Küsten werden von schweren Stürmen und gewaltigen Wellen heimgesucht. Im Winter liegt der Schnee zwei Meter hoch; es herrschen Temperaturen bis minus 25 Grad. Die Goldschopfpinguine treffen im Oktober – im Südfrühling also – auf diesem unwirtlichen Eiland ein und versammeln sich zu gewaltigen, bis zu 200 000 Tiere zählenden Brutkolonien. Die Männchen kommen zuerst und besetzen ein Revier. Einige Tage später erscheinen die Weibchen; nach etwa zwölf Tagen an

Land beginnen sie zu legen. Männchen und Weibchen wechseln sich im Zehn-Tage-Rhythmus beim Brüten ab, und nach gut einem Monat schlüpfen die Jungen. Von nun an schaffen beide Alttiere emsig Futter heran. Mitte Februar, sechzig Tage nach dem Ausschlüpfen, haben die Jungvögel die Mauser vom Dunenkleid ins erste seefeste Federkleid abgeschlossen – gerade rechtzeitig, bevor es wieder Winter wird.

Auch Königspinguine brüten auf Südgeorgien. Sie sind um gut 20 Zentimeter größer als die Goldschopfpinguine, und dementsprechend brauchen ihre Küken länger, bis sie zu voller Größe herangewachsen sind. Manche Altvögel kommen im November auf die Insel, aber da ihre Brutzeit die der Goldschopfpinguine um drei Wochen übertrifft – ihre Eier sind auch doppelt so groß –, sind ihre Küken, wenn die ausgewachsenen jungen Goldschöpfe abziehen, noch nicht kräftig genug für das Leben im Wasser. Immer noch in ihrem pelzigen, braunen Dunenkleid, stehen sie in Scharen von manchmal einigen Hundert beisammen. Wenn die Alttiere zum Füt-

Oben: Kolonie der Königspinguine, Südgeorgien

tern kommen, erkennen sie ihr Junges an dessen Stimme. Aber wenn aus dem Sommer langsam Winter wird, die Tage sich zunehmend verkürzen und das Meer abkühlt, zerstreuen sich allmählich die großen Vorkommen von garnelenähnlichem Krill, die den Königspinguinen als Hauptnahrung dienen. Für die Altvögel wird es nun immer schwieriger, Futter zu finden. Notgedrungen werden ihre Fütterungsbesuche bei den Jungen immer seltener und hören schließlich ganz auf. Wenn der Winter da ist, beginnt für die Küken eine lange Fastenzeit. Diejenigen, die erst relativ spät geschlüpft sind – manche davon erst Mitte April –, haben keine Chance, den Winter zu überstehen. In jeder Kolonie gehen Hunderte der Jungvögel zugrunde.

Im folgenden Frühjahr kehren die Eltern zurück und nehmen die Fütterung wieder auf. Wenn dann im Sommer die Küken ein Alter von vierzehn bis sechzehn Monaten erreicht haben, vermausern sie ihr Dunenkleid und verlassen die Insel. Für ihre Eltern ist es zu spät, um noch in diesem Sommer eine neue Brut zu beginnen;

also räumen sie die Kolonien ebenfalls und schwimmen zu ihren Nahrungsgründen, um ihre Reserven wieder aufzufüllen. Die Königspinguine können daher nur alle zwei Jahre brüten.

Weiter südlich, an den Küsten von Antarktika, sind die Sommer noch kürzer, die Winter noch härter. Hier brüten die Kaiserpinguine, die doppelt so schwer werden wie die Königspinguine. Das kann als Anpassung an die tieferen Temperaturen aufgefaßt werden: je größer ein Tier, um so kleiner ist seine Oberfläche im Verhältnis zu seiner Masse. Da jeder Wärmeabfluß an der Oberfläche stattfindet, kann ein größeres Tier die Körperwärme effektiver bewahren als ein vergleichbares kleineres. Bei der Brut und Jungenaufzucht aber werden seine Größe und die extrem kurzen Sommer seines Brutgebiets für den Kaiserpinguin zum echten Problem.

Er löst dieses mit Hilfe einer Strategie, die ihm von allen Warmblütern das äußerste Durchhaltevermögen abverlangt: Er beginnt seine Brut nicht zu Anfang, sondern erst zu Ende des antarktischen Sommers. Zu dieser Zeit ist die Eisbarriere rings um den antarktischen Kontinent am schmalsten. Die Kaiserpinguine entern sie vom Meer aus, schießen dazu wie Raketen aus dem Wasser und machen sich auf den Weg nach Süden, teilweise in aufrechtem Gang, teilweise auf dem Bauch, wobei sie sich mit den Flossen vorwärts schieben. Das Land mag nur wenige Kilometer weiter südlich liegen, aber so weit stoßen sie gar nicht vor. Bald erreichen sie einen Flecken auf dem ewigen Eis, der ihnen vielleicht schon seit Jahren als Brutplatz

Oben: Kaiserpinguine springen aus dem Wasser aufs Meereis, Antarktika

Rechts: Kaiserpinguine auf dem Marsch zu ihren Brutplätzen, Antarktika

dient. Dort versammeln sich bis zu 25 000 Tiere, und dort beginnen sie ihre Balz. Das Männchen bleibt stehen, senkt den Kopf auf die Brust, holt tief Luft und läßt eine Reihe trompetender Schreie hören. Nach mitunter tagelangem Geschrei hat es vielleicht endlich ein Weibchen angelockt. Dann stehen sich Männchen und Weibchen einige Minuten lang einander zugewandt mit himmelwärts gerichteten Schnäbeln reglos gegenüber – das ist ihre Trauung. Danach watscheln die beiden zusammen umher, bis die Zeit für die Begattung gekommen ist. Einer von beiden senkt den Kopf, der andere tut es ihm nach, und sie kopulieren.

Inzwischen nähert sich der Winter mit Riesenschritten. Die Temperaturen fallen rapide, und der Eisgürtel rings um den Kontinent wird täglich bis zu drei Kilometer breiter. Im Mai oder Anfang Juni legt das Weibchen ein großes Ei. Mit Nestbauversuchen hat sich das Paar gar nicht erst abgegeben, denn dazu fehlt jedes Material. Andererseits darf das Ei auch nicht auf blankem Eis liegen, denn dort würde es unweigerlich vom Frost zerstört. Also legt das Weibchen es sich auf die Füße. Binnen einiger Stunden gesellt sich das Männchen zu ihm, steht dem Weibchen gegenüber und übernimmt ein Weilchen später das Ei.

Die Reserven des Weibchens sind durch die Bildung des Eis zu einem großen Teil verbraucht und müssen dringend ersetzt werden. Also bricht es auf und marschiert zurück zum Meer.

Das Männchen bleibt mit dem Ei am Brutplatz zurück; das Ausbrüten ist sein Ge-

Oben: Kaiserpinguinmännchen bebrüten in der Dunkelheit des antarktischen Winters je ein Ei

Rechts: Kaiserpinguine mit Dunenjungen

schäft. Andere Pinguine werden bei der Brut außerordentlich zänkisch, aber das können sich die Kaiserpinguine nicht leisten. Wenn die Winterstürme einsetzen, die Tage immer dunkler werden und die Temperaturen weiter fallen, drängeln sich die Tiere immer dichter zusammen. Sie nutzen ihren Stummelschwanz als drittes Bein, stehen auf den «Fersen» und halten die Zehen mit dem kostbaren Ei nach oben, so daß dieses gut eingepackt und gewärmt im Brutbeutel – der aus zwei lockeren Hautfalten zwischen den Füßen gebildet wird – unter den Federn am Bauch der Tiere liegt, 80 Grad wärmer als die Umgebung. Die Schneestürme werden immer heftiger, jagen mit über 150 Stundenkilometern über das Eis, und die Männchen kuscheln sich, die Schnäbel dicht an die Brust gepreßt, noch enger zusammen, bis ihre Nacken eine einzige befiederte Fläche bilden, in der keine einzige Lücke klafft. Die Tiere am windzugewandten Rand der Schar bekommen die ganze Gewalt des Sturms zu spüren, aber niemals lange. Sie schieben sich ohne Hast am Rand entlang zur geschützten Leeseite hin, so daß die ganze Masse der Tiere immer in Bewegung bleibt. Zu fressen gibt es nichts. Zur Wintersonnenwende hin herrscht etwa einen Monat lang absolute Dunkelheit, die nur von den über den Himmel wallenden Schleiern des Polarlichts durchbrochen wird.

Nach sechzig Tagen schlüpfen die Küken. Die selber dem Verhungern nahen Männchen können den Küken nicht mehr als ein wenig von einem milchigen Sekret aus ihrem Schlund anbieten – und in diesem kritischen Moment tauchen die Weib-

chen wieder auf. Ihr Marsch über das Eis war lang und beschwerlich, da der Weg jetzt so viel weiter ist als zu Ende des Sommers. Manche haben eine Strecke von 150 Kilometern bewältigt. Sie tauschen Rufe mit den Männchen aus; die Paare erkennen einander an den Stimmen. Die Weibchen kommen mit gut gefülltem Kropf und würgen daraus etwas hervor, das als erste richtige Mahlzeit für ihre Jungen dient. Nach einigem höflichen Zögern – das bis zu zehn Tagen dauern kann – machen sich nun die Männchen auf den Weg zum Meer, wo sie ihre erste Mahlzeit seit beinahe vier Monaten erwartet.

Drei oder vier Wochen später sind sie zurück und nehmen erneut die Jungen in ihre Obhut, so daß nun die Weibchen wieder Richtung Ozean marschieren können. Da die Küken noch nicht fähig sind, die lebensnotwendige Wärme selbst zu erzeugen, würden sie sich selbst überlassen auf dem Eis keine zwei Minuten überleben. Ihre Eltern holen nun abwechselnd Futter und wärmen sie, aber dennoch verendet in den ersten Lebensmonaten von vier Küken eins. Wenn der Winter seinen eisernen Griff lockert und das Meereis wieder aufzubrechen beginnt, wird der Weg zum Wasser sehr viel kürzer, so daß in schnellerer Abfolge gefüttert werden kann. Die Jungen drängen sich jetzt unter ihresgleichen zusammen. Ab Anfang November verlieren sie ihre Nestlingsdunen, und etwa fünfzig Tage nach dem Schlüpfen beginnt die Mauser ins Jugendkleid. Die Eltern stellen die Fütterung ein, und in einer langen Prozession ziehen sie alle gemeinsam der Küste entgegen.

Niemand weiß, wie lange die Tiere eines Zweigs der Königspinguinvorfahren gebraucht haben, um ein wenig größer zu werden und ihre Brutgewohnheiten so weit zu ändern, daß sie als Kaiserpinguine die Eisbarriere von Antarktika besiedeln konnten. Oft sind die Vögel erstaunlich schnell, wenn es darum geht, durch eine Verhaltensänderung ihren Lebensraum zu erweitern und aus neuen Gegebenheiten das Beste zu machen. Vor ungefähr 150 Jahren entstand auf der Erde ein völlig neues Biotop. Die Menschen fingen an, nicht nur mit Stein oder Ziegeln, sondern auch mit Glas und Metall zu bauen. Die Straßen wurden durch Asphalt- oder Betonschichten versiegelt, und auf diesen Straßen wurden die Pferde durch Verbrennungsmaschinen ersetzt. Großflächig verschwand jedes Grün. Der natürliche tägliche Wechsel von Licht und Dunkelheit wurde durch künstliche Beleuchtung gebietsweise außer Kraft gesetzt. Ein fremdartigerer Lebensraum ist wohl kaum vorstellbar – und dennoch haben ihn die Vögel unverzüglich besiedelt.

Obwohl in diesen Städten neuen Stils so gut wie nichts wächst, gibt es doch reichlich zu fressen, denn die menschlichen Bewohner sind sehr verschwenderisch. Um ihre Abfälle einzusammeln und auf Mülldeponien in den Außenbezirken zu bringen, sind ganze Flotten von Lastwagen unterwegs. Dort wird der Müll von gewaltigen Planierraupen eingeebnet. Die Luft ist schwer vom Gestank der Fäulnis. Fetzen von unverrottbarer Plastikverpackung fliegen umher und hängen wie lächerliche Imitate von Blättern an den Zäunen und Pfosten. Und zwischen giftigen Chemikalien, Glasscherben und zerbeulten Wracks ausgemusterter Haushaltsmaschinen liegen überall verwesende Reste menschlicher Mahlzeiten.

Nur wenige Vögel sind vom Verhalten her robust genug, um solche Bedingungen zu ertragen, und haben zudem ein Verdauungssystem, das mit der hier gefundenen Nahrung fertig wird. Aber diejenigen, die beides besitzen, finden an diesen Orten ein Tischleindeckdich sondergleichen. Sie sammeln sich in großen Scharen an ihren neuen Nahrungsgründen – die Möwen in Europa, die Neuweltgeier in Südamerika, die Milane in Indien und die Marabus in Afrika.

Andere Spezies sind in die Zentren der Städte gezogen und leben dort in der Steinwüste. Unter ihnen sind die Straßentauben die wagemutigsten und zahlreichsten. Ihre Vorfahren, die wilden Felsentauben, lebten auf Felsen an der Küste. Aber schon von frühester Zeit an haben die Menschen sie gern zu sich geholt. Die Tauben – sowohl die Alttiere als auch die Küken und Eier – waren eine begehrte Speise, und sie selbst ernährten sich von Happen, die für den Menschen ohnehin nicht zu gebrauchen waren. Die Ägypter und die Römer boten den Tauben deshalb spezielle Einrichtungen an, hohe Türme, die innen mit Simsen versehen waren, so daß die Vögel darin schlafen und brüten konnten. Die Taube war eine der ersten Vogelarten, die vom Menschen domestiziert wurde.

Für bestimmte Zwecke wurden eigene Rassen gezüchtet – besonders fette für den

Oben: Lachmöwen an einer Mülldeponie, Japan

GRENZGÄNGER

menschlichen Verzehr, leistungsfähige Flieger für Flugwettbewerbe oder Briefverkehr. Manche züchteten auch aus bloßer Freude an ausgefallenen Farben oder Formen; so entstanden Tiere mit ungewöhnlicher Gefiederfärbung, teilweise sogar mit körperlichen Mißbildungen. Und stets entkamen zumindest einzelne Tiere all dieser verschiedenen Rassen und vermischten sich mit den Wildvögeln. Daraus wurde schließlich die Straßentaube, deren variable Färbung ihre sehr gemischte Herkunft noch erkennen läßt. Die Straßentauben bauen ihr unordentliches Nest auf Gebäudevorsprüngen und Balkonen, in Dachrinnen und unter Dachtraufen. Manche haben so wenig Scheu vor Menschen, daß sie sich jedem, der ihnen Futter gibt, auf den Kopf, die Schultern oder die Hand setzen. Einzelne Tiere haben sogar gelernt, wie man den öffentlichen Nahverkehr nutzt. In London ist es ein alltäglicher Anblick, daß eine Taube in den Wagen eines Untergrundzuges hüpft, um drinnen auf dem Boden nach Krümeln zu suchen, und wieder hinaus, sobald sie das Zischen vernimmt, das dem Schließen der Türen vorangeht. Einige besonders Mutige sollen sogar als Passagiere bis zur nächsten Station mitgefahren sein.

Städte haben aber nicht nur Müll, sondern auch andere Nahrung zu bieten. Turmfalken halten rüttelnd nach Mäusen Ausschau, die sich gern um Mülltonnen herumtreiben. Der Wanderfalke, der schon die Felsentauben an der Küste jagte, ist seiner Beute in die Städte gefolgt. Manchen dienen die Spitzen der großen gothischen Kathedralen als Ansitz, und in New York tauchen sie in die tiefen Schluchten zwischen den Wolkenkratzern ein, um dort Beute zu schlagen.

In vielen Städten zieht die helle elektrische Beleuchtung während der Nacht

dichte Wolken von Motten, Heuschrecken und anderen Insekten an. Die Alpensegler, die in Genf brüten, machen sich das zunutze und bleiben bis in die Nacht hinein aktiv, weil sie dann wesentlich dichtere Insektenschwärme bejagen können als tagsüber.

Ein männlicher Uhu, der im Rahmen eines Programmes zum Artenerhalt im Stockholmer Zoo aufgezogen worden war und als Karl-Edvard bekannt wurde, hat sich nach eigener Wahl in der Stadt angesiedelt. Er wurde vor der Freilassung mit einem kleinen Sender versehen, damit seine Bewegungen verfolgt werden konnten. Statt nun aufs Land zu fliegen, ließ er sich im Zentrum der Stadt nieder – und fand dort ein freilebendes Weibchen. Sie verpaarten sich und begatteten sich zumindest einmal auf dem Dach des Hauptbahnhofs. Sie bauten ihr Nest in der fensterlosen Ruine eines alten Kohlekraftwerks und zogen dort ihre Jungen groß. Karl-Edvard fütterte seine Jungen mit Ratten, die er auf einem nahegelegenen Sportplatz erbeutete, und stattete seinen im Zoo im Käfig gehaltenen Eltern regelmäßig Höflichkeitsbesuche ab, während deren er vor ihrem Käfig saß und man miteinander schwätzte. Einmal konnte er auch vom tierärztlichen Dienst der Stadt profitieren – durch eine Lungenentzündung bereits sehr geschwächt hatte man ihn aufgegriffen und erfolgreich mit Penizillin behandelt. Schließlich mauserte er die Schwanzfeder, an der sein Sender befestigt war, und ließ ihn auf dem Dach des Hauptquartiers der motorisierten Streitkräfte zurück. Von da an konnte er sein Leben unbeobachtet verbringen.

Die vielleicht einfallsreichsten Nutznießer der städtischen Verhältnisse sind die Aaskrähen in den japanischen Städten. Die Art ist in den Bergen und Wäldern Japans weit verbreitet, hat aber auch städtische Gebiete besiedelt. 1990 entdeckten die Aaskrähen in der Stadt Sendai, daß die grünen Kugeln, die an den Walnußbäumen hängen, schmackhafte Nüsse enthalten. Aber trotz ihrer für Krähen recht kräftigen Schnäbel waren sie nicht in der Lage, die Nüsse selbst zu knacken, und konnten sie auch durch Fallenlassen aus der Luft nicht zerbrechen, eine von vielen Vögeln für andere durch Schalen geschützte Beute gern verwendete Technik. Schließlich verhalf ihnen der Straßenverkehr zu einer Lösung des Problems. Einige der Vögel warten mit einer Walnuß im Schnabel an einer der Ampeln einer Kreuzung. Sobald die Ampel auf Rot springt, flattern die Vögel zu Boden und legen die Nüsse vor die Autos. Leuchtet das grüne Licht auf, setzt sich der Verkehr in Bewegung, und die Nüsse werden überrollt. Wenn die Ampel das nächste Mal rot wird, hüpfen die Krähen wieder auf die Straße und picken hastig die Bruchstücke der Kerne auf, bevor die Autos beim nächsten Grün anfahren.

Das Stadtleben bietet den Vögeln aber vielleicht noch andere, weniger offensichtliche Attraktionen als die Nahrung. In Großbritannien sammeln sich an Herbstabenden die Stare in großen Schwärmen in den Außengebieten der Städte. Aus Hunderten werden schnell Tausende. Dann erhebt sich die ganze Versammlung zu Flugmanövern in die Lüfte. Die Stare wirbeln in gewaltigen Wolken umher, die sich ausdehnen und wieder zusammenziehen, die sich vereinen und wieder trennen; ihre

Links: Ein Turmfalke hält über der Stadt nach Beute Ausschau, England

Bewegungen sind so fein aufeinander abgestimmt, als gehorchten sie alle einer einzigen Choreographie. Die Vorstellung dauert vielleicht eine halbe Stunde. Wenn ein Schwarm sich auf ein Gebäude herabsenkt und auf dessen Simsen und Brüstungen landet, kommt schon der nächste angeflogen und setzt die Luftnummern fort, bis es schließlich dunkel wird und das gesamte Bauwerk gesäumt und gesprenkelt ist von darauf rastenden Vögeln. Vielleicht verbringen die Stare die Nacht in der Stadt, weil es dort mindestens ein Grad wärmer ist als im Umland. Vielleicht dienen diese gewaltigen Massenrastplätze auch dem gegenseitigen Informationsaustausch. Die Stare, die in den letzten Tagen gut zu fressen hatten, werden am nächsten Morgen schnurstracks an ihre reichgedeckten Tische zurückkehren. Die Kollegen, denen es weniger gut ergangen ist, werden kein so klares Ziel vor Augen haben und sich ihnen vielleicht anschließen. Warum sie aber vorher ihr Luftballett aufführen, ist nach wie vor rätselhaft.

    Ein schwer erklärliches Beispiel von Landflucht finden wir bei den Purpurschwalben des zentralbrasilianischen Manaus. Die Stadt liegt am Amazonas; in ihren Randbezirken gibt es eine große Ölraffinerie. Wie alle derartigen Anlagen ist sie erfüllt von betäubendem, unablässigem Lärm. Gewaltige Flammen flackern plötzlich aus langen Schloten, wenn überschüssiges Gas abgefackelt wird. In regelmäßigen Abständen tritt in großen Wolken laut zischend Dampf aus und kondensiert zu Schwaden lauwarmen Nieselregens. Viele der Rohre sind so heiß, daß man sie

Oben: Stare in der Abenddämmerung, Europa

Rechts: Brutkästen für Purpurschwalben, Nordamerika

GRENZGÄNGER

kaum anfassen kann; andere erzittern von der Gewalt der Reaktionen, die sich in ihrem Inneren abspielen. Ein radikaler Unterschied zum Lebensraum des ursprünglichen Regenwaldes, wie er kaum ein oder zwei Kilometer entfernt am anderen Ufer des schlammigen Flusses das Bild bestimmt, ist kaum denkbar. Und doch verlassen jeden Abend Zehntausende von Purpurschwalben den Wald und sammeln sich an der Raffinerie. Etwa zehn Minuten lang wirbeln sie wie Schneeflocken aus dem sich bereits verdunkelnden Himmel herunter, tauchen geschickt durch das Labyrinth von Metall und lassen sich in säuberlichen Reihen auf den Rohren, Geländern und Leitern nieder. Dann ist die Invasion beendet und die Raffinerie mit Girlanden von Vögeln geschmückt. Im feuchtheißen Klima des Amazonasgebietes ist es kaum denkbar, daß sie der Wärme wegen gekommen sind. Ebenso unwahrscheinlich ist es, daß es an der Raffinerie weniger Freßfeinde gibt als im Wald, denn meist stellen sich auch Raubvögel ein. Vielleicht suchen die Schwalben die Sicherheit, die in der Menge liegt.

Aus welchem Grund auch immer es die Vögel in die Städte zieht, den Stadtbewohnern sind sie jedenfalls in aller Welt willkommen. Viele der Purpurschwalben, die auf dem Gelände der Ölraffinerie von Manaus rasten, wandern jedes Frühjahr nach Nordamerika. Dort gehören sie inzwischen zu den bestumhegten aller freilebenden Vögel. Einstmals suchten sie sich geeignete Bruthöhlen in Bäumen. Inzwischen aber stellen ihnen die Menschen spezielle Behausungen zur Verfügung. Der Brauch soll auf die indianischen Ureinwohner zurückgehen, die sich jedes Frühjahr über die Ankunft der Schwalben freuten und ihnen hohle Kürbisse als zusätz-

liches Nistplatzangebot aufhängten. Damit aber begnügt man sich schon lange nicht mehr. Die Schwalbenliebhaber bauen Schwalbenhäuschen in allen erdenklichen Formen und Größen. Manche sind für ein einzelnes Paar bestimmt und ahmen die Form eines Kürbisses nach; andere sind Riesenbauten, in denen viele hundert Vögel Platz finden. Es gibt siamesische Tempel, Eisenbahnwagen oder ganze Straßen aus Wildwest-Städten als Schwalbenhäuschen. Sie müssen nur eine Bedingung erfüllen: ein Eingangsloch von der richtigen Größe – groß genug für Schwalben, aber zu klein für Stare. Und innen ist hinter dem Eingang meist eine Prallfläche eingebaut, damit Eulen oder Waschbären nicht hineinlangen können. Ungefähr eine halbe Million Menschen an der amerikanischen Ostküste setzen sich in dieser Form für die Schwalben ein, und mit solchem Erfolg, daß in diesem Teil Amerikas praktisch alle Purpurschwalben in derartigen Kunstnestern brüten.

Die Zuneigung der Menschen zu den Vögeln hat überhaupt in den letzten Jahrhunderten zu großen Änderungen in der Verbreitung vieler Arten geführt. Aus Übersee importierte Spezies, die zuerst in Käfigen oder Volieren gehalten wurden, sind häufig entkommen, haben in der neuen Heimat in Freiheit einen Partner gefunden und sich vermehrt. Im siebzehnten Jahrhundert hielt König Karl II. sich im Londoner St James' Park seine persönliche Menagerie von Vögeln. Darunter waren

auch Kanadagänse. Bereits Mitte des achtzehnten Jahrhunderts waren diese auffälligen Fremdlinge in den Feuchtgebieten Englands ebenso heimisch wie die Höckerschwäne und wurden bereits bejagt. Es mögen einige Wintergäste aus der Arktis darunter gewesen sein, die im Herbst auf ihrem Flug nach Süden die Orientierung verloren und versehentlich den Atlantik überquert hatten, aber größtenteils handelte es sich sicherlich um die Nachkommen von Gefangenschaftsflüchtlingen. Die Verhältnisse in Großbritannien und Nordeuropa sagten ihnen sehr zu. Heute gehören die Kanadagänse wie selbstverständlich zur britischen Vogelwelt; ihr Bestand erreicht solche Stärken, daß sie in den Augen vieler Landwirte eine gewaltige Plage sind, weil sie Felder mit frischer Weizenaussaat verwüsteten und Rasenflächen sowie Weiden mit ihrem in großen Mengen hinterlassenen Kot verdürben. Die prächtigste aller Enten, die Mandarinente, wurde von Mitte des neunzehnten Jahrhunderts an in Großbritannien immer wieder von vogelliebenden Landbesitzern ausgewildert; man wollte sich einfach am Anblick dieser schönen Tiere erfreuen. Es hat einige Zeit gedauert, bis sie in ihrer Umgebung einen dauerhaften Platz für sich gefunden hatten, aber inzwischen gibt es Brutkolonien in vielen Gegenden Südenglands, und die Art scheint dort in ihrem Bestand besser gesichert zu sein als in China, ihrer eigentlichen Heimat. Der letzte und vielleicht überraschendste exotische Neuansiedler in Großbritannien ist der asiatische Halsbandsittich. Er ist schon seit langem als Käfigvogel beliebt, und es sind sicher immer wieder einige davon entkommen. Erstaunlicherweise ist diesen Vögeln, die mit ihren leuchtenden Farben in eine tropische Landschaft gehören, der englische Winter nicht zu kalt. Inzwischen gibt es in Südengland mehrere große Kolonien, und die exotischen, jadegrünen Fremdlinge mit ihren roten Schnäbeln und purpurfarbenen Halsbändern sammeln in Gesellschaft von Blaumeisen und Buntspechten in den Gärten der Vorstädte ihr Futter.

Im Laufe des neunzehnten Jahrhunderts importierten auch die ersten Europäer, die ausgewandert waren und sich auf anderen Kontinenten niedergelassen hatten, Vögel aus ihrer alten Heimat. Manche konnten sich nur schwer mit den fremden und oft grellbunten Vögeln anfreunden, die sie in ihrer neuen Nachbarschaft vorfanden, und sehnten sich nach den vertrauten europäischen Arten. Zwischen 1850 und 1860 wurden in Brooklyn und hundert anderen Städten der Vereinigten Staaten und Kanadas aus Europa importierte Haussperlinge freigelassen, und zwar mit der wenig plausiblen Begründung, daß sie vielleicht helfen könnten, die Insekten in der Neuen Welt unter Kontrolle zu halten – völlig ungeachtet der Tatsache, daß Sperlinge in erster Linie Samenfresser sind. Bis zum Ende des Jahrhunderts hatten sie sämtliche Einzelstaaten der USA besiedelt. Europäische Stare wurden im New Yorker Central Park freigelassen. Nach fünfzig Jahren hatten sie sich über den ganzen Kontinent verbreitet.

Die europäischen Kolonisten in Australien und Neuseeland waren besonders erpicht, Tiere und Pflanzen aller Art zu importieren, um die, wie sie fanden, wirtschaftlich wenig aussichtsreiche und ästhetisch unzureichende einheimische Fauna

Links: Halsbandsittich an Futterspender in einem Londoner Garten

und Flora zu ergänzen. Jeder der Staaten Australiens hatte seine eigene «Acclimatisation Society». Der Feigenkaktus aus Südamerika, der sich bald verbreitet und inzwischen weite, potentiell fruchtbare Weidegebiete unbrauchbar gemacht hat, war als Futterpflanze für die ebenfalls importierte Cochenille-Laus – roten Farbstoff brauchte man für Uniformen – nach Neusüdwales importiert worden. Kaninchen wurden ihres Fleisches und Felles wegen importiert, und als ihr Bestand in Freiheit auf astronomische Größen anwuchs, ließ man Mungos aus Indien frei, um dieser Plage Herr zu werden – ohne Erfolg. Katzen wurden von den Siedlern als Haustiere mitgebracht, Füchse von denjenigen, die ihr Vergnügen daran hatten, im roten Rock und hoch zu Rosse Meister Reineke durch die Eukalyptuswälder zu jagen.

Es lag auf der Hand, daß die Vogelliebhaber in diesen Gesellschaften sich die Verbesserung der australischen Avifauna zum Ziel setzten. Sekretäre aus Afrika wurden in der Hoffnung eingeführt, daß sie die Bestände der einheimischen Schlangen vermindern würden – aber die Sekretäre hielten sich nicht lange. Stare und Spatzen wurden wie in den USA massenweise ins Land geholt, um der Insektenplagen Herr zu werden. Sie machten sich glänzend, fraßen jedoch kaum Insekten. Andere britische Vögel wurden freigesetzt, damit sie – mit den Worten der Broschüre einer dieser Gesellschaften – «sich hier auf Dauer niederlassen und unsere von so wenig Wohlklang erfüllten Hügel und Wälder an der Musik und Harmonie des englischen

Oben: Eine verwilderte Katze verzehrt einen Rosakakadu, Australien

Landlebens teilhaben lassen». So kamen Hunderte von Singdrosseln, Amseln, Bluthänflingen, Rotkehlchen, Birkenzeisigen, Feldlerchen, Stieglitzen, Grünlingen, Gimpeln, Buchfinken, Bergfinken und Goldammern in den australischen Busch. Einigen Arten gelang es nicht, sich festzusetzen, aber andere vermehrten sich so erfolgreich, daß sie in einigen Gebieten bald dominierten.

Die einheimischen Vögel hatten natürlich unter der Invasion der Ausländer schwer zu leiden. Vor der Importwelle hatten sie es nur mit zwei Raubsäugern zu tun, dem relativ plumpen Beutelteufel – der aber ohnehin in erster Linie ein Aasfresser war – und dem kleinen Tüpfelbeutelmarder. Die verwilderten europäischen Hauskatzen dagegen waren sehr viel effizientere Vogeljäger. Auch Hermeline und Wiesel, ebenfalls eingeführt, um die Kaninchen zu dezimieren, fanden in den heimischen Vögeln eine viel leichtere Beute. Ratten, die niemand hatte importieren wollen, die aber nichtsdestoweniger überall in den Frachträumen der Schiffe mitfuhren und auf den Halteseilen eines Schiffes an Land gelangten, plünderten Gelege und fraßen Küken. Und die europäischen Vögel konkurrierten mit den alteingesessenen um Futter und machten ihnen ihre Nistplätze streitig.

In Neuseeland waren die auf solche Weise angerichteten Schäden am schlimmsten. Das ursprüngliche Fehlen aller landlebenden Säugetiere hatte den Vögeln dort die Vernachlässigung ihrer Verteidigung in einem derartigen Maße erlaubt, daß sich kaum noch einer von ihnen bemühte, an sicheren Plätzen zu nisten, und viele darüber hinaus ihr Flugvermögen eingebüßt hatten. Das Schlachtfest begann schon vor etwa 1200 Jahren, als die ersten Menschen die Inseln Neuseelands erreichten. Es waren Polynesier, die in Kanus von wärmeren Inseln weiter nördlich kamen. Sie fanden die flugunfähigen Moas vor, einige Arten in offenem Gelände, andere in den Wäldern. Sie waren allesamt schmackhaft, und die Polynesier jagten sie mit großem Erfolg. Die Wälder wurden zurückgedrängt, und die Jagd nach den Riesenvögeln wurde immer mehr intensiviert. Man fing sie in Fallen, trieb sie in Sümpfe und ertränkte sie oder erschlug sie mit Keulen. Vor 300 Jahren waren alle Moas ausgerottet. Die folgende Ankunft der Europäer mit ihren der neuseeländischen Fauna fremden Säugetieren und Vögeln beschleunigte die Verwüstung der einheimischen Tierwelt. Es hatten jetzt nicht mehr nur die Vögel zu leiden, die um ihres Fleisches willen gejagt wurden, sondern es ging allem an den Kragen, was von Katzen, Ratten oder Hermelinen erbeutet werden konnte. Die europäischen Siedler beschleunigten auch den Kahlschlag der Wälder, um Platz für ihre Schafe und Rinder zu bekommen. Diesem Druck waren nur wenige der einheimischen Vögel gewachsen. Mindestens fünfzig Prozent der einst in Neuseeland heimischen Vogelarten sind ausgestorben, achtzehn davon innerhalb der letzten anderthalb Jahrhunderte.

Die flugunfähigen Vögel auf Inseln in anderen Teilen der Welt waren ebenso schutzlos. Das erste Tier, das von Europäern seit Beginn der Geschichtsschreibung ausgerottet wurde, war einer dieser Vögel: die Dronte. Sie lebte auf der Insel Mauritius im Indischen Ozean. Wahrscheinlich handelte es sich um eine Verwandte der Tauben, die sich dann – wie so viele Inselvögel – zu einem flugunfähigen Riesen ent-

wickelt hatte. Ihr Inselrefugium war so entlegen, daß es vom Menschen erst zu Beginn des sechzehnten Jahrhunderts entdeckt wurde. Aber erst im siebzehnten Jahrhundert gingen dort regelmäßig europäische Schiffe vor Anker, und die Seeleute, die an Land gingen, waren nur allzufroh über die wohlfeile Versorgung mit frischem Fleisch – es war ein Kinderspiel, eine der riesigen, wehrlosen Dronten zu erschlagen. Die letzte wurde 1681 getötet, keine 200 Jahre, nachdem zum ersten Mal ein Mensch die Insel betreten hatte.

Der Riesenalk, ein etwa 75 Zentimeter großer, flugunfähiger Seevogel, lebte einst im Nordatlantik. Im Wasser entkam der kraftvolle Schwimmer jedem Ruderboot, aber wenn er an Land ging, um seine Eier zu legen, dann war er ebenfalls leicht zu erbeuten. Und auch er war natürlich eßbar. Der letzte Riesenalk weltweit wurde 1844 in Island getötet – im Glauben, es handele sich um ein verhextes Wesen!

Die Erfindung effizienter und präziser Handfeuerwaffen brachte auch die flugfähigen Vögel in bequeme Reichweite menschlicher Jäger. Man glaubt, daß die Wandertaube die zahlreichste aller je existierenden Vogelarten war. Es ist keine 200 Jahre her, daß unendliche Scharen dieser Vögel regelmäßig den Himmel über den Prärien Nordamerikas verdunkelten. Ein Schwarm wurde einmal auf zwei Milliarden Vögel geschätzt; es dauerte drei Tage, bis er vorübergezogen war. Vor etwa 100 Jahren wurde erstmals registriert, daß die Wandertauben nicht mehr so häufig waren wie einst. Die vollständige Kausalkette ihres Untergangs läßt sich nicht mehr rekonstruieren. Der Verlust von Wäldern infolge der Landkultivierung wird heute als eine Ursache ihres Niedergangs angesehen, aber auch die intensive Bejagung hat

Oben: Bild einer Dronte (17. Jahrhundert) *Rechts: Ausgestopftes Exemplar des Riesenalks*

GRENZGÄNGER

zweifellos eine Rolle gespielt. Niemand kümmerte sich um die schrumpfenden Bestände, bis die Art kurz vor der Ausrottung stand. Aber da war es schon zu spät. Die letzte freilebende Wandertaube wurde 1889 gesichtet, und das letzte überlebende Individuum, ein Weibchen namens Martha, starb 1914 im Zoo von Cincinnati in einsamer Gefangenschaft.

Erst Mitte des zwanzigsten Jahrhunderts begann ein Umdenken, und der Naturschutzgedanke nahm einen gewaltigen Aufschwung. Es herrschte auch kein Mangel an Vogelarten, die dringend der Hilfe bedurften.

In Neuseeland verschafften sich die Ornithologen einen Überblick über die in der einheimischen Vogelwelt angerichteten Schäden und begannen mit der zahlenmäßigen Erfassung der Überlebenden. 1970 besuchte ein Wissenschaftler die Chathaminseln, einen kleinen Archipel ungefähr 900 Kilometer östlich der Hauptinseln. Man wußte, daß nur dort der Chathamschnäpper zu Hause war. Die nahe verwandte Art der Hauptinseln, der Langbeinschnäpper, ist dunkelgrau und weiß, der Chathamschnäpper völlig schwarz. Die Biologen stellten fest, daß der Chathamschnäpper infolge der Nachstellungen durch eingeführte Raubtiere und Veränderungen der Inselvegetation nur noch auf einem kleinen, von steilen Kliffs gesäumten Felsinselchen namens Little Mangere existierte. Auch dort gab es nur noch achtzehn Exemplare davon, und selbst sie waren hart bedrängt. Der Wald, auf den sie für ihre Ernährung angewiesen sind, war für den Bau eines Hubschrauberlandeplatzes teil-

weise zerstört worden. Um die verbliebenen Reste des Waldes stand es ebenfalls nicht gut, denn dort brüteten Dunkelsturmtaucher in großer Zahl; die von ihnen gegrabenen Bruthöhlen machten die Bäume gegen Windstürze allzu anfällig. Mit dem fortschreitenden Verfall des Waldes verschwand auch der Lebensraum für die Schnäpper. 1976 gab es nur noch sieben Exemplare, von denen lediglich zwei Weibchen waren. Höchstwahrscheinlich handelte es sich um die seltensten Vögel der Welt.

Der New Zealand Wildlife Service entschloß sich zu verzweifelten Maßnahmen, um den völligen Untergang der Art zu verhindern. Auf der Nachbarinsel Mangere gab es noch eine intakte Waldfläche. Ein von Don Merton geleitetes Team übernahm es, die letzten überlebenden Chathamschnäpper zu fangen, sie über die nur 100 Meter breite Meeresenge zur größeren Nachbarinsel zu bringen und dort auf der anderen Seite der Insel in dem betreffenden Wäldchen auszusetzen. Die Aktion, die sich für die Fänger als beinahe ebenso gefährlich erwies wie für die Gefangenen, konnte ohne den Verlust auch nur eines einzigen Tieres abgeschlossen werden. Noch im gleichen Jahr brütete eines der Weibchen, und im nächsten Jahr wurden zwei Küken großgezogen. Aber inzwischen waren einige der umgesiedelten Vögel an Altersschwäche gestorben. 1978 gab es nur noch fünf Chathamschnäpper und nach wie vor lediglich zwei Weibchen. Man mußte einen Weg finden, die Anzahl der von diesen Weibchen gelegten Eier zu erhöhen, bevor auch sie vielleicht irgend-

Oben: Chathamschnäpper, Neuseeland

einem Unglück oder hohem Alter zum Opfer fielen. Es wurde ein Wettlauf mit der Zeit. Man wußte, daß die Weibchen ein zweites Mal legen, wenn ihr erstes Gelege verlorengeht. Also nahm man den Weibchen 1981 ein Ei nach dem anderen aus dem Nest und schob es einem häufigeren Singvogel auf der Insel unter. Das Verfahren bewährte sich. Das Weibchen legte ein zweites Mal. Es gab Mißerfolge und Probleme bei der Aufzucht der Jungen, aber bis 1985 war der Bestand auf 38 Tiere angestiegen. Heute zählt die Spezies 150 Exemplare; sie gehört immer noch zu den seltensten der Welt, aber die drohendste, unmittelbarste Gefahr ist abgewendet. Alle heute lebenden Chathamschnäpper sind Nachfahren eines einzigen Weibchens. Es hatte den Transport auf die Nachbarinsel überstanden und war dreizehn Jahre alt geworden, doppelt so alt, wie es für die Art zu erwarten gewesen wäre. Die Rettung der Chathamschnäpper vor dem Untergang hätte an keinem dünneren Faden hängen können.

Von dem Erfolg ermutigt machten sich Merton und seine Leute daran, einem der bemerkenswertesten neuseeländischen Vögel zu helfen, dem nachtaktiven, flugunfähigen Riesenpapagei Kakapo. 1960 – man hielt ihn eigentlich für bereits ausgestorben – wurden in Fiordland, der entlegensten Ecke im Südwesten der Südinsel, Hinweise auf seine Existenz gefunden – in einem Lebensraum, der sich nur mit Helikoptern erreichen ließ. Man spürte die Tiere auf und fing fünf davon ein, aber alle erwiesen sich als Männchen. 1974 fing man ein Männchen und ein kleineres Exemplar – ein Weibchen? – und verfrachtete sie auf eine Insel, wo man sie zur Brut bringen wollte. Aber sie unternahmen keinerlei Anstalten in dieser Hinsicht, und als schließlich beide starben, stellte sich heraus, daß es sich um zwei Männchen gehandelt hatte. Bei weiteren Expeditionen wurden achtzehn freilebende Vögel entdeckt, aber so weit verstreut, daß man nicht glaubte, sie könnten miteinander in Verbindung stehen. Und man hielt alle für ältere Männchen. Die Hoffnungen für den Erhalt des Kakapos schwanden langsam dahin.

Dann wurde 1977 auf der Stewartinsel ungefähr 80 Kilometer vor der Südspitze der Südinsel eine neue Population von ungefähr 200 Tieren entdeckt. Es schien sich um einen etwas lebensfähigeren und vitaleren Bestand mit einigen zweifelsfrei weiblichen Tieren zu handeln. Die Hoffnungen keimten wieder auf. Aber 1982 gelangten irgendwie Katzen in die Täler, in denen die Vögel lebten. Es wurden die Reste von nicht weniger als sechzehn Kakapos gefunden, die ihnen zum Opfer gefallen waren. Man versuchte zwar, den Umkreis des Kakapo-Gebietes katzenfrei zu machen, aber jedem war klar, daß man die Katzen auf der relativ großen Insel mit fester menschlicher Besiedlung niemals wieder ganz loswerden konnte. Die Kakapos der Stewartinsel schienen also ebenfalls ihrem Untergang entgegenzusehen.

Wieder waren radikale Maßnahmen gefordert. Merton und sein Team erhielten die Erlaubnis, die gesamte Kakapo-Population der Stewartinsel zu fangen und auf vier kleine Inseln zu schaffen, die man völlig von allen eingeschleppten Raubtieren befreit hatte. 61 Vögel wurden gefangen, aber zur Enttäuschung aller Beteiligten handelte es sich in der Mehrzahl wieder um Männchen. Die Vögel nahmen ihre neue

Heimat gut an, aber inzwischen hatte man herausgefunden, daß sehr viele Bedingungen erfüllt sein müssen, damit die Kakapos überhaupt Brutbereitschaft zeigen.

Die Männchen sind polygam. Jedes legt sich in seinem Revier eine Reihe flacher Singmulden an, die es nachts aufsucht, um seine dröhnenden Rufe hören zu lassen. Die davon herbeigelockten Weibchen entscheiden sich für ein Männchen, lassen sich von ihm begatten und entfernen sich dann wieder, um zu legen und die Küken später allein großzuziehen. Aber beide Geschlechter müssen vorher gewaltige körperliche Reserven angelegt und ihr Gewicht fast verdoppelt haben – die Männchen, damit sie einen großen Teil ihrer Nachtzeit auf die Balz verwenden können, und die Weibchen, um im Körper die Entwicklung der Eier zu ermöglichen und später monatelang die Küken versorgen zu können. Selbst in einem optimalen Lebensraum können sie nicht jedes Jahr zur Brut schreiten. An ihren alten Standorten hatten ihnen vormals vielleicht die Früchte der dort reichen Steineibenbestände den Aufbau der zur Brut notwendigen Fettreserven ermöglicht. Aber in Fiordland und auf der Stewartinsel war der größte Teil dieser Wälder inzwischen gefällt worden, und eingeschleppte Raubtiere hatten die überlebenden Kakapos aus deren wenigen verbliebenen Resten vertrieben. Die Vögel in Fiordland hatte man hoch in den Bergen gefunden, wo die Nahrung vielleicht nicht ausreichend war, um sie jemals in einen brutfähigen Zustand zu bringen. Das würde erklären, warum es in diesem Bestand keine jüngeren Tiere gab. Auf ihren vier neuen Inseln schien die Vegetation für eine Brut auch nicht genug herzugeben. Der technische K.o. für den Kakapo schien unvermeidlich.

Dann verfiel man auf die Idee, zusätzliches Futter anzubieten. Damit begann man 1993. Inzwischen gab es nur noch neunzehn Weibchen. 1995 wurden fünfzehn Nester gefunden, aber nur aus dreizehn der zweiunddreißig Eier schlüpften Küken aus. 1997 allerdings wurden die Rufe der Männchen häufiger vernommen als je zuvor, und bis Januar 1998 waren sieben junge Kakapos geschlüpft. Es besteht also inzwischen eine reelle Chance, daß dieser bemerkenswerte Vogel überleben kann.

In den Vereinigten Staaten gerieten selbst nach der Ausrottung der Wandertaube mehr und mehr Vogelarten in die Gefahr auszusterben, da immer weitere Flächen unberührten Landes vom Menschen für seine Zwecke beansprucht wurden. Der größte nordamerikanische Vogel, der majestätische Schneekranich, war einst ein relativ gewöhnlicher Anblick. Aber die Trockenlegung von Sümpfen, in denen er sein Futter suchte, ließ seine Zahl Jahr für Jahr immer mehr dahinschwinden. 1945 waren nur noch sechzehn Exemplare übrig. Erst in letzter Sekunde wurde gehandelt. Man wies Reservate aus und versuchte durch Aufklärung der Jäger jede direkte Verfolgung zu unterbinden. Aber dennoch blieb der Bestand gefährlich gering. In diesem Stadium griff George Archibald ein. Er verschaffte sich einige Schneekraniche für sein Forschungszentrum in Wisconsin und nahm – wie es später auch Don Merton in Neuseeland tun sollte – den Vögeln das erste Gelege, um es dem Alttier einer anderen Art unterzuschieben. Die kleineren Kanadakraniche erwiesen sich als bewundernswert fähige Zieheltern.

GRENZGÄNGER

Auf diese Weise konnte Archibald 84 Küken aufziehen lassen. Aber dann trat ein neues Problem auf. Die Küken waren auf ihre Zieheltern geprägt und betrachteten sich selbst ganz eindeutig als Kanadakraniche. Wurden sie geschlechtsreif, reagierten sie nicht auf die Balz eines anderen Schneekranichs, sondern akzeptierten nur einen Kanadakranich als Partner. Man mußte sich also etwas Neues einfallen lassen. Die Eier wurden nicht mehr Zieheltern untergeschoben, sondern in einen Brutkasten gelegt. Und wenn das Küken schlüpft, wird es mit Hilfe einer Schneekranichattrappe gefüttert. In den ersten zwei Lebenswochen sieht es kein anderes bewegtes Objekt als diese Attrappe, die mit den arttypischen Kennzeichen versehen ist. Man geht so weit, daß die Helfer bei manchen Gelegenheiten Schneekranichkostüme tragen müssen.

Aber ein letztes Problem bleibt. Die Schneekraniche sind Zugvögel. Sie fliegen nach Süden und verbringen den Winter in New Mexico und an der texanischen Küste; sie fliegen in Familienverbänden unter Führung der Alttiere. Wenn man die handaufgezogenen Jungvögel in die Freiheit entläßt, was ja das erklärte Endziel aller Schneekranichprogramme ist, dann setzen sie sich möglicherweise aufgrund eines endogenen Wandertriebes Richtung Süden in Bewegung. Aber wie sollen sie den richtigen Weg in die wenigen guten und sicheren Überwinterungsgebiete finden, die auch von den freilebenden Schneekranichen aufgesucht werden?

Um die Lösung dieses Problemes hat sich Kent Clegg gekümmert, ein Farmer aus Idaho. Seine Leidenschaft gilt nicht nur den Vögeln, sondern auch den Flugzeugen. Er hat ebenfalls Schneekraniche aufgezogen, sich dabei aber eines anderen Verfahrens bedient als George Archibald. Bei Kent Clegg ist eine ganze Schar von Schnee-

kranichküken gleichzeitig ausgeschlüpft, denn Kent glaubt, daß sie bei Gruppenhaltung später im Leben keine Probleme haben werden, die auf falsche Prägung zurückgehen. Er hat die Küken von früh an mit seiner Stimme vertraut gemacht und ihnen beigebracht, ihm zu folgen. Als sie ausgewachsen waren, hat er sie täglich ausgeführt und daran gewöhnt, ihm auch zu folgen, wenn er einen Farmbuggy benutzt. Danach kam dann sein Ultraleichtflugzeug an die Reihe. Wenn er damit abhebt, ruft er die Kraniche, und sie folgen ihm, fliegen in Formation hinter der Flügelspitze her, als sei die Maschine ein Alttier.

Das Überwinterungsgebiet in New Mexico ist knapp 1500 Kilometer von Kents Heimatstandort entfernt. In den beiden letzten Jahren hat Kent jeweils eine Gruppe von Kanadakranichen dort hingebracht, so daß er inzwischen die Route und die auftretenden Probleme kennt und weiß, daß das Projekt durchführbar ist. Ein anderer erfahrener Ultraleichtflugzeugpilot gesellt sich ihm in der Luft zu und soll versuchen, jeden Angriff von Adlern abzuwehren. Eine Hilfstruppe bleibt ihnen auf der Straße dicht auf den Fersen; sie führt zusammenlegbare Zäune mit sich, mit denen die Vögel während der Nacht vor Gefahren geschützt werden können.

Am 13. Oktober setzte sich der Zug dann in Bewegung. Es war eine kleine Schar – acht Kanadakraniche und nur vier der seltenen Schneekraniche. Alle zwölf waren mit kleinen Sendern versehen, damit man sie wiederfinden konnte, sollten sie irgendwie verlorengehen. Kent startete in seinem Ultraleichtflugzeug, und die Schar flog ebenfalls auf und folgte ihm; als er aber südlichen Kurs einschlug, bog sie nach Norden ab und ließ sich wieder auf dem ihr vertrauten Gelände nieder. Kent versuchte es noch einmal, aber wieder ohne Erfolg. Die Bindung der jungen Vögel an die gewohnte Umgebung war zu stark. Also lud er sie auf einen Anhänger und brachte sie damit gut 20 Kilometer von der Farm weg, so daß sie ihr altes Zuhause nicht mehr sehen konnten. Und diesmal ging alles gut; Kent zog mit den zwölf Vögeln in schräger Reihe hinter seiner Flügelspitze nach Süden.

Etwa um Mittag landeten die Vögel, um auszuruhen und etwas zu fressen. Gegen Abend führte Kent sie noch einmal ein Stück weiter nach Süden, so daß sie am ersten Tag insgesamt 160 Kilometer zurücklegten. Aber am dritten Tag kam es zu einer Katastrophe. Ein Steinadler griff die Schar an. Das Begleitflugzeug konnte ihn zwar mit Hilfe spezieller Schreckschußmunition vertreiben – aber erst als bereits einer der Schneekraniche verletzt zu Boden getaumelt war. Glücklicherweise hatte der Adler ihm aber keine allzu schweren Wunden zugefügt, sondern nur einen Ritzer am Schenkel. Die Bodenmannschaft konnte den Vogel einfangen und zog einen Tierarzt hinzu. Die Wunde wurde vernäht, der Patient bekam eine Dosis Antibiotika und wurde während der nächsten Tage in einem Anhänger weitertransportiert. Am siebten Tag wurde die ganze Schar – zweifellos unbeabsichtigt – durch ein paar dicht über sie hinwegdonnernde Düsenjäger fast völlig zerstreut. Die Kraniche schlossen – wie immer, wenn sie in der Luft erschreckt wurden – sehr dicht zu Kents Ultraleichtflugzeug auf, so daß es fast zu einer Kollision gekommen wäre. Aber am neunten Tage landeten sie dann im Bosque-Del-Apache-Reservat in der Nähe des

Rio Grande. Noch zwei Tage blieb Kent bei seinen Kranichen, führte sie zu den Sümpfen, damit sie sich der dort ansässigen Population von Kanadakranichen anschlössen. Dann überließ er sie ihrem Schicksal.

Es war eine ebenso rührende wie in sich widersprüchliche Erfahrung, Kent Clegg bei der geduldigen Unterweisung seiner Schützlinge zuzusehen. Immerhin fliegen die Vögel bereits seit 100 Millionen Jahren von einem Kontinent zum anderen; wir Menschen haben vor einigen Jahren damit angefangen. Das zeigt auf besonders eindrucksvolle Weise, wie kurze Zeit wir unsere dominierende Stellung auf der Erde erst innehaben.

Wir sind der mächtigste Konkurrent, mit dem es die Vögel jemals zu tun bekamen. Zahlreiche Vogelarten sind unserer direkten Nachstellung zum Opfer gefallen, aber die größten Verwüstungen haben wir ohne Absicht über unsere Mitlebewesen gebracht – als Folge der allumfassenden Änderungen, die wir auf dem Antlitz der Erde herbeigeführt haben. Unser Zerstörungswerk muß nicht so weitergehen. Wir verfügen inzwischen über die Kenntnisse und die Fähigkeiten, um die gesamte formenreiche Vogelwelt in ihrer noch existierenden Komplexität und Pracht zu erhalten. Und als die neuen Herren dieses Planeten brauchen wir dazu nichts als den bloßen Willen, es zu tun.

DANK

Ich stehe mit diesem Buch zuallererst in der Schuld zahlloser Beobachter und Forscher, Berufswissenschaftler, Naturfreunde und unbeirrbar masochistischer, anoraktragender und mit Ferngläsern bewaffneter Vogelbeobachter, auf deren durch Beobachtungen, Experimente, Beringungen, sorgfältige Aufzeichnungen und Vermessungen erzielten Erkenntnissen die vorstehenden Seiten beruhen. Ihre vollständige Aufzählung würde den hier verfügbaren Rahmen sprengen und wäre auch gar nicht möglich – weil niemand ihrer aller Namen kennt. Ihre außerordentlichen Fähigkeiten sollen hier aber gewürdigt werden. Es ist eine sehr anspruchsvolle Beschäftigung, über lange Zeit hinweg aufmerksam zu beobachten; die Begabung, etwas wirklich zu sehen, ist sehr viel seltener, als man vermuten sollte, und die nötige Einsicht, um das Gesehene zu verstehen, ist noch viel rarer. Meine Bewunderung für dieses Heer von Vogelkundlern ist ebenso groß wie der Dank, den ich ihnen entgegenbringe.

Der Aufgabe, die gewaltige Wissensmenge der Vogelkunde zu sichten, hat sich anfangs Sharmila Choudhury angenommen; später wurde sie dabei unterstützt von Adam White. Sie hatten zu diesem Zweck eine Vielzahl von Zeitschriften durchzusehen – sowohl international renommierte als auch solche, die nur für die Mitglieder kleiner, regional beschränkter Gesellschaften gedruckt werden –, an Konferenzen teilzunehmen und eine ganze Reihe von Wissenschaftlern sowohl ins Feld zu begleiten als auch in ihren Labors aufzusuchen. Die von ihnen angefertigten Zusammenfassungen bildeten den Rahmen sowohl für die Kapitel dieses Buches als auch für die einzelnen Sendungen der Fernsehserie gleichen Titels. Es folgten für die Kamerateams und mich zweieinhalb Jahre Feldarbeit nach Vorgaben von Mike Salisbury, dem Herstellungsleiter des gesamten Projekts. Die von unseren Reisen mit heimgebrachten Eindrücke waren so kaleidoskopisch und reich, daß es mir im Rückblick oft schwerfällt, zu entscheiden, ob ich ein bestimmtes Verhalten der Vögel zuerst mit eigenen Augen in freier Natur oder auf dem Bildschirm als Ausbeute der Arbeit eines unserer dreiundzwanzig Kameraleute gesehen habe. Auch sie verdanken übrigens viel den jeweils ortsansässigen Ornithologen, deren Erfahrung und Kenntnisse ihnen dazu verhalfen, ihre Verstecke zum richtigen Zeitpunkt am richtigen Platz zu wählen, um mit ihren Kameras außergewöhnliche Verhaltensweisen in der Vogelwelt dokumentieren zu können.

Auch ich erfuhr solche Unterstützung; dafür möchte ich mich persönlich bedanken bei David Gibbs und Kris Tindige in Irian Jaya (Indonesien), Bill Black, Richard Holdaway, Peter Jenkins, Rod Morris und Philip Smith in Neuseeland, Andrew Cockburn, Ted und Ann Secombe, Lindsay und Janice Smith in Australien, Jack Schick auf der Lord-Howe-Insel, Chris Feare und Robbie Bresson auf den Seychellen, Hiromichi Iwasaki in Japan, Gerard Ramsawak in Trinidad, Gian Basili und Carlos Bosque in Venezuela, Miguel Catelino, Mike Hopkins, Elizabeth Garlipp und David Miller in Brasilien, Mingo Galussio in Argentinien, James R. Hill III. in Pennsylvania, Susanne Connor in Idaho, Ann Schnapf und Bonnie Ploger in Florida, Ann Harfenist im Bundesstaat Washington, George Archibald in Wisconsin und Kent Clegg in Idaho, Peter Wellnhofer in Deutschland, Alan Kemp und Arnold Hooper in Südafrika, Gert Erasmus in Namibia, Amotz Zahavi in Israel, Thoswan Devakul und Pilai Poonswad in Thailand und John Madunich und Pepy Aravalo auf den Galapagosinseln. Der vollständige Text wurde teilweise oder ganz durchgesehen von Lars Svensson, Angela Milner und meinen Mitregisseuren; sie alle haben wacker dafür gekämpft, mich von allen Irrtümern abzuhalten.

Das gesamte Projekt ist die Gemeinschaftsarbeit eines Teams der Natural History Unit der BBC in Bristol, zu dem nicht nur Regie und Kameraleute, sondern noch viele andere gehörten, die in der ganzen Unternehmung eine wichtige Rolle spielten. Ihre Namen sind im folgenden aufgeführt; ihnen allen danke ich von ganzem Herzen.

Herstellungsleitung
  Mike Salisbury

Produktion
  Miles Barton
  Peter Bassett
  Fergus Beeley
  Nigel Marven

Produktionsassistenz
  Ian Gray
  Phil Hurrell
  Joanna Sarsby

Recherche
  Sharmila Choudhury
  Adam White

Produktionskoordination
  Melissa Blandford
  Anne Holmes
  Di Williams

Produktionssekretariat
  Yvonne Webb

Abteilungsleiter
  Cynthia Connolly

Finanzassistenz
  Martin Whatley

Musik
  Ian Butcher
  Steven Faux

Grafikdesign
  Mick Connaire

Tonaufnahmen
  Trevor Gosling
  Chris Watson

Schnitt
  Tim Coope
  Martin Elsbury
  Andrew Mort
  Jo Payne
  Vincent Wright

Synchronschnitt
  Paul Fisher
  Angela Groves
  Lucy Rutherford

Synchronmischung
  Martyn Harries
  Peter Hicks

Kamera
  Andrew Anderson
  Barrie Britton
  Jim Clare
  Lindsay Cupper
  Stephen de Vere
  Trevor de Kock
  Justine Evans
  Richard Ganniclifft
  Geoff Gartside
  Nick Gordon
  John Hadfield
  Nick Hayward
  Richard Kirby
  Mike Lemmon
  Michael Male
  Hugh Maynard
  Ian McCarthy
  Mark Payne-Gill
  Mike Potts
  Martin Saunders
  Martin H. Smith
  Gavin Thurston
  John Waters

FOTONACHWEIS

Foto gegenüber Titelblatt Aquila (Hanne & Jens Eriksen); 10 Bruce Coleman (Alain Compost); 13 Bruce Coleman (Kim Taylor); 15 Ardea (François Gohier); 17 Aquila (J. J. Brooks); 20 Planet Earth Pictures (Jon & Alison Moran); 22 National Geographic Image Collection (Louis Mazzatenta); 25 Bruce Coleman (C. B. & D. W. Frith); 26 Planet Earth Pictures (Thomas Wiewandt); 27 *oben* FLPA (T. & P. Gardner), *unten* Planet Earth Pictures (John Waters); 28 Ardea (Peter Steyn); 29 Bios (Seitre); 30 Hedgehog House (Tui de Roy); 33 Ardea (Pete & Judy Morrin); 35 Gerald Cubitt; 36 Ardea (Don Hudden); 37 Gerald Cubitt; 40 Masaaki Fujimoto; 41 Bruce Coleman (Dieter & Mary Plage); 42 Okapia (Hans Schweiger); 43 Bruce Coleman (S. Nielsen); 45 Bruce Coleman (Kim Taylor); 46 Windrush (Arthur Morris); 47 Animals Animals (Richard Day); 48 FLPA (Silvestris); 49 Oxford Scientific Films (Daniel J. Cox); 50 NHPA (Stephen Dalton); 51 Oxford Scientific Films (Stan Osolinski); 52 *oben* NHPA (Stephen Dalton), *unten* FLPA (Roger Wilmshurst); 53 Dave Richards; 54 Oxford Scientific Films (John Netherton); 55 Hedgehog House (Stefan Lundgren); 56 Planet Earth Pictures (R. L. Matthews); 57 Windrush (Chris Schenk); 58 *oben* Auscape (Joe McDonald), *unten* Natural Science Photos (Carol Farneti Foster); 61 Oxford Scientific Films (C. M. Perrins); 62 FLPA (S. Maslowski); 63 Ardea (C. & J. Knights); 64–65 Windrush (Arthur Morris); 66 Okapia (U. Walz); 68 Oxford Scientific Films (Owen Newman); 70 Ardea (Robert T. Smith); 72 *links* Oxford Scientific Films (Neil Benvie), *rechts* Bios (Dominique Delfino); 73 Planet Earth Pictures (Mike Read); 74 Ardea (Edgar T. Jones); 75 Bios (Bengt Lundberg); 76 Bruce Coleman (Jeff Foott); 77 Ardea (J. B. & S. Bottomley); 79 NHPA (Kevin Schafer); 80 FLPA (S. Maslowski); 81 Ardea (François Gohier); 83 Luiz Claudio Marigo; 85 Oxford Scientific Films (Robert A. Tyrrell); 86 Bios (Seitre); 87 Planet Earth Pictures (Carol Farneti); 89 Animals Animals (Don Enger); 91 Oxford Scientific Films (Tui de Roy); 93 BBC Natural History Unit (Rico & Ruiz); 94–95 Bruce Coleman (Günter Ziesler); 96 Auscape (J. Ferrero–Labat); 99 NHPA (Alan Williams); 101 Oxford Scientific Films (Stan Osolinski); 103 Aquila (J. J. Brooks); 104 Oxford Scientific Films (Tui de Roy); 105 NHPA (Stephen Dalton); 106 Auscape (Nicholas Birks); 108 *oben* Ardea (Clem Haagner), *unten* Bios (J. C. Malausa); 109 Ardea (Ian Beames); 110 Planet Earth Pictures (Annie Price); 111 Ardea (S. Roberts); 112 FLPA (David Hosking); 114 *oben* Bios (Alain Guillemont), *unten* Günter Ziesler; 115 FLPA (Fritz Polking); 116 Bios (Mathieu Laboureur); 117 Oxford Scientific Films (Jorge Sierra); 119 Planet Earth Pictures (Paulo de Oliveira); 120 Natural Science Photos (L. Rubin); 121 Ardea (G. Threlfo); 122 Ardea (G. K. Brown); 123 Dave Richards; 124 Oxford Scientific Films (Tom Leach); 125 Okapia (Robert Gross); 126 Auscape (Jeff Foott); 127 Oxford Scientific Films (John Netherton); 128 Oxford Scientific Films (Mike Birkhead); 129 Oxford Scientific Films (Richard & Julia Kemp); 130 BBC Natural History Unit (Adam White); 131 Planet Earth Pictures (Sean Avery); 132–133 Bios (M. Denis-Huot); 134 BBC Natural History Unit (Hans Christoph Kappel); 135 Aquila (Kevin Carson); 136 ENP (Gerry Ellis); 137 Aquila (David Owen); 139 Hedgehog House (Tui de Roy); 140 Bios (Tony Crocetta); 141 Auscape (Tui de Roy); 142 *beide* Natural Science Photos (D. B. Lewis); 143 Oxford Scientific Films (Doug Allan); 144 ENP (Konrad Wothe); 145 Hedgehog House (Tui de Roy); 146–147 NHPA (B. & C. Alexander); 149 Bruce Coleman (Dr. P. Evans); 150 Bios (Thierry Thomas); 152 Nigel Marven; 155 Bruce Coleman (Konrad Wothe); 156–157 Premaphotos Wildlife (K. G. Preston-Mafham); 158 Günter Ziesler; 159 Natural Science Photos (Amrit Pal); 160 Bruce Coleman (Dr. Scott Nielsen); 161 Bruce Coleman (Peter Davey); 162 BBC Natural History Unit (Tony Heald); 163 Animals Animals (Michey Gibson); 165 Planet Earth Pictures (Richard Matthews); 166 Nature Production (Goichi Wada); 167 Okapia (Dietmar Nill); 168 Bruce Coleman (Erwin & Peggy Bauer); 170 *oben links* Planet Earth Pictures (William S. Paton), *oben rechts* Planet Earth Pictures (Peter & Tristan Millen), *unten links* Oxford Scientific Films (Carlos Sanchez), *unten rechts* Bios (F. Cahez); 172 FLPA (D. Maslowski); 173 Günter Ziesler; 174 ANT/NHPA (Klaus Uhlenhut); 175 BBC Natural History Unit (Nick Gordon); 177 Bios (Michel Rauch); 179 FLPA (E. & D. Hosking); 181 Oxford Scientific Films (Roland Mayr); 183 Okapia (Konrad Wothe); 184 Natural Science Photos (Anthony R. Dalton); 185 Bruce Coleman (Tero Niemi); 186 Günter Ziesler; 187 Oxford Scientific Films (Stanley Breeden); 188–189 Bruce Coleman (Orion Service & Trading Co.); 190 ENP (Konrad Wothe); 191 Günter Ziesler; 192 Windrush (C. Tyler); 193 Oxford Scientific Films (Tui de Roy); 194 Bruce Coleman (George McCarthy); 197 BBC Natural History Unit (Richard Kirby); 199 *beide* BBC Natural History Unit (Richard Kirby); 200 Oxford Scientific Films (Michael Dick); 201 Planet Earth Pictures (Ford Kristo); 202–203 BBC Natural History Unit (Richard Kirby); 205 NHPA (Bruce Beehler); 207 BBC Natural History Unit (Barrie Britton); 208 Oxford Scientific Films (Tom McHugh); 209 Oxford Scientific Films (Kenneth W. Fink); 210 *oben* BBC Natural History Unit (Hugh Maynard), *unten* BBC Natural History Unit (Nick Gordon); 211 Oxford Scienti-

FOTONACHWEIS

fic Films (Michael Fogden); 212 Auscape (Wayne Lawler); 215 BBC Natural History Unit (Barrie Britton); 217 Windrush (Michael Gore); 219 Windrush (Kevin Carson); 220 Naturfotografernas Bildbyrå (B. Helgesson); 221 FLPA (David Hosking); 222–223 Günter Ziesler; 224 Ardea (B. L. Sage); 225 Günter Ziesler; 227 NHPA (Morten Strange); 229 Michael Gore; 230 Bruce Coleman (Antonio Manzanares); 231 Bios (Dominique Halleux); 232–233 Günter Ziesler; 235 Oxford Scientific Films (Tom Leach); 237 *oben* Planet Earth Pictures (Thomas Dressler), *unten* Okapia (Dr. Herman Brehm); 238 Ardea (W. R. Taylor); 240 Oxford Scientific Films (James H. Robinson); 242 Auscape (Glen Threlfo); 244 Bruce Coleman (Günter Ziesler); 245 Bruce Coleman (S. Nielsen); 246 Windrush (George Reszeter); 247 Bios (Gilles Martin); 249 *oben* Aquila (Hanne & Jens Eriksen), *unten* Gerald Cubitt; 252 Okapia (Robert Maier); 254–255 Bruce Coleman (Paul van Gaalen); 256 Auscape (Glen Threlfo); 257 Vireo (R. & N. Bowers); 258 Günter Ziesler; 259 FLPA (Roger Wilmshurst); 260 Okapia (Fritz Polking); 261 Bruce Coleman (Alain Compost); 262 Wendy Shattil/Bob Rozinski; 263 Oxford Scientific Films (Dennis Green); 265 *oben* BBC Natural History Unit (Barrie Britton), *unten* Wendy Shattil/Bob Rozinski; 266 Okapia (Gisela Polking); 267 Aquila (Mike Wilkes); 268 Natural Science Photos (Anthony Mercieca); 269 Bruce Coleman (Kim Taylor); 270 NHPA (Manfred Danegger); 271 BBC Natural History Unit (Cindy Buxton); 272 BBC Natural History Unit (Miles Barton); 273 *oben* Auscape (Roger Brown), *unten* Auscape (C. Andrew Henley); 275 Oxford Scientific Films (Richard Day); 278 Ardea (Hans D. Dossenbach); 280–281 Heather Angel; 283 Ardea (L. H. Brown); 284 Oxford Scientific Films (Bruce Davidson); 285 Auscape (D. Parer & E. Parer Cook); 286–287 Ardea (Jean-Paul Ferrero); 288 Hedgehog House (Gerald L. Kooyman); 289 Auscape (Graham Robertson); 290 Oxford Scientific Films (Doug Allan); 291 ENP (Pete Oxford); 293 Nature Production (Toshiaki Ida); 294 NHPA (Michael Leach); 296 NHPA (Hellio & Van Ingen); 297 BBC Natural History Unit (Adam White); 298 David Attenborough; 300 Planet Earth Pictures (Jiri Lochman); 302 Ardea; 303 Bruce Coleman (Dr. Eckart Pott); 304 ANT/NHPA (Brian Chudleigh); 307 Scott MacButch; 308–309 Scott MacButch.

Register der Vogelnamen

Fettgedruckte Zahlen beziehen sich auf Abbildungen. Umgangssprachliche Sammelnamen, die im System der Vögel keine Entsprechungen haben, wurden mit dem Vermerk «*umg.*» versehen; der lateinische Name ist in diesen Fällen nur als Hinweis zu verstehen.

Aaskrähe (*Corvus corone*) 295
Adeliepinguin (*Pygoscelis adeliae*) 184
Adler *umg.* (*Aquila* u.a.) 38, 51, 62, 102–104, 107, 110, 228, 274, 307
Albatrosse (*Diomedeidae*) 49, 148–151, 194–195, 274
Alken (*Alcidae*) 143
Alpenschneehuhn (*Lagopus mutus*) **166**, 167
Alpensegler (*Apus melba*) 295
Alpenstrandläufer (*Calidris alpina*) 135
Altweltgeier *umg.* 110, 112–117
Ameisenwürger *umg.* (würgerähnliche Typen der *Formicariidae*) 168
Amerikanischer Schlangenhalsvogel (*Anhinga anhinga*) **126–127**
Amsel (*Turdus merula*) 158, 178, 186, 275, 301
Ara-Kakadu (*Probisciger aterrimus*) **174**, 175
Aras (*Ara*) 78, **79**
Archaeopteryx (*Archaeopteryx*) 14, **15**, **16–21**, 24
Argusfasan (*Argusianus argus*) **208–209**, 211
Astrild *umg.* (*Estrilda* u.a.) 263–264
Austernfischer (*Haematopus*) 135, **136**, 137, 151

Bahamakolibri (*Philodice evelynae*) 85
Bänderparadiesvogel (*Semioptera wallacei*) 206
Bartgeier (*Gypaetus barbatus*) 116, *117*
Bartkauz (*Strix nebulosa*) 100, *101*
Bartmeise (*Panurus biarmicus*) 78
Bartvögel (*Capitonidae*) 180
Baßtölpel (*Morus bassus*) 241
Baumklapperlerche (*Mirafra rufocinnamomea*) 175
Beifußhuhn (*Centrocercus urophasianus*) 211
Bekassine (*Gallinago gallinago*) 176
Bergfink (*Fringilla montifringilla*) 301
Beutelmeise (*Remiz pendulinus*) 243, **244**, 245
Bienenelfe (*Calypte helenae*) 59
Bienenfresser (*Meropidae*) 92, 226
Bindenfregattvogel (*Fregata minor*) **193**
Bindenkreuzschnabel (*Loxia leucoptera*) 74
Bindenwollrücken (*Thamnophilus doliatus*) 168

Birkenzeisig (*Acanthis flammea*) 301
Bläßhuhn (*Fulica atra*) 264, **265**
Blatthühnchen (*Jacanidae*) 14
Blaufußtölpel (*Sula nebouxii*) **139**, 182, **183**, 243, 264, **266**
Blaumeise (*Parus caeruleus*) 267, 269, 299
Bluthänfling (*Acanthis cannabina*) **263**, 301
Bobolink (*Dolichonyx oryzivorus*) 67–69
Brandgans (*Tadorna tadorna*) 137–138, 256, **259**
Braunkopf-Zwergfischer (*Ceyx lecontei*) 118
Braunpelikan (*Pelecanus occidentalis*) **140–143**
Braunrücken-Leierschwanz (*Menura alberti*) 212
Brautente (*Aix sponsa*) 43
Breitschnabelkolibri (*Cynanthus latirostris*) 58
Breitschwanz-Sichelhopf (*Epimachus fastosus*) 196, *197*
Brillenparadiesvogel (*Macgregoria pulchra*) 196
Brillenpinguin (*Spheniscus demersus*) 155
Brillenvögel (*Zosteropidae*) 250
Bronzekopfamazilie (*Amazilia candida*) 58
Bronzekuckuck (*Chrysococcyx lucidus*) 248
Buchfink (*Fringilla coelebs*) 55, 71, **72**, 169, **170**, 171, 178, 301
Bulwerfasan (*Lophura bulweri*) 211
Buntspecht (*Dendrocopos major*) 175, 192, 299
Buschhuhn (*Alectura lathami*) 242
Buschmoa † 31
Bussarde *umg.* (*Buteo* u.a.) 62, 102

Cabanisweber (*Ploceus intermedius*) 234, 249, 250
Chathamschnäpper (*Petroica traversi*) 303, **304**, 305
Confuciusornis † (*Confuciusornis*) 21, **22**, 23

Diatryma † (*Diatryma*) 24, 38
Doppelhornvogel (*Buceros bicornis*) 226
Dornensegler (*Chaetura spinicauda*) 60
Dreizehenmöwe (*Rissa tridactyla*) **222–223**
Dronte † (*Raphus cucullatus*) 301, **302**
Drosselkrähe (*Corcorax melanorhamphos*) 272, 273, 274

Drosseln umg. (*Turdus* u.a.) 262, 275
Drosselrohrsänger (*Acrocephalus arundinaceus*) 181
Dunkelsturmtaucher (*Puffinus griseus*) 98–99, 304

Edelpapagei (*Eclectus roratus*) **192**, 193
Eichelhäher (*Garrulus glandarius*) 74, **75**, 158
Eichelspecht (*Melanerpes formicivorus*) 75, **76**, **77**
Eiderente (*Somateria mollissima*) 129, 194, 241
Eistaucher (*Gavia immer*) 129
Eisvogel (*Alcedo atthis*) 118, **119**
Eisvögel (*Alcedinidae*) 23, 120, 127, 226, 269, 274
Elliotsturmschwalbe (*Oceanites gracilis*) **149**
Elster (*Pica pica*) 169, 215–216, 267
Emu (*Dromaius novaehollandiae*) 24–26, **27**, 31
Enten (*Anatinae*) 14, 23, 49, 55, 67, 127–129, 194, 215, 241, 257
Eselspinguin (*Pygoscelis papua*) **184**
Eulen (*Strigiformes*) 23, 100–104, 107, 164, 274, 297

Fadenparadieshopf (*Seleucidis melanoleuca*) **200**
Falken (*Falconidae*) 102, 104, 107
Fasan (*Phasianus colchicus*) **52**
Fasanen (*Phasianinae*) 209, 213, 253, 257, 270
Feenseeschwalbe (*Gygis alba*) **221**
Feldlerche (*Alauda arvensis*) 301
Felsenhahn (*Rupicola rupicola*) **210**, 213
Felsentaube (*Columba livia*) 195, 293–294
Feuerkopf-Saftlecker (*Sphyrapicus ruber*) **80**
Finkenvögel (*Fringillidae*) 71–74, 90, 169
Fischadler (*Pandion haliaetus*) 44–45, **46**
Fischertukan (*Ramphastos sulfuratus*) **87**
Fitis (*Phylloscopus trochilus*) 176
Flamingos (*Phoenicopteridae*) 158, 259, 262, 282–285
Fledermausaar (*Machaerhamphus alcinus*) 11–12
Flughühner (*Pteroclididae*) 278
Flußregenpfeifer (*Charadrius dubius*) **219**, 239
Fregattvögel (*Fregatidae*) 193–194

Galapagosalbatros (*Diomedea irrorata*) **41**
Galapagosbussard (*Buteo galapagoensis*) **104**
Galapagospinguin (*Spheniscus mendiculus*) **145**
Gänse (*Anserinae*) 23, 48–49, 63, 67, 80–81, 107, 241, 257
Gänsesäger (*Mergus merganser*) **129**
Gärtner umg. (*Amblyornis, Prionodura*) 201
Geier umg. (*Cathartidae, Gyps* u.a.) 56, 110–117
Gelbbürzel-Dornschnabel (*Acanthiza chrysorrhoa*) 239
Gelbhaubenkakadu (*Cacatua galerita*) 192
Gelbkopf-Felshüpfer (*Picathartes gymnocephalus*) 231
Gelbschnabel-Madenhacker (*Buphagus africanus*) **96**
Gelbschwanz-Glanzfasan (*Lophophorus impejanus*) **160**

Gimpel (*Pyrrhula pyrrhula*) **170**, 171, 186, 301
Glockenreiher (*Egretta ardesiaca*) 122, **123**, 127
Glöckner (*Procnias*) 176
Goldammer (*Emberiza citrinella*) 301
Goldhaubengärtner (*Amblyornis macgregoriae*) 201–204
Goldkopf-Cistensänger (*Cisticola exilis*) 234
Goldkuckuck (*Chrysococcyx caprius*) 248, **249**, 250
Goldschopfpinguin (*Eudyptes chrysolophus*) 266–267, **285**, 286
Goldschwingen-Nektarvogel (*Nectarinia reichenowi*) 82–84
Gouldamadine (*Chloebia gouldiae*) 262
Grasläufer (*Tryngites subruficollis*) **207**, 209
Graudroßling (*Turdoides squamiceps*) 271, **272**
Graufächerschwanz (*Rhipidura fuliginosa*) 248
Graufischer (*Ceryle rudis*) **120**
Graulappenvogel (*Callaeas cinereus*) 34, **35**
Graurücken-Leierschwanz (*Menura novaehollandiae*) 213
Grauschnäpper (*Muscicapa striata*) 12, **13**
Grauweihe (*Circus cinereus*) **186**
Greife, Greifvögel (*Accipitridae*) 23, 38, 62–67, 107, 296
Greifvögel (*Falconiformes*) 122, 266
Großfußhuhn (*Megapodius freycinet*) 241–242, 260, **261**
Großfußhühner (*Megapodiidae*) 241–242
Grünling (*Carduelis chloris*) 72, **170**, 171, 301
Grünschwanz-Grundammer (*Chlorurus chlorurus*) 240
Guans umg. (*Penelope* u.a.) 53, 253

Habichte (*Accipiter*) 62, 102, 104, 107, 110, 224
Hahnschweifwida (*Euplectes progne*) 195
Halsbandschnäpper (*Ficedula albicollis*) 171, 186
Halsbandsittich (*Psittacula krameri*) **298**, 299
Hammerkopf (*Scopus umbretta*) 228, **229**
Harpagornis † (*Harpagornis*) 32
Harpyie (*Harpia harpyja*) 51, 104
Haubengudilang (*Oreoica gutturalis*) 236–238
Haubentaucher (*Podiceps cristatus*) **190**, 191, 254–255
Hausgans (*Anser anser* forma *domesticus*) 78
Haushuhn (*Gallus gallus* forma *domesticus*) 78, 241, 253
Haussperling (*Passer domesticus*) 90, 171, 299–300
Haustruthuhn (*Meleagris gallopavo* forma *domestica*) 31, 78
Heckenbraunelle (*Prunella modularis*) 8, **215**, 216
Helmkasuar (*Casuarius casuarius*) 10, **25**, 28
Helmspecht (*Dryocopus pileatus*) 89
Hoatzin (*Opisthocomus hoazin*) 14, 16, **17**, 81, 82
Höckerschwan (*Cygnus olor*) **42**, 48, 299
Höhlenweihe (*Polyboroides radiatus*) **267**
Hokkos (*Crax*) 215
Honiganzeiger (*Indicatoridae*) 161–163, 250
Hüttengärtner (*Amblyornis inornatus*) **202–203**, 204

Register der Vogelnamen

Ibisse (*Threskiornithinae*) 134
Indianerbläßhuhn (*Fulica americana*) 264, **265**

Jassanas (*Jacana*) 214, **253–256**

Kagu (*Rhynochetos jubatus*) 28, **29**
Kaiserpinguin (*Aptenodytes forsteri*) 145–148, 153, **288–291**, 292
Kakapo (*Strigops habroptilus*) **37**, 38, 305–306
Kampfläufer (*Philomachus pugnax*) 206–207
Kanadagans (*Branta canadensis*) 299
Kanadakranich (*Grus canadensis*) 306–307, **308–309**, 310–311
Kanadareiher (*Ardea herodias*) **51**
Kanarienvogel (Stammform: *Serinus canaria*) 155
Kappengeier (*Necrosyrtes monachus*) 115
Kaptäubchen (*Oena capensis*) 192
Kapuzinervogel (*Perrissocephalus tricolor*) **210**, 211–213
Karakara (*Polyborus plancus*) 236
Kardinal (*Cardinalis cardinalis*) 155
Kassiken (*Cacicus*) 234
Kasuare (*Casuarius*) 24–26, 31–32
Kea (*Nestor notabilis*) 98, **99**
Kehlstreifpinguin (*Pygoscelis antarctica*) **144**, **146–147**
Keilschwanz-Regenpfeifer (*Charadrius vociferus*) **239**, **240**
Kernbeißer (*Coccothraustes coccothraustes*) 72, 169, **170**
Kiwis (*Apterygidae*) 32–34, 253
Klaffschnäbel (*Anastomus*) 131, 134
Knutt (*Calidris canutus*) **64–66**, 68
Kohlmeise (*Parus major*) 171, 270
Kolibris (*Trochilidae*) 52, 59, 64, 84–85, 160, 228, 275
Kondor (*Vultur gryphus*) 113, **114**
Königsgeier (*Sarcorhamphus papa*) 113
Königsparadiesvogel (*Cicinnurus regius*) 197
Königspinguin (*Aptenodytes patagonicus*) 8, **110**, 148, 259, **286–287**, 288, 292
Königssittich (*Alisterus scapularis*) 192–193
Kookaburras (*Dacelo*) 120, **121**, 272
Kragenente (*Histrionicus histrionicus*) 194
Krähen (*Corvus*) 90–91, 151, 224
Krähenvögel (*Corvidae*) 196
Kraniche (*Gruidae*) 109, 154, 186–191, 253, 270
Kreuzschnäbel (*Loxia*) 72–74
Krickente (*Anas crecca*) 127, 194
Krokodilwächter (*Pluvianus aegyptius*) 243
Kronenadler (*Stephanoaetus coronatus*) **103**, 104
Kuckuck (*Cuculus canorus*) 67, **247**, 248, 270
Kuckucke (*Cuculidae*) 23, 248–250
Kuhreiher (*Bubulcus ibis*) 93, **94–95**, 97, 220–221
Kuhstärlinge umg. (*Molothrus, Scaphidura*) 250, 264
Küstenseeschwalbe (*Sterna paradisaea*) 68, 69

Lachmöwe (*Larus ridibundus*) 293
Langbeinschnäpper (*Petroica australis*) 303
Langschwanzeremit (*Phaethornis superciliosus*) **230**
Langschwanzkoel (*Urodynamis taitensis*) 69
Lappentaucher (*Podicipedidae*) 143, 191, 253–256
Laubenvögel (*Ptilonorhynchidae*) 200–205
Leierschwänze (*Menura*) 269
Leierschwanz-Honiganzeiger (*Melichneutes robustus*) 175–176
Lerchen (*Alaudidae*) 53, 105
Löffler (*Platalea leucorodia*) **134**
Loris umg. (*Trichoglossus* u.a.) 82
Louisianawürger (*Lanius ludovicianus*) 92

Madenhacker (*Buphagus*) 93, 97
Magellanspecht (*Campephilus magellanicus*) **173**, 175
Mainas umg. (*Acridotheres*) 155
Malachitnektarvogel (*Nectarinia famosa*) **83**, 84
Malaienspint (*Merops viridis*) 267
Mandarinente (*Aix galericulata*) 194, 299
Mandschurenkranich (*Grus japonensis*) **188–189**
Mangrovereiher (*Butorides striatus*) 123–124
Mantelmöwe (*Larus marinus*) 224
Marabu (*Leptoptilus crumeniferus*) **109**, 293
Maskenweber (*Ploceus velatus*) 182–184, 234, 248–250
Mauersegler (*Apus apus*) 60, 69, **70**, 91
Mäusebussard (*Buteo buteo*) 102
Meckergrasmücke (*Camaroptera brevicaudata*) 234
Mehlschwalbe (*Delichon urbica*) 231
Merlin (*Falco columbarius*) **105**
Milane umg. (*Milvus* u.a.) 293
Moas † (*Dinornithiformes*) 30–32, 38, 78, 301
Mollymauk (*Diomedea melanophris*) **49**
Mönchsgrasmücke (*Sylvia atricapilla*) **155**, 169–171
Möwen (*Laridae*) 23, 143, 151, 224, 259, 293

Nachtschwalben (*Caprimulgus*) 67, 91–93, 164
Nacktkehl-Schirmvogel (*Cephalopterus glabricollis*) 211
Nacktkehlglöckner (*Procnias nudicollis*) **175**, 176
Nacktkopf-Paradiesvogel (*Dephyllodes respublica*) 198, **199**
Namaflughuhn (*Pterocles namaqua*) **278**, 279
Nandu (*Rhea americana*) **27**
Nandus (*Rheidae*) 24–26
Nashornpelikan (*Pelecanus erythrorhynchus*) **142**
Nashornvögel (*Bucerotidae*) 226–228, 269
Nektarvögel (*Nectariniidae*) 82–85
Neuweltgeier (*Cathartidae*) 110–113, 293
Nimmersatt (*Mycteria ibis*) **131**
Noddiseeschwalben (*Anous*) 143
Nonnengans (*Branta leucopsis*) 257

Odinshühnchen (*Phalaropus lobatus*) 214
Ohrengeier (*Torgos tracheliotus*) **115**

REGISTER DER VOGELNAMEN

Orpheuszaunkönig (*Cyphorhinus phaeocephalus*) 88
Oryxweber (*Euplectes orix*) 248

Palmsegler (*Cypsiurus parvus*) 225–226
Papageien (*Psittacidae*) 23, 38, 53, 79, 82, 98, 155, 226, 274
Papageitaucher (*Fratercula arctica*) 143, 192
Paradiesvögel (*Paradisaeidae*) 154, 196–206, 213, 270
Pelikane (*Pelecanus*) 47, *132–133*, 261
Pfau (*Pavo cristatus*) *159*, 160, 209
Pinguine (*Spheniscidae*) 145–148, 155, 184, 285
Pirol (*Oriolus oriolus*) 67
Prachtfinken (*Estrildidae*) 250
Prachtnektarvogel (*Nectarinia superba*) 192
Prachtstaffelschwanz (*Malurus cyaneus*) 8, 216, 217, *238–239*
Purpurhuhn (*Porphyrio porphyrio*) 35
Purpurschwalbe (*Progne subis*) 296, 297, 298

Quetzal (*Pharomachrus mocinno*) 85, 86, 87

Rabengeier (*Coragyps atratus*) 56, 112–113
Raggiparadiesvogel (*Paradisea raggiana*) *205*, 206
Rallen (*Rallidae*) 29–30
Raubwürger (*Lanius excubitor*) 92, *93*
Rauchschwalbe (*Hirundo rustica*) 231
Rauhfußhühner (*Tetraoninae*) 209
Regenbogenpitta (*Pitta iris*) 239
Regenpfeifer (*Charadriidae*) 23, 67, 120, 134, 221, 226, 239
Reiher (*Ardeidae*) 53, 122–123, 126–127, 131, 194, 224, 270
Reiherente (*Aythya fuligula*) *128*, 129
Renntaucher (*Aechmophorus occidentalis*) *191*, 192
Rhinozerosvogel (*Buceros rhinoceros*) 226, 227
Riesenalk † (*Pinguinus impennis*) 302, *303*
Riesenkolibri (*Patagona gigas*) 68
Riesentafelente (*Aythya valisineria*) **246**
Rohrdommel (*Botaurus stellaris*) 176, 177
Röhrennasen (*Procellariiformes*) 148
Rohrsänger umg. (*Acrocephalus, Bebrornis*) 247
Rosaflamingo (*Phoenicopterus ruber*) 282, **283**
Rosakakadu (*Eolophus roseicapillus*) **300**
Rosapelikan (*Pelecanus onocrotalus*) 47, 48, *53*, 143, 274
Rosella-Sittiche (*Platycercuc*) 264
Rosttöpfer (*Furnarius rufus*) 231, *232*
Rotachsel-Kuhstärling (*Molothrus rufoaxillaris*) 264
Rotdrossel (*Turdus iliacus*) 87
Rotfußtölpel (*Sula sula*) 182
Rothaubengärtner (*Amblyornis subalaris*) 204
Rotkehlchen (*Erithacus rubecula*) 92–93, 169, 171, 178–179, 275, 301
Rotkopfente (*Aythya americana*) 245–248
Rubinkehlkolibri (*Archilochus colubris*) 61, *62*, 67, **275**

Rußseeschwalbe (*Sterna fuscata*) 219, **220**, 221
Rußsegler (*Cypseloides senex*) 224, **225**

Saatkrähe (*Corvus frugilegus*) 228
Säbelschnäbler (*Recurvirostra avosetta*) *137*, 138
Saftlecker (*Sphyrapicus*) 78–80
Salanganen (*Collocalia*) 225
Sanderling (*Calidris alba*) 64–65, *135*
Saruskranich (*Grus antigone*) *187*
Sattelvogel (*Creadion carunculatus*) 178, *179*, 180
Schalows Langschopfturako (*Tauraco livingstonii schalowi*) *158*
Scharlachsichler (*Eudocimus ruber*) 156–157, *158*
Scheidenschnäbel (*Chionis*) 109
Scherenschnäbel (*Rhynchops*) 124–125
Schiefschnabel (*Anarhynchus frontalis*) 120, *122*
Schirmvögel (*Cephalopterus*) 211
Schlangenadler (*Circaetus gallicus*) 107, *108*, 109
Schlangenhalsvögel (*Anhinga*) 126–127
Schleiereule (*Tyto alba*) 164–166
Schmuckreiher (*Egretta thula*) 54
Schmuckvögel (*Cotingidae*) 211
Schmutzgeier (*Neophron percnopterus*) 2, 115
Schnee-Eule (*Nyctea scandiaca*) 240–241
Schneegans (*Anser caerulescens*) 60, *61*, 62, *63*, 67, 69
Schneekranich (*Grus americana*) 306, *307–309*, 310–311
Schneidervogel (*Orthotomus sutorius*) 232, *233*, 234
Schnepfenvögel (*Scolopacidae*) 23, 206, 213
Schnurrvögel (*Pipridae*) 270
Schreckensvogel † 24, 38
Schreiseeadler (*Haliaeetus vocifer*) **284**
Schuhschnabel (*Balaeniceps rex*) *130*, 131, 243, 271
Schwalben (*Hirundinidae*) 66–68, 91
Schwäne (*Cygnus*) 14, 42–44, 48–49, 194–195
Schwanzmeise (*Aegithalos caudatus*) 231
Schwarzmantel-Scherenschnabel (*Rhynchops niger*) *124*
Schwertschnabel (*Ensifera ensifera*) 51–53
Seeschwalben (*Sterninae*) 67, 69, 185, 259
Seetaucher (*Gaviidae*) 23, 129, 143
Seggenrohrsänger (*Acrocephalus paludicola*) 217
Segler (*Apodidae*) 23, 224–225
Seidenlaubenvogel (*Ptilonorhynchus violaceus*) **201**
Seidenreiher (*Egretta garzetta*) 124
Seidenschwanz (*Bombycilla garrulus*) 87
Sekretär (*Sagittarius serpentarius*) *108*, 109, 300
Seriema (*Cariama cristata*) 109
Siedelweber (*Philetairus socius*) 234–236, **237**
Silberalk (*Synthliboramphus antiquus*) 151, *152*, 153
Silbermöwe (*Larus argentatus*) 262
Silberreiher (*Egretta alba*) **194**
Singdrossel (*Turdus philomelos*) 301
Skua (*Catharacta skua*) 267

319

Register der Vogelnamen

Sonnenralle (*Eurypyga helias*) *163*, 164
Spechte (*Picidae*) 46–47, 75, 78, 88–90, 161, 172–175, 226
Spechtfink (*Camarhynchus pallidus*) 90, *91*
Sperber (*Accipiter nisus*) 50, 105–107, *167*, 168
Sperbergeier (*Gyps rueppellii*) 115, *116*
Sperling umg. (*Passer* u.a.) 53
Sperlingvögel (*Passeriformes*) 23
Spiegelwida (*Euplectes albonotatus*) 248
Spießente (*Anas acuta*) 110, 127
Spitzschwanzente (*Anas georgica*) 109–110
Spornkiebitz (*Vanellus spinosus*) 34
Star (*Sturnus vulgaris*) 295, *296*, 299–300
Steinadler (*Aquila chrysaetos*) 104–105, 310
Steinwälzer (*Arenaria interpres*) *64–65*, 135
Stieglitz (*Carduelis carduelis*) 72, *73*, 301
Stirnvögel (*Psarocolius*) 234–236
Stockente (*Anas platyrhynchos*) 127, 160, 194
Störche (*Ciconiidae*) 110, *132–133*, 215, 270
Strahlenparadiesvogel (*Parotia sefilata*) 198, *199*, 200
Strandläufer (*Calidris*) 66, 239–240
Straßentaube (*Columba livia* forma *domestica*) 293–294
Strauß (*Struthio camelus*) 24, 26, 30–31, 78, 215, 253, 260
Streifengans (*Anser indicus*) 68
Streifenkiwi (*Apteryx australis*) *33*
Strichelstirn-Honiganzeiger (*Indicator variegatus*) 161
Stummelkormoran (*Nannopterum harrisi*) 28, 29
Sturmschwalben (*Hydrobatidae*) 148–149
Sturmtaucher umg. (*Calonectris*, *Puffinus*) 39–41, 44, 148, 261, 276
Sturzbachente (*Merganetta armata*) 257, *258*

Tagschläfer (*Nyctibius*) 164, *165*, 166, 269
Takahe (*Porphyrio mantelli*) 35, *36*, 38
Tannenhäher (*Nucifraga caryocatactes*) 75
Tauben (*Columbidae*) 44, *45*, 53, 261–262, 301
Teichhuhn (*Gallinula chloropus*) 29
Teichrohrsänger (*Acrocephalus scirpaceus*) 228, 246
Thermometerhuhn (*Leipoa ocellata*) 242
Tölpel (*Sulidae*) 46, 138–140, 149, 241, 264
Tordalk (*Alca torda*) 143, *224*
Trompetermanucodia (*Manucodia keraudrenii*) 154
Tropenammern (*Passerina*) 250
Tropikvögel (*Phaethon*) 185–186
Trottellumme (*Uria aalge*) *143*, 145, 151, 218, 221, 222–223, 226
Trupiale (*Icterus*) 234
Truthahngeier (*Cathartes aura*) 110, *111*, *112*, 113, 148
Truthuhn (*Meleagris gallopavo*) 171, *172*
Tukane umg. (*Ramphastos* u.a.) 87, 226, 236, 267
Turakos (*Musophagidae*) 158

Turmfalke (*Falco tinnunculus*) 57, 59, 102, **294**
Tyrannen (*Tyrannidae*) 8

Uhu (*Bubo bubo*) 295

Virginiawachtel (*Colinus virginianus*) 252

Wacholderdrossel (*Turdus pilaris*) 169
Wachteln umg. (*Coturnix* u.a.) 251–253, 257
Waldbaumläufer (*Certhia familiaris*) 88
Waldkauz (*Strix aluco*) 180
Waldschnepfe (*Scolopax rusticola*) 164
Wanderalbatros (*Diomedea exulans*) 8, 41–42, *55*, 56–57, *150*, 151, 153
Wanderfalke (*Falco peregrinus*) 57, 105, *106*, 107, 151–153, 185, 276, 294
Wandertaube † (*Ectopistes migratorius*) 302–303, 306
Wasseramsel (*Cinclus cinclus*) *125*, 126–127
Wasserläufer umg. (*Tringa* u.a.) 66
Watvögel umg. (*Charadriidae*, *Scolopacidae*) 23, 66
Weber (*Ploceinae*) 221, 234, 248
Webervögel (*Ploceidae*) 234
Wehrvögel (*Anhimidae*) 14
Weidenmeise (*Parus montanus*) 75
Weihen umg. (*Circus* u.a.) 38
Weißbauch-Nachtschwalbe (*Podager nacunda*) 164
Weißbauchtölpel (*Sula leucogaster*) 241
Weißgesicht-Scheidenschnabel (*Chionis alba*) 110
Weißgesicht-Sturmtaucher (*Calonectris leucomelas*) 39, 40, 41
Weißkopf-Seeadler (*Haliaeetus leucocephalus*) 151, 152
Weißrückengeier (*Gyps africanus*) 115
Weißstirnspint (*Merops bullockoides*) 271
Weißstirnweber (*Amblyopsiza albifrons*) 234, *235*
Weißstorch (*Ciconia ciconia*) 270
Wekaralle (*Gallirallus australis*) 30, 34–35
Wellensittich (*Melopsittacus undulatus*) 160
Wimpelträger (*Pteridophora alberti*) 197–198
Witwen (*Viduinae*) 250, 263–264
Würgerkrähen (*Strepera*) 238–239
Würgertangaren (*Lanio*) 168

Zahnlaubenvogel (*Scenopoeetes dentirostris*) 201
Zaunkönig (*Troglodytes troglodytes*) 182
Zaunkönige (*Troglodytidae*) 53, 151
Ziegenmelker → Nachtschwalben
Ziernektarvogel (*Nectarinia venusta*) 84
Zilpzalp (*Phylloscopus collybita*) 176
Zweigsänger (*Sylviidae*) 67, 233, 250, 268
Zwergbinsenralle (*Heliornis fulica*) 256, *257*
Zwergflamingo (*Phoeniconaias minor*) 280–281, 282, 283, 284, 285
Zwergohreule (*Otus scops*) 100
Zwergsäger (*Mergus albellus*) 129
Zwergseeschwalbe (*Sterna albifrons*) *185*